# 关键基础设施系统
# 韧性评估方法与提升策略

张 超 著

本书受上海财经大学"双一流引导专项资金"和
"中央高校基本科研业务费"资助出版

科学出版社

北 京

## 内 容 简 介

关键基础设施系统为生产生活提供基础性支撑。为应对复杂多变的风险环境，政府必须通过合理规划和高效管理来提升关键基础设施系统对各类灾害的韧性。本书综合运用系统科学、网络科学、运筹学、机器学习等的理论和方法，深入探索和科学理解关键基础设施系统的运行机制及系统间的关联关系，结合灾害情景，提出了系统韧性评估方法和提升策略，具体内容包括：单一和关联基础设施系统韧性评估方法、关联基础设施系统灾后修复策略、关联基础设施系统应急资源分配策略、关联基础设施系统对连续性自然灾害的韧性评估方法、综合使用灾前–灾后措施的关联基础设施系统韧性提升策略、关键基础设施系统与自然生态互动增长策略等。相关内容可为关键基础设施系统的评价决策、规划设计、建设运行的管理和控制决策提供科学支持，为系统防灾减灾和应急管理提供实践指导。

本书面向公共安全与危机管理、城市管理、系统工程、管理科学与工程、工程管理等领域的研究人员，以及具有一定网络科学、运筹学基础的高年级本科生和研究生，各章逻辑严密、自成一体，读者可根据兴趣和需要选择阅读。

**图书在版编目（CIP）数据**

关键基础设施系统韧性评估方法与提升策略 / 张超著. —北京：科学出版社，2022.12

　ISBN 978-7-03-071336-0

　Ⅰ. ①关… Ⅱ. ①张… Ⅲ. ①基础设施建设–研究 Ⅳ. ①F294.9

中国版本图书馆 CIP 数据核字（2022）第 018602 号

责任编辑：魏如萍 / 责任校对：贾娜娜
责任印制：张　伟 / 封面设计：有道设计

科 学 出 版 社 出版
北京东黄城根北街 16 号
邮政编码：100717
http://www.sciencep.com

**北京盛通商印快线网络科技有限公司** 印刷
科学出版社发行　各地新华书店经销

\*

2022 年 12 月第 一 版　开本：720×1000　1/16
2022 年 12 月第一次印刷　印张：15
字数：300 000
**定价：150.00 元**
（如有印装质量问题，我社负责调换）

# 前　言

　　电力、供水、交通、通信等关键基础设施的正常运行是城市经济运转、社会安全和居民生活的根本保障。随着经济快速发展、信息技术突飞猛进，关键基础设施系统的规模与日俱增，系统间的相互关联日益紧密。近年来，一系列关键基础设施系统灾害事件相继发生。2008 年初，我国南方地区遭遇了百年不遇的雨雪冰冻灾害，引发了多类关键基础设施系统的连锁失效：电网大面积中断、通信线路破坏、电气化铁路瘫痪、公路运输中断、空港关闭，此次灾害导致的直接经济损失逾千亿元。2015 年 12 月，乌克兰电力系统遭遇蓄意网络攻击，致使全国一半地区长时间停电，交通、通信等基础设施系统瘫痪。2019 年 8 月，超强台风"利奇马"致使我国多个沿海城市的电力、交通基础设施严重受损，直接经济损失上百亿元。2021 年 7 月，台风"烟花"影响范围广泛，引发较多次生灾害，致使多个城市的基础设施大面积受损。上述事件表明，关键基础设施系统在自然灾害、蓄意攻击等突发事件下容易受损，且因系统间存在关联关系，单一或部分基础设施遭遇袭击或被破坏导致功能下降时，极易影响其他设施的正常运行，从而造成严重的经济社会影响。提升关键基础设施系统韧性已成为亟须解决的现实问题。

　　系统韧性又称系统弹性或系统抗逆力。美国国土安全部定义关键基础设施系统韧性为：系统应对各种灾害的吸收力、适应力，以及从受损状态中快速恢复的能力。为应对复杂多变的风险环境，政府必须通过合理规划和高效管理来提升关键基础设施系统对各类灾害的韧性。迄今为止，美国、欧洲、加拿大、日本等多个国家和地区均提出了基础设施系统保护计划，将韧性作为基础设施系统建设的必要属性，强调基础设施系统韧性评估与优化、潜在风险评估和保护模拟等方面的研究。《中华人民共和国国民经济和社会发展第十四个五年规划和 2035 年远景目标纲要》指出要"打造系统完备、高效实用、智能绿色、安全可靠的现代化基础设施体系"[①]。上海、北京、深圳等城市相继提出韧性城市建设目标，明确优化基础设施系统管理和控制是韧性城市建设的关键。

---

　　① 《中华人民共和国国民经济和社会发展第十四个五年规划和 2035 年远景目标纲要》，http://www.gov.cn/xinwen/2021-03/13/content_5592681.htm，2021 年 3 月 13 日。

关键基础设施系统由大量存在耦合作用的功能子系统组成，具有开放性、层次性、动态性、关联作用非线性等复杂系统特征。作为开放系统，关键基础设施系统内部及其与外部环境间存在着物质、能量和信息的交换，其运行过程受多种不确定因素的干扰。一类关键基础设施系统的子系统在某一层次或环节上滞后或失效，均可能引起连锁反应，导致整个系统崩溃；不同关键基础设施系统的子系统在不同层次上存在关联，在不确定因素干扰下，会产生系统间的连锁反应，影响多个系统的生存能力和功能，甚至导致系统崩溃。因此，为提升关键基础设施系统对各类灾害事件的韧性，需综合考虑基础设施系统的运行机制、关联关系、灾害情景、应急资源预算、韧性建设目标等，采用"系统之系统"思想，针对系统韧性评估方法和提升策略展开研究。

本书内容是作者长期从事关键基础设施系统保护与韧性评估研究的成果，是国内第一部关键基础设施系统韧性评估与提升策略领域的专著。立足学术前沿，本书综合运用系统科学、网络科学、运筹学和机器学习等的理论和方法，深入探索和科学理解关键基础设施系统的运行机制及系统间的关联关系，结合灾害情景特征，提出了系统韧性评估方法和提升策略。本书的主要内容包括：单一和关联基础设施系统韧性评估方法、关联基础设施系统灾后修复策略、关联基础设施系统应急资源分配策略、关联基础设施系统对连续性自然灾害的韧性评估方法、综合使用灾前–灾后措施的关联基础设施系统韧性提升策略、关键基础设施系统与自然生态互动增长策略等。相关内容可为关键基础设施系统的评价决策、规划设计、建设运行的管理和控制决策提供科学支持，为关键基础设施系统防灾减灾和应急管理提供实践指导。

加拿大皇家科学院、加拿大工程院院士 Slbodan P. Simonovic 教授和上海师范大学孔静静副教授对本书的选题和内容提出了宝贵意见。上海财经大学李阳、安丽、韩忆泊等同学在本书的材料整理方面提供了帮助。在此表示衷心的感谢！

本书得到了国家自然科学基金青年项目"应急合作网络微观交互规则与宏观结构特征匹配机制研究——基于大规模突发自然灾害处置案例"（71704111），教育部人文社会科学研究青年基金项目"关联基础设施系统灾后协同处置策略与韧性提升策略"（22YJCZH231），上海市科委软科学重点项目"城市数字化转型背景下关键基础设施信息物理系统对网络攻击韧性提升策略研究"（21692106000），上海财经大学"双一流引导专项资金"，"中央高校基本科研业务费"等的资助。特此致谢。

由于水平所限，书中存在不足之处在所难免，在此对指出不足或提出改进建议的专家和读者表示衷心感谢。

张　超

2021 年 9 月

# 目　　录

# 第1章 关键基础设施系统建模及其韧性

## 1.1 关键基础设施系统及其关联关系

### 1.1.1 关键基础设施系统

国家的健康、财富和安全依赖于商品和服务的生产和分配。这些商品和服务所经过的一系列实物资产、流程和组织被称为基础设施系统[1]。在所有的基础设施系统中，关键基础设施系统是指那些"如果丧失功能或被破坏将对国防和经济安全造成破坏性影响的系统"[2]。关键基础设施系统是由大量的物理设施、技术部件、运行过程和机构制度（人员和程序）等构成的社会技术系统，其各组分相互作用、协同工作，产生、提供和配置经济社会运转所必需的产品和服务，其关键性内涵来源于功能稳定性和可靠性对国家安全和经济社会运行具有的战略性影响[3, 4]。

1997年，美国关键基础设施保护总统委员会提出，关键基础设施由诸多子系统构成，包括信息通信、电力、油气储运、银行金融、交通运输、给排水、应急服务和政府服务等八类[2]。①信息通信：支持数据信息获取、存储、处理、传输、挖掘、分析、识别、控制与决策的计算机及通信设备、软件和程序。②电力：发电厂、变电站、输电网络、管理控制和数据获取系统。③油气储运：燃气和石油产品的生产、加工、储存、分发与运送。④银行金融：银行、非存款性金融服务公司、投资和基金公司、证券和商品交易所、零售及商业机构等相关业务组织实体及其运作、支持和参与的方式等。⑤交通运输：支持国家安全和经济社会正常运行的航运、水运、公路和铁路运输等。⑥给排水：保障生产生活的水源、水库，过滤、清洁等水处理设备，以及管道等输送装置组成的系统。⑦应急服务：医疗、警察、消防等救援系统。⑧政府服务：政府所提供的公共行政管理及服务。

关键基础设施系统的界定不断发展和更新[5]。2002年，美国国土安全部[6]重新界定了13类关键基础设施，包括农业、食品、水、公共卫生、应急服务、政府、国防工业、信息通信、能源、交通运输、银行金融、化学工业和邮政航运等。2003年，美国关键基础设施和资产总统办公室[7]提出了关键资产的概念，包括核电站、水坝、有害物质存储设备，以及代表国家形象的肖像、纪念馆、政府和商务中心等。2013年，美国第21号总统政策令"关键基础设施系统安全和储备"确定了16个关键基础设施部门，包括化学，商业设施，通信，关键制造业，水库大坝，国防工业基地，应急服务，能源，金融，食品和农业，政府设施，医疗保健和公共卫生，信息技术，核反应装置、材料和废弃物，交通运输，水供应和废水系统。

### 1.1.2　关键基础设施系统间的关联关系

系统是要素及其相互作用关系的集合[8]。作为一个多要素、多层次的动态系统，关键基础设施系统子系统的组成要素（技术部件、组织、人员等）间存在物理或信息关联关系，一类基础设施运行状态的改变，会通过某种联系和机制影响其他基础设施的运行状态和功能。关键基础设施系统关联关系复杂，需要考虑时空尺度、社会行为、国家或企业政策和利益相关者价值取向等因素，Rinaldi等[9]从关联关系类型、耦合关系与驱动行为、关键基础设施属性、失效类型和运行状态等维度解析了系统间的关联关系。

1. 关联关系类型

Rinaldi[10]将关键基础设施系统间的关联关系分为物理（physical）、信息（cyber）、地理（geographical）和逻辑（logical）等四类，见表1.1。

表 1.1　关键基础设施系统关联关系类型及实例

| 关联关系 | 内涵 | 实例 |
|---|---|---|
| 物理 | 一类系统功能输出决定另一类系统的输入 | 电力、信息、供水、石油与燃气彼此利用产品和服务；铁路网的变化（停止供煤）干扰电力网络的运行 |
| 信息 | 系统运行状态取决于信息传输及控制 | 交通指挥系统的计算机网络受到攻击造成交通拥堵；受电力影响的信号控制系统决定铁路运输系统状态 |
| 地理 | 一类系统突发故障造成空间接近、要素不同的另一类系统的状态发生变化 | 供水管道破裂造成地下通信光缆、电缆功能失效 |
| 逻辑 | 一类系统相关政策、法律或规制改变，导致另一类系统的状态改变 | 电价提高导致燃气用量激增 |

（1）物理关联，体现为一类系统产品和服务的输出是另一类系统运行所需的

输入，如铁路网和燃煤发电厂相互依存，铁路运输为发电厂提供燃料、大型维修零部件和发电机，同时，电力支持电气化铁路，以及信号控制系统和中心。

（2）信息关联，源于信息化网络化发展和通信基础设施（云服务、物联网、移动互联网）的广泛应用。关键基础设施系统的可靠运行依赖于信息控制系统（如电网控制系统、交通运输信息管理系统）和其所传输的信息。

（3）地理关联，地理位置相同或邻近的不同关键基础设施系统遭遇灾害事件后同时受损、维修受限等，如道路和沿线通信电缆在地震中同时受损。

（4）逻辑关联，指一类关键基础设施系统的相关政策、法律或规制的改变导致另一类系统的状态改变，如油价下调使车辆保有量剧增，从而导致交通系统拥堵。

其他学者也对基础设施系统关联关系的类型进行了界定。Zimmerman[11, 12]认为，关键基础设施系统具有空间和功能两种关联关系，前者源于地理位置接近，如电力、通信线路和石油管道通常沿公路和铁路等布设；后者指一类关键基础设施系统的运行依赖于另一类系统的产品和服务功能的输出，如铁路网的变化（停止供煤）会干扰电力系统的运行。与Rinaldi的定义相比，空间关联等同于地理关联，功能关联包括物理、信息和逻辑关联三种。Zhang和Peeta[13]将基础设施系统关联关系分为功能关联、物理关联、修复预算关联和用户需求关联。Sharkey等[14]基于飓风桑迪的案例，剖析了基础设施系统间的灾后修复行为限制，将系统间的修复依赖关系分为基本修复依赖、效用修复依赖、选择性修复依赖和时间敏感性修复依赖等四类。Ouyang[15]结合案例细化了基础设施系统关联关系。近年来，基础设施物理关联、地理关联和修复关联在相关研究中备受关注[16, 17]。

**2. 耦合关系与驱动行为**

关键基础设施系统的驱动行为与其耦合性质紧密相关。耦合性质包括：耦合程度、耦合阶、耦合影响等三个维度。①耦合程度指关键基础设施系统间耦合的紧密程度，分紧耦合和松耦合。紧耦合系统相互依赖性强，如燃气发电厂与燃气线路紧耦合；与紧耦合相反，松耦合系统间的依赖性较弱。②耦合阶，一阶耦合指系统直接耦合，二阶耦合通过一类其他系统实现，三阶耦合通过两类其他系统实现，依次类推。例如，电力系统与供水系统一阶耦合，电力系统通过供水系统与农业系统二阶耦合。③耦合影响，其分为线性影响和非线性影响。

**3. 关键基础设施属性**

系统属性是指各类关键基础设施系统运行时在时间和空间上的特征。①时间尺度指系统状态变化的时间特征。功能或扰动在不同系统中传播的时间尺度差异很大，如电力传输以微秒计，油气和水以小时计。②空间尺度，关键基础设施系统的关联结构分为三个层次。第一类是组分/要素/单元，指实现某一功能的最小单位，如蒸汽发电机；第二类是子系统，指组分/要素/单元组成的功能体，如发电厂；第三类是系统，指相似子系统的集合，如电力系统。

### 4. 失效类型

关键基础设施系统失效分为：级联失效、升级失效和同因失效等三类。①级联失效指一类关键基础设施系统受损引起另一类系统的组分失效，进而引起多类系统的组分失效。例如，2003年美加大停电、2008年中国南方雨雪冰冻灾害都属此类。②升级失效指一类关键基础设施系统受损加重其他类系统的受损程度，通常表现为受损加重或恢复时间延长。例如，通信系统受损阻碍交通系统的修复调度，从而延缓修复。③同因失效指多类关键基础设施系统在同一时刻因同一原因发生的组分失效。例如，火车出轨导致铁路、通信电缆和输电线路受损。

### 5. 运行状态

运行状态是关键基础设施系统在一定经济社会条件下的适应性行为，由单元、子系统和系统共同决定。运行状态不同，其失效对经济社会造成的影响的程度也不同。例如，电力系统在电力需求高峰时段受损的损失，远大于其他时刻的。

## 1.1.3　关键基础设施系统安全问题

关键基础设施系统为生产生活提供基础性支撑，因此其足额供应和优质服务对经济社会的稳定发展具有重要意义。近年来，经济社会和工程设施日益网络化，一系列关键基础设施系统突发事件相继发生。2003年8月，美国东北部地区和加拿大东部地区大停电，导致了严重的经济损失和社会影响。2008年初，中国南方地区遭遇百年不遇的雨雪冰冻灾害，引发了一系列关键基础设施系统的连锁失效：电网大面积中断、通信线路破坏、电气化铁路瘫痪、公路运输中断、空港关闭，此次灾害导致的直接经济损失逾千亿元，给生产和生活带来了极大影响。2012年7月，北京市暴雨造成了巨大的人员伤亡和财产损失。2019年8月，超强台风"利奇马"致使我国多个沿海城市的电力、交通基础设施严重受损，其导致的直接经济损失达上百亿元。2021年7月，台风"烟花"影响范围广泛，并引发了较多次生灾害，致使多个城市的基础设施严重受损。关键基础设施系统在高负载、突发事件频发条件下抵抗扰动的能力关乎国家安全和经济社会系统的正常运行[18]，因此需系统分析其风险，提出相应的保护策略。

关键基础设施系统面临着自然灾害、恐怖袭击等的严重威胁，主要包括物理破坏和信息网络干扰等外部袭击，以及长期高负荷运转导致的内部失效。中国关键基础设施系统的综合防范能力薄弱，对环境条件和灾害等级估计不足，规划和建设标准不科学，缺乏定期维护和适时更新，规模和质量未能及时得到增强和保障，不能有效抵御突发事件，存在不容忽视的脆弱性。随着经济快速发展、社会财富急剧增加、信息技术突飞猛进，电力、通信和交通等信息密集型关键基础设施系统的规模与日俱增。各系统间联系紧密[19]，单一系统内部任意组分或环节出现故障、损坏、滞后或失效，会产生连锁反应，导致系统崩溃，进而使其他关键基础设施系统连锁失效，影响关键基础设施系统的生存能力和功能[20]。突发事件的高发性加重了此类影响。

国内外政府均已关注关键基础设施系统的保护问题，并将其纳入国家安全范畴。1998年，美国克林顿政府签署第63号总统令，颁布国家关键基础设施系统保障政策。2001年，布什政府组建国家基础设施保护中心，进行关键基础设施系统脆弱性评估和国家基础设施系统保护仿真。2003年，美国发布《关键基础设施和重要资产物理保护的国家战略》[7]，从国家安全的高度全面推行关键基础设施与资产保护计划，将建模与仿真作为保障关键基础设施系统安全的方法基础，特别界定了六项研究内容，包括：恐怖袭击对中长期经济影响的评估模型，支持关键基础设施规划决策活动的建模仿真与分析集成方法，关键环节和相互影响分析，多部门预警活动中的冲突及相互影响分析模型，信息和物理攻击下的脆弱性和风险性管理，以及信息集成管理模型。随着信息化、网络化程度的不断提高，通信基础设施大量增加，关键基础设施系统的运行越来越依赖可靠、安全的信息系统。美国政府已确立通信基础设施系统保护的战略地位，鼓励私营企业与联邦政府合作建立信息共享和分析中心，以构建基于公私合作的信息集成系统和共享机制，形成一体化的数据库，指导关键基础设施系统保护和国际合作计划。

其他地区和国家也制订了类似的计划，如欧洲的关键基础设施系统保护计划、德国的关键基础设施系统保护实施计划、英国的关键基础设施系统修复计划[15]。在亚洲，从德岛地震和海啸中恢复过来的日本开展了国家韧性计划，其2013年投入了2100亿美元的资金，以提高能源、水、交通和其他基础设施的整体韧性。我国国家能源局研究发现大部分停电事故的根源在于配电系统，因此在2015~2020年我国拨出了20万亿元人民币用于配电改造，以提高系统的可靠性、电能质量，以及应对事故的韧性。

《中华人民共和国国民经济和社会发展第十四个五年规划和2035年远景目标纲要》指出要"打造系统完备、高效实用、智能绿色、安全可靠的现代化基础设施体系"。上海、北京、深圳等多个城市相继提出韧性城市的建设目标，明确优化基础设施系统管理和控制是韧性城市建设的关键。

因此，大学、国家实验室和私营公司对关键基础设施系统建模和仿真、系统韧性评估与提升策略的研究产生了极大的兴趣。

# 1.2 关键基础设施系统建模方法

## 1.2.1 相关模型概述

关键基础设施系统建模和仿真已积累较多成果。Eusgeld等[21]回顾了基础设施的八种建模和仿真技术，包括：多智能体建模、系统动力学、混合系统建模、输入输出模型、分层全息建模、关键路径法、高层架构和Petri网络。他们还提出了七个模型评价标准，涉及建模重点、方法设计策略、关联类型、仿真事件类型、事件后果、数据需求和监测领域等。Ouyang[15]回顾了现有的基础设施建模和仿真方法，将其分为六种类型：基于经验的方法、基于多智能体的方法、基于系统动力学的方法、基于经济理论的方法、基于网络的方法，以及其他方法。

目前，为了提高系统韧性，关键基础设施系统建模重点关注两个问题。一是常态下设施的加固规则和资源分配；二是非常态下（灾后）基础设施的修复策略。对于第一个问题，由于预算有限，如何确定系统中最脆弱的部分，以最小的经济成本对其进行加固并获得最佳效果，是研究者关心的问题。第二个问题旨在减轻灾害的影响并迅速开展修复服务。经典实现方式包括对修复过程进行仿真建模，或将修复过程抽象为一个最优控制问题[22]。常见的修复措施包括：维修人员调度、分布式发电、开关设备远程控制等。另外，较多研究开始关注基础设施部门内部、部门间的关联关系，如天然气系统和供电系统之间的耦合作用[23]。研究人员将不同类型的基础设施系统纳入到统一的建模和仿真框架中，从一个更全面的角度研究韧性解决方案。

对不同的应用侧重，基础设施系统模型通常基于对现实世界的多种假设进行构建。在分布式发电或微电网技术模型中，通常假设配电网络中存在可远程控制的自动开关设备，因此线路可以被打开/关闭，负载可以被连接/断开，以形成多个微电网。假设这些开关具有本地通信能力，可以与相邻的开关交换信息[24]。在大多数对防御者和攻击者的活动进行仿真的韧性模型中，决策者有预算限额，以确保电线和变电站等组分有数量限制，且系统运行商在停电后能够了解所有组分的状态[25]。当最坏的攻击场景发生后，假设经过加固的线路和节点能够在灾害中保持正常运行。研究天气影响的模型大多假设系统都暴露在相同的天气条件下，较少考虑天气的区域性，将天气灾害事件建模为静止事件来降低建模过程的复杂度[26, 27]。研究电力和燃气系统之间的关联关系的模型通常假设发电消耗燃气，燃气压缩机消耗电力[25]。归结起来，相关模型假设取决于建模目的和模型规模。

## 1.2.2　常用建模方法

关键基础设施系统的建模方法包括：优化调度模型、拓扑网络模型、多智能体仿真模型、概率模型、投入产出模型、系统动力学模型、经验模型等。表1.2列出了本书所选的建模方法和相应的模型。常见的四种方法将在下面的小节中详细介绍，其余的方法将在"其他方法"中简要介绍。

**表 1.2　关键基础设施系统韧性问题的建模方法**

| 建模方法 | 模型名称 |
| --- | --- |
| 优化调度模型 | 两阶段停电管理模型[22] |
| | 微电网形成方案[24] |
| | 顺序服务修复框架[28] |
| | 多重能源韧性运行模型[29] |
| | 两阶段鲁棒性优化模型[25] |
| | 风险优化模型[30] |
| | 规划者–攻击者–防御者模型[31] |
| | 攻击性结构脆弱性模型[32] |
| | CitInES 模型[33] |
| 拓扑网络模型 | 针对结构脆弱性分析的改进模型[34] |
| | 图模型[35] |
| | 三级防御者–攻击者–防御者模型[36] |
| | "概念验证"模型[37] |
| | 电力市场复杂适应性系统[38] |
| | 天然气基础设施系统工具包[38] |
| 多智能体仿真模型 | 关键基础设施模型系统[39] |
| | 基于互联代理的关键基础设施仿真[39] |
| | 集成能源系统可靠性评估模型[40] |
| | SynCity 模型[41] |
| | 韧性评估模型[27] |
| | 多重微电子可靠性评估框架[42] |
| 概率模型 | 关键基础设施系统关联关系集成器[43] |
| | 修复模型[44] |
| | 可靠性/可用性评估框架[26] |

续表

| 建模方法 | | 模型名称 |
|---|---|---|
| 其他方法 | 基于行为体的模型 | 关联能源基础设施仿真系统[45] |
| | 经验模型 | 电力产品脆弱性评估框架[46] |
| | 系统动力学模型 | 关键基础设施保护模型与分析项目[38] |
| | 物理模型 | 石油燃料网络分析模型[38] |
| | 集成仿真平台 | 关键能源基础设施系统[23] |
| | 投入产出模型 | 基础设施系统间输入–输出模型[47] |

1. 优化调度模型

优化调度模型是基础设施系统韧性研究领域中使用广泛的建模方法之一。在该方法中，当系统被干扰性事件影响时，系统韧性的实现可以被抽象为一个优化问题，即在短时间内修复系统，同时使服务损失最小化。

Arif等[22]研究了停电管理问题，通过协同优化修复、变电站调度，同时考虑了重新配置和修复人员调度的问题，使负荷损失最小化、修复时间最小化。Chen等[24]和Ding等[48]提出了一种微电网形成方案，该方案能在自然灾害引发电网重大故障后修复关键负荷。该方案构建了一个混合整数规划，在满足每个微电网的运行约束的情况下，最大化系统负荷。类似地，Chen等[28]为修复顺序问题制定了一个混合整数规划模型。该模型可以生成一个最佳的修复序列，以协调可调度的变电站和开关设备，从而逐步为系统通电。Manshadi和Khodayar[29]提出了一种考虑天然气和电力系统之间的关联关系的双层次优化法。该方法可以识别系统中最脆弱的部分，并实现有韧性的发电和需求调度。Yuan等[25]构建了一个两阶段鲁棒性优化模型，用于具有变电站加固措施的韧性配电系统的规划设计。

归结起来，现有的优化调度模型都有优化目标函数，如最大限度地提高服务负荷、最小化修复时间或经济投资。从修复策略制定的角度考虑，常用措施包括：拓扑结构重新配置、变电站调度、微电网制定、维修人员调度、开关设备控制等。

然而，优化调度模型常聚焦于单一问题，或是保护资源分配，或是修复，这是基础设施系统韧性的两个独立阶段。另外，灾害的发生过程通常不被考虑。若综合考虑上述因素，则优化调度问题会变得较复杂，并且所需的计算时间会较长。Nezamoddini等[30]通过比较不同规模电网测试系统的计算时间发现，当系统从IEEE 6-bus升级到IEEE 57-bus时，计算时间从3秒增加到4.2小时。

2. 拓扑网络模型

基础设施系统由一系列功能性子系统及其连接构成。将子系统抽象为节点，连接抽象为边，赋予节点和边功能属性，建立系统的网络图模型。模型中常用节点响应函数和节点依赖关系表示系统间的关联关系。

电网常被作为现实世界复杂网络的一个经典例子来进行研究[34]。部分模型基于电网的拓扑结构构建。该类模型中，电网由一组边和节点来表示，其中节点表示发电厂或变电站，边表示传输线路。这类模型通常应用于电网的结构脆弱性分析。

拓扑网络模型由于具有高度抽象性和简化性而易于分析。Buldyrev等[49]利用关联的电力系统和通信系统的拓扑结构来分析两个系统间的级联故障的传播过程。Page等[33]提出了一种简化的能源基础设施网络建模方法。他们基于原始网络的拓扑结构，使用网络节点聚合成的集群来建立模型，并通过仿真对其进行校准。通过这种方式，变量的数量可大幅减少。

然而，纯粹的拓扑学方法不易把握基础设施系统的物理特性和运行限制，因此有时会得到过于乐观的分析结果[50]。Hines等[51]在电力基础设施系统的脆弱性建模中比较了纯粹的拓扑网络模型和具有更高保真度的模型。他们使用了三种脆弱性评估方法：路径长度、连接损失和停电规模，得到了用纯粹的拓扑网络模型评估电网的脆弱性可能会产生误差的结论。Chen等[32]提出了一个用于电网结构脆弱性分析的混合模型。该混合模型包含了传统的拓扑学方法，也考虑了电流分布等电力传输网络的重要特征。与传统的拓扑网络模型相比，该混合模型能更有效地描述真实的电网。

拓扑结构调整或重配是提升电力系统韧性的重要措施，因为当发生停电时，其可以使部分变电站重新连接到其他电源上。Lin和Bie[36]提出了一个三层防御者-攻击者-防御者模型，以强化配电系统对恶意攻击的韧性。该模型仿真了拓扑重构和加固变电站等韧性提升措施（resilience improvement measure，RIM），研究了它们对配电系统韧性的影响。

### 3. 多智能体仿真模型

多智能体仿真模型由动态交互的、基于规则的智能体组成[52, 53]。智能体的一般定义是一个具有位置、能力和记忆的实体[54]。多智能体模型可以展示复杂的行为模式[55]，并提供关于动态仿真的真实世界系统的信息[54]。

关键基础设施系统中资源的供给，以及产品的生产、运输、购买等都属于经济行为。多智能体仿真模型在基础设施系统建模和仿真中的应用主要集中在分析关联系统之间的相互作用方面[56]。Casalicchio等[57]使用多智能体模型对一个由电网和通信网络组成的系统进行建模，智能体代表整个基础设施系统、子系统和参与到该场景的人。在该模型中，一个智能体通过它的属性，以及它向其他智能体提供的服务来描述。Li等[40]为电力和天然气系统的综合能源系统建模，建立了一个双层的智能体模型，作为系统可靠性分析的基础。其中，较低的层次是代表电线、变压器和电力负荷的组分智能体，较高的层次是构成系统拓扑结构的区域智能体。

多智能体模型的另一个重要应用是对社会–生态活动进行仿真，如电力市场和能源基础设施系统框架内的人类活动。Zhou等[58]仿真了一个带有商业建筑需求响应的电力市场。模型中，智能体表示市场参与者，如发电公司、负载服务实体、商业建筑聚集者和独立系统运行商。SynCity[41]是一个由伦敦帝国学院开发的工具，用于评估城市能源系统。该工具采用基于智能体的微观仿真对城市市民的日常活动进行仿真。Solanki等[59, 60]使用智能体来仿真修复电力系统的不同操作者。阿贡国家实验室开发了EMCAS[61]和Restore模型[62]。Restore利用蒙特卡罗方法仿真了灾后关键基础设施系统的恢复时间和经济成本。

多智能体模型在以下方面具有优势：第一，它可以通过仿真不同基础设施系统之间的物理或经济流动来捕捉复杂的关联关系；第二，它可以避免复杂的理论分析，使得研究大规模问题成为可能；第三，它可以通过制定某些规则对客户或决策进行行为分析。当然，多智能体模型也有一些局限性，它很难进行验证，而且不是所有类型的关联关系都能被建模在单一的模型中。大多数多智能体模型只能仿真一种类型的关联关系，如物理或逻辑关联关系[13]。

### 4. 概率模型

基础设施系统建模时，可应用概率算法来捕捉系统故障的不确定性特征，许多模型采用蒙特卡罗模拟方法[27]。蒙特卡罗模拟使用重复抽样来确定一些现象或行为的属性[63]，其基本思想是利用随机性来解决原则上可能是确定性的问题。该方法对于搜集随机对象的信息、估计某些变量，以及对复杂的目标函数进行优化是很有用的[64]。

由于天气事件具有高度随机性，因而在基础设施系统改造领域，蒙特卡罗模拟经常被用于仿真天气事件。Panteli和Mancarella[27]开发了一个基于顺序蒙特卡罗模拟方法的时间序列仿真模型，以评估天气事件对电力系统韧性的影响。在了解了飓风发生频率及其对电力系统组分的影响后，Li等[65]设计了一种算法来评估电力系统面对飓风时的风险。该方法可以扩展到其他随机自然灾害影响下的系统。类似地，Cadini等[26]使用顺序蒙特卡罗模拟仿真了正常和极端天气事件引发的故障。仿真结果被用来评估电力传输系统的可靠性。

蒙特卡罗模拟在基础设施系统建模中的另一应用是研究受损基础设施系统的修复过程。例如，美国阿贡国家实验室开发的软件工具Critical Infrastructures Interdependencies Integrator[43]使用蒙特卡罗模拟来估计修复一个基础设施组分、一个特定的基础设施系统，或一组关联基础设施系统所需的时间和成本。

值得注意的是，蒙特卡罗模拟可以整合到其他建模框架中，如基于优化的模型，来仿真基础设施系统的性能。Farzin等[42]在考虑配电系统的最优电流问题时，用蒙特卡罗模拟法评估了停电管理策略的效果。

### 5. 其他方法

（1）投入产出模型。诺贝尔奖得主Leontief[66]提出的投入产出模型，可用于分析预测一个经济行业的变化对其他经济行业的影响。Haimes和Jing[67]认为系统间的物理关联在某种程度上可由其间的经济关联表示，并用投入产出模型描述关键基础设施系统的相互作用。美国经济分析局[68]通过分析美国500个行业生产和消费的经济量，得到了行业间关联矩阵。然后将某类关键基础设施系统的损失作为输入，求解其他系统的损失，分析损失在系统间的传播过程。Haimes和Horowitz[69]等将宏观、线性、静态的投入产出模型扩展为非线性和动态的模型。

（2）基于行为体的模型。与多智能体模型类似，该类模型由行为体组成，这些行为体可以进行局部决策、创建更多的行为体、发送消息及决定对收到的消息做出什么样的反应。由阿贡国家实验室开发的关联能源基础设施仿真系统[45]是一个基于行为体的基础设施系统建模、仿真和分析工具，旨在了解关联基础设施系统的特征。基于行为体的模型可仿真基础设施系统间的动态互动，特别是仿真关联电力和天然气基础设施系统。

（3）经验模型。该类模型基于历史数据或专家经验建立。Shih等[46]采用数据仓库技术对煤矿、铁路运输和发电厂间的关联关系进行脆弱性评估。数据仓库是一个用于报告和数据分析的系统，能够将各种数据集汇集在一起并管理历史数据，支持对不同粒度的历史和多维数据进行互动分析。

（4）系统动力学模型。该类模型用流和流位表示生产、运输、消费的产品和服务，用其流动表示相互作用，从而刻画关联基础设施系统的动力学特征。该方法被广泛用于分析基础设施间的关联关系。系统动力学模型从物理模型中抽象出系统的主要功能和业务流程，解决大规模关联系统的问题。美国贝尔实验室将通信网络的N-SMART（network simulation modeling and analysis research tool，网络仿真建模和分析研究工具）模型抽象为系统动力学模型，进而分析通信与电力、应急服务系统的关联作用[70]。美国多个国家实验室联合开发了IMCICM（important critical infrastructure control model，重要基础设施控制模型）[71]，以研究美国全部关键基础设施系统及其相互作用。

（5）物理模型。从工程技术角度，根据关键基础设施系统的组分和功能流程建模，能够有效仿真关联关键基础设施系统的物理工程的特性，常用于分析电网、煤气网、水网等工程技术特性较强的系统及其关联影响。美国阿贡国家实验室应用物理模型对关联能源系统建模，开发了IEISS（interdependent energy infrastructure simulation system，关联能源基础设施仿真系统）[72]。美国贝尔实验室仿真研究有线和无线通信网络，开发了N-SMART（national-SMART）[73]。

（6）集成仿真平台。该类模型的实现方式是对多个组分模型采用不同的处理方法，然后耦合在一起。Erdener等[23]提出了一个电力和燃气系统的综合仿真模型。他们首先对电力和燃气系统进行单独建模，然后通过一个接口进行连接。桑迪亚国家实验室[38]开发的快速分析基础设施工具是由一个依赖模型和一个经济模型组成的。依赖模型是一个面向对象的基础设施系统关联专家系统模型。

# 1.3　关键基础设施系统韧性

## 1.3.1　韧性的定义

韧性的概念源自拉丁语，1973年由Holling首次引入生态学和进化论领域[74]，指实体或系统在破坏性事件发生后恢复正常运行状态的能力。在自然灾害和风险管理[75]、基础设施系统[76,77]、系统工程[78,79]、能源系统[80,81]等学科领域，学者已从多角度对韧性进行了定义。Zhang和van Luttervelt[82]将韧性定义为系统在面对内部或外部变化时保持自身功能并在必要时缓慢地降低自身功能的能力。Pregenzer[83]定义韧性为系统吸收持续的、不可预测的变化并保持自身重要功能的能力。Haimes[84]将韧性定义为系统遭受重大破坏性事件时保持自身功能下降在合理的范围内，并在合适的时间段和合理的成本下恢复的能力。基础设施安全合作组织[85]将基础设施系统韧性定义为系统预防多种重大灾害或突发事件威胁，并在对公共安全影响最小的情况下修复和重建关键服务的能力。Vugrin等[86]定义系统韧性为特定事件下系统有效减少系统性能偏离目标水平的幅度和持续时间的能力。该定义指出了两个要素，一是事件影响，即事件对系统造成的负面影响，通过系统性能偏离目标水平的幅度和持续时间来衡量；二是系统恢复成本，即修复系统受损组分花费的资源量。

在工程学领域，系统韧性的概念相对较新。Youn等[87]将工程韧性定义为系统可靠性和灾后恢复能力之和。Wears[88]将工程韧性定义为系统遇到干扰和不可预测的变化时调整自身功能的内在能力。Hollnagel[89]指出，对于韧性，了解技术系统的正常功能及它是如何失效的很重要。美国机械工程师协会[90]将工程韧性定义为系统在遭受外部和内部干扰时不中断执行系统功能的能力；或者如果系统功能中断执行，可以迅速恢复的能力。Dinh等[91]指出了提升工程系统韧性的六个要素，包括最小化故障、影响限制、后勤控制/规章、灵活性、可控性和早期检测等。

电力、供水、燃气传输、交通等基础设施系统是工程学的子领域。美国国家基础设施咨询委员会[92]将基础设施系统的韧性定义为这些系统预测、吸收、适应自然灾害等破坏性事件的影响并从中快速恢复的能力。Percoco[93]的研究指出，基础设施系统的正常运行可极大提高国家经济系统的运行效率。因基础设施对经济和社会系统具有重要作用，已有较多学者针对基础设施韧性展开研究[94, 95]。MacKenzie等[95, 96]将基础设施系统韧性定义为抵御、吸收事件影响，并从中恢复的能力。Liu和Song[97]从系统灾后功能失效概率、服务能力波动幅度和鲁棒性等方面综合界定了基础设施系统韧性，并强调系统对灾害的适应力和恢复力[98]。归结起来，韧性是灾害事件影响下系统响应能力的综合反映，包括吸收能力、适应能力和恢复能力[99]。

尽管韧性概念尚未统一，但学者对韧性的定义存在相似之处，具体如下：①大部分研究关注系统对破坏性事件的"吸收"和"适应"能力，并且"恢复"被认为是韧性的关键部分；②对工程系统，如核电系统，鲁棒性是评估系统在破坏性事件下保持自身服务能力的重要指标；③部分韧性定义强调系统功能或性能必须恢复到稳定状态，也有部分定义不强调系统要恢复到灾前状态；④部分韧性定义强调系统韧性是与风险相依存的；⑤部分定义根据灾前准备活动定义韧性，而忽略了灾后恢复活动的作用。

关键基础设施系统韧性评估尚未建立统一方法，但已积累了一定的研究成果。现有的系统韧性评估方法可分为定性方法和定量方法等两大类，见图1.1。定性方法包括韧性概念框架，以及由专家调研得到的评估韧性性质的半定量指标。概念框架提供了关于韧性概念的见解，但不提供定量值。半定量指标将专家意见等多个维度指标聚合成一个指标。定量方法包括通用韧性评估方法，以及基于结构模型得到的针对特定领域系统的韧性评估方法。通用方法通过比较干扰发生前后系统性能的变化来评估韧性，可分为确定性方法、概率性方法；基于系统结构的韧性评估方法强调特定系统的结构或特征，进而得出对应的韧性指标。

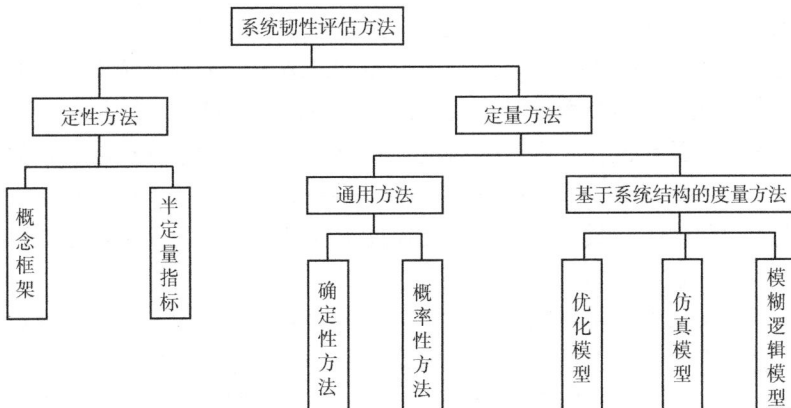

图1.1　韧性评估方法的分类

### 1.3.2　定性评估方法

1. 概念框架

Alliance[100]提出了一个评估社会生态系统韧性的通用框架,该框架由七个步骤组成:①定义和理解所研究的系统;②确定评估韧性的适当指标;③识别系统驱动程序及外部和内部扰动;④确定系统中的关键参与者;⑤开发用于确定必要恢复活动的概念模型;⑥将步骤⑤的实施结果告知决策者;⑦事后调查结果。Speranza等[101]提出了一个用于分析社会生活韧性的概念框架,该框架提供了韧性的三个维度属性:缓冲能力、自组织能力、学习能力。国土安全方面,Kahan等[102]基于八项指导原则提出了系统韧性的概念框架,指导原则包括:威胁和危害评估、稳健性、减轻后果、适应性、风险知情规划、风险知情投资、目的协调、范围全面等。Labaka等[103]提出了一个包括内部韧性、外部韧性、韧性政策和韧性子政策的整体韧性分析框架。

部分韧性定性研究围绕关键基础设施系统展开。Sterbenz等[104]提出了通信网络韧性和生存能力分析框架。基于该框架的研究结果表明,防御、检测、诊断、补救、优化和恢复等六个因素有助于设计韧性网络。该框架仅提供了概念性见解,并未量化系统韧性。Vlacheas等[105]分析了电信网络的韧性特征,发现可靠性、安全性、可用性、机密性、完整性、可维护性和系统性能是网络韧性最重要的特征。Bruyelle等[106]提出了一些技术解决方案和行为管理策略,以提高公共交通系统对恐怖袭击的韧性。Patterson等[107]提出了提升药物输送系统韧性的三个关键因素,包括:先进的信息可视化技术、基于场景的设计和治疗评估,以及在获取需求期间的团队合作。

Vugrin等[108]将韧性表示为吸收能力、适应能力和恢复能力的函数。吸收能力指系统能够吸收干扰性事件带来的冲击的能力;适应能力指系统能够暂时适应新干扰的能力;恢复能力指系统被干扰后能够自我恢复的能力。这种韧性能力的定义同时考虑了准备和恢复。而且,研究中还引入了干扰性事件造成的损失成本和恢复成本等两个要素组成的韧性成本指数。Shirali等[109]归纳了提升化工生产系统韧性的主要障碍因素,具体包括:缺乏韧性工程经验、相比安全性更注重生产、缺乏报告系统、宗教信仰、过时的程序和手册、不良的反馈循环、经济问题等。进一步,他们又从安全文化的角度定义了韧性指标,具体包括:计划延误、安全委员会、会议有效性、安全性教育、工人的参与能力、安全培训等。他们还指出韧性测量取决于四个管理因素,包括:集中或分散控制系统、变更管理、风险管理和事故分析、管理层对安全和复原力的承诺等。Ainuddin和Routray[110]通过对地震多发地区进行家庭调查,提出了一个社区韧性分析框架,包括以下内容:识别危害/灾害特征、确定个人/社区脆弱性、风险意识培养、增加社会物质资源。

2. 半定量指标

半定量指标方法通常由一组问题构成，这些问题旨在以百分比量表（0-100）评估不同的系统韧性特征。例如，冗余性、资源丰富性等，基于专家意见的特征评估以某种方式汇总，生成韧性指数。Cutter等[111]首先确定了社区对自然灾害的36个韧性变量，包括：冗余性、资源丰富性和鲁棒性等，根据来自政府的数据，每个变量的评分在0到100之间。这36个变量被分为五个子指标，包括：经济、基础设施、社会、社区资本和制度。各子指标的得分采用变量加权平均的方式计算，总分采用所有分项指标得分变量的未加权平均值来计算。Pettit等[112]归纳了工业供应链韧性的两个关键驱动因素，供应链的脆弱性水平，以及供应链抵御干扰性事件影响并从中恢复的能力。进一步，他们通过指标问卷调研评估供应链的脆弱性和供应能力。问卷中，每个因素的重要性由决策者来确定，最后通过加权汇总计算供应链的韧性。Shirali等[113]使用半定量方法评估了加工行业的韧性，引入了高层管理、投入、研究文化、意识、准备性和灵活性等六个韧性指标。指标数据从加工行业公司中收集，并使用主成分分析法对数据进行分析和打分。

### 1.3.3　定量评估方法

1. 通用方法

通用的韧性度量方法不考虑系统结构特征，通过衡量系统性能的变化来评估系统韧性，可分为确定性方法和概率性方法两类。

1）确定性方法

Bruneau等[114]在韧性三角模型中定义了韧性的四个维度：①鲁棒性，系统在干扰性事件发生时阻止组分失效在系统中传播的能力；②快速性，系统在干扰性事件发生后自身功能恢复到原始状态或可接受水平的速度；③资源丰富性，响应干扰性事件影响时可用的物质资源和人力资源；④冗余性，系统可降低干扰性事件影响的最大程度。Bruneau随后提出了一个韧性度量方法，用于测量社区对地震的韧性损失，见式（1.1）。干扰性事件发生的时间为$t_0$，社区恢复到正常状态的时间为$t_1$。$t$时刻社区基础设施的质量可以代表几种不同类型的绩效衡量标准，用$Q(t)$表示。

$$\mathrm{RL} = \int_{t_0}^{t_1}[100 - Q(t)]\mathrm{d}t \qquad (1.1)$$

此度量方法中，将下降的基础设施质量与正常的基础设施质量（100）进行比较。RL可以表示为图1.2中的阴影区域。较大的RL值表示较低的韧性，而较小的

RL值表示较高的韧性。这种方法的优势在于它具有普适性。虽然这种方法是针对地震下的社区基础设施提出的，但它可应用到许多系统，因为质量是一个通用概念。因此，该韧性度量方法的普适性是韧性三角模型的一个重要优势。韧性三角模型中有些假设，如地震前社区基础设施的质量为100、干扰性事件具有特定的瞬时影响、系统修复工作会在事件发生后开始等。实际应用中可结合具体情况进行调整[115, 116]。

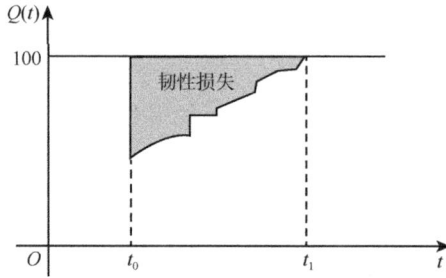

图1.2　基于韧性三角模型的韧性损失测量

Zobel[117]提出的韧性度量方法是通过灾后时间间隔$T^*$内系统的总损失占正常状态下系统性能输出总和的百分比来计算的，如式（1.2）所示。相关参数包括：$X \in [0,1]$表示干扰性事件发生后系统性能下降的百分比，$T \in [0,T^*]$表示系统性能恢复到正常状态所需的时间，$T^*$表示选定的足够长的时间间隔。Zobel发现基于韧性三角模型，不同的$X$和$T$组合可得到相同的韧性值。

$$R(X,T) = \frac{T^* - XT/2}{T^*} = 1 - \frac{XT}{2T^*} \tag{1.2}$$

由图1.3可见，对于单一干扰性事件，系统的总性能损失可通过三角形面积（$XT/2$）来表示。Zobel和Khansa[118]为评估多个连续干扰性事件影响下的系统韧性，对式（1.2）进行了扩展。与图1.2类似，图1.3中的韧性评估也假设干扰性事件发生后系统性能的下降瞬时完成。然而现实中，部分系统性能的下降不是瞬时完成的，而是随时间推移逐渐下降，式（1.2）需进行针对性改进。

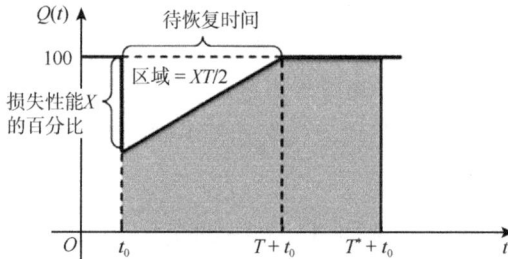

图1.3　韧性三角模型的拓展

Henry等[119]提出了一种基于时间的系统韧性度量，将韧性量化为修复与损失的比率。基于系统性能函数$\varphi(t)$，图1.4表示与韧性度量相关的三个系统状态：①稳定初始状态，系统在中断事件或干扰性事件发生前性能稳定的状态，从时刻$t_0$开始，到时刻$t_e$结束；②中断状态，由发生在时刻$t_e$的事件$e^j$引起，其影响直到时刻$t_d$停止，描述了从时刻$t_d$到时刻$t_s$的系统性能；③稳定恢复状态，指在时刻$t_s$启动修复行动后系统性能恢复到新的稳定状态。

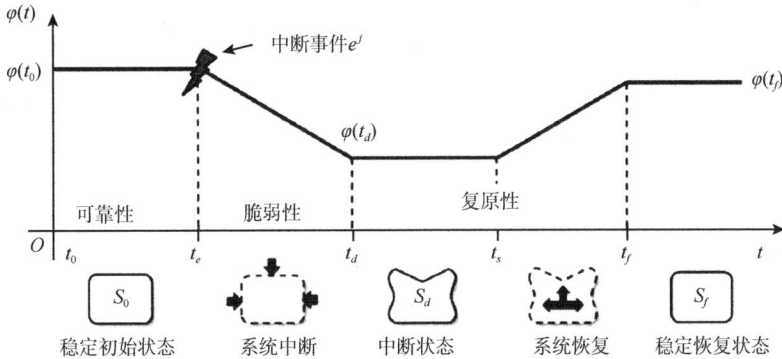

图1.4 描述韧性的系统性能和状态转换

图1.4中的系统韧性特征包括：可靠性、脆弱性、复原性等。与时间相关的韧性度量可表示为上述变量的函数，如式（1.3）所示。

$$R_\varphi(t \mid e^i) = \frac{\varphi(t \mid e^j) - \varphi(t_d \mid e^j)}{\varphi(t_0) - \varphi(t_d \mid e^j)} \tag{1.3}$$

式（1.3）所示的韧性度量中，分子表示到时刻$t$系统性能恢复的值，分母表示中断事件$e^j$造成的总损失。Henry等还将系统恢复的总成本表示为系统故障损失和修复行为实施成本之和。基于式（1.3）和图1.4所示的系统状态变化过程，部分研究者[120, 121]拓展了上述度量方法。

Wang等[122]提出了一个企业信息系统韧性度量方法，如式（1.4）所示。其中，$m$表示企业信息系统中的操作次数；$d_i$表示第$i$次操作需要的恢复时间；$c_i$表示第$i$次操作的完成时间；$z_i$表示第$i$次操作的权重。

$$R = \max \sum_{i=1}^{m} z_i \frac{d_i}{c_i} \tag{1.4}$$

当所有操作都可在要求的时间内恢复时，韧性的值可大于1，值越大代表系统更具韧性。该度量的主要限制是假设恢复操作的数量是已知的，而实际上系统有时需处理恢复操作数量未知的情况。

Omer等[123]提出的基础设施网络的静态韧性度量，通过干扰性事件发生前后网络临近中心性的比值来计算。临近中心性是根据节点对网络其余部分的可访问性来确定的。该韧性度量的值介于0和1之间，值越大代表网络的韧性越高。

Chen和Miller-Hooks[124]构建了一个交通网络韧性度量模型，如式（1.5）所示。参数$d_w$表示干扰性事件发生后交通网络中起点–目的地（origin-destination，O-D）组合$w$可以满足的最大需求，$D_w$表示事件发生前O-D组合$w$可以满足的需求。该度量的局限性是不包含灾前准备和灾后修复活动对韧性的贡献。

$$\text{Resilience} = E\left( \sum_{w \in W} d_w \Big/ \sum_{w \in W} D_w \right) = \frac{1}{\sum_{w \in W} D_w} E\left( \sum_{w \in W} d_w \right) \qquad (1.5)$$

Janić[125]使用式（1.5）所示的度量来评估机场韧性，他定义韧性为准点航班与计划航班总数之间的比率。

Owin和Wardle[126]将韧性与瞬时最大扰动联系起来，构建了一种度量方法，如式（1.6）所示。$E_{max}$表示无扰动情况下系统恢复力的最大值，$E_j$表示$T_j$时刻扰动事件对安全性的影响。$T_j$时刻的瞬时韧性取0到1之间的值，其中1表示最大的系统韧性。该度量的缺点是没有考虑恢复时间，同时很像韧性三角模型，恢复时间不同的两个系统可能有相同的韧性值。

$$\text{Resilience} = \frac{2 \times |E_{max}|}{|E_{max}| + |E_j|} - 1 \qquad (1.6)$$

Enjalbert等[127]提出了局部韧性和整体韧性的度量方法。式（1.7）和式（1.8）分别从安全管理的角度对公共交通系统的韧性进行了建模。函数$S(t)$是系统的安全指标，含义为"影响系统安全的因素的总和"。局部韧性评估基于安全指标的瞬时韧性，全局韧性由局部韧性对时间积分得到，从干扰性事件开始的时刻$t_b$到干扰性事件结束的时刻$t_e$。Ouedraogo等[128]将上述局部和整体韧性度量方法应用到航空运输系统中。

$$\text{Local resilience} = \frac{dS(t)}{dt} \qquad (1.7)$$

$$\text{Global resilience} = \int_{t_b}^{t_e} \text{Local resilience} = \int_{t_b}^{t_e} \frac{dS(t)}{dt} \qquad (1.8)$$

Francis和Bekera[129]提出了一个动态韧性度量，如式（1.9）所示，$\rho_i$表示事件$i$，$S_p$表示系统恢复速度，$F_o$表示系统在原始状态下的性能水平，$F_r$表示恢复后新稳定状态下的系统性能水平，$F_d$表示事件发生后的瞬时性能水平。式（1.10）中，假设修复速度呈指数增长，$t_\delta$表示松弛时间或灾后修复发生前可接受的最长时间，$t_r$表示最终修复时间或达到新平衡状态的时间，$t^*_r$表示完成初始修复工作的时间，$a$表示控制韧性"衰减"的参数。该度量用新的稳态性能保持的原始稳态性能的比例来描述系统的吸收能力，即$F_r/F_o$。显然该度量的韧性值不局限于[0，1]。比率$F_d/F_o$

表示不采取修复行动时系统吸收冲击的能力，$F_r/F_o$ 表示采取修复行动后系统的适应能力。对自适应容量比，恢复的性能水平 $F_r$ 可以与初始性能水平 $F_o$ 和事件发生后的性能水平 $F_d$ 之间的差进行比较，即 $F_r/(F_o-F_d)$。

$$\rho_i = S_p \frac{F_r F_d}{F_o F_o} \tag{1.9}$$

$$S_p = \begin{cases} (t_\delta / t_r^*)\exp[-a(t_r - t_r^*)], & t_r \geq t_r^* \\ t_\delta / t_r^*, & \text{其他} \end{cases} \tag{1.10}$$

Cimellaro 等[130]定义的韧性度量如式（1.11）所示。其中，$\alpha$ 表示干扰性事件发生前后系统服务质量重要性的权重因子，$Q_1(t)$ 和 $Q_2(t)$ 分别表示事件发生前后的系统服务质量，$T_{LC}$ 表示系统的控制时间。该度量被用来评估医疗保健韧性，将患者排队等候治疗的时间作为服务质量指标。式（1.11）得到的韧性值依赖于权重系数。因决策者偏好的差异可能得到不同的韧性值。快速性、稳健性、冗余性和资源充分性等韧性特征并未包含在该韧性度量方法中。

$$R = \alpha \int_{T_{LC}} \frac{Q_1(t)}{T_{LC}} dt + (1-\alpha) \int_{T_{LC}} \frac{Q_2(t)}{T_{LC}} dt \tag{1.11}$$

2）概率性方法

结合系统性能损失和恢复时间，Chang 和 Shinozuka[131]提出了一种评估系统韧性的概率方法。其将韧性定义为中断事件或干扰性事件发生后初始系统性能损失小于可接受的系统性能最大损失和完全恢复时间小于可接受的最大恢复时间的概率，如式（1.12）所示。其中，$r^*$ 表示可接受的系统性能最大损失，$t^*$ 表示可接受的最大恢复时间，$A$ 表示对于规模为 $i$ 的干扰性事件可接受的系统性能损失和恢复时间的集合。

$$R = P(A|i) = P(r_0 < r^* \cap t_1 < t^*) \tag{1.12}$$

式（1.12）所示的韧性度量方法被用来评估地震后基础设施系统和社区的韧性。该度量可以应用于其他系统和干扰性事件。该度量的特点是考虑了韧性值的不确定性。但是，当性能损失和恢复时间都超过它们的最大可接受值时，该度量未考虑加入额外的惩罚。

Ouyang 等[132]提出了一种评估系统在多灾事件下的韧性的度量，如式（1.13）所示。该度量的主要指标是时间长度 $T$ 内实际性能曲线 $P(t)$ 和时间轴间的面积与目标性能曲线 $TP(t)$ 和时间轴间的面积。AR 是一个随机指标，$P(t)$ 被建模为一个随机过程，$TP(t)$ 表示随机过程或某些确定性函数。式（1.13）中，$n$ 表示第 $n$ 个事件，$N(T)$ 表示在 $T$ 期间发生的事件的总数，$t_n$ 表示第 $n$ 个事件的发生时间，$AIA_n(t_n)$ 表示第 $n$ 个事件下 $P(t)$ 和 $TP(t)$ 间的面积。该韧性度量考虑了多种灾害事件，它通过将目标性能曲线建模为随机过程函数，将灾害发生的不确定性纳入其中。

$$AR = E\left[\frac{\int_0^T P(t)\mathrm{d}t}{\int_0^T \mathrm{TP}(t)\mathrm{d}t}\right] = E\left[\frac{\int_0^T \mathrm{TP}(t)\mathrm{d}t - \sum_{n=1}^{N(T)} \mathrm{AIA}_n(t_n)}{\int_0^T \mathrm{TP}(t)\mathrm{d}t}\right] \tag{1.13}$$

Youn等[87]使用防灾策略和应急策略来度量系统韧性，如式（1.14）所示。其中，韧性表示为系统可靠性和修复性之和。

$$\Psi(\text{resilience}) = R(\text{reliability}) + \rho(\text{restoration}) \tag{1.14}$$

式（1.14）中，系统修复性定义为系统可靠性的恢复程度，并表示为系统故障事件$E_{\mathrm{sf}}$、正确诊断事件$E_{\mathrm{cd}}$、正确预测事件$E_{\mathrm{cp}}$和成功恢复事件$E_{\mathrm{mr}}$的联合概率，式（1.15）为修复性的公式。

$$\rho = P(E_{\mathrm{mr}}|E_{\mathrm{cp}}E_{\mathrm{cd}}E_{\mathrm{sf}}) \times P(E_{\mathrm{cp}}|E_{\mathrm{cd}}E_{\mathrm{sf}}) \times P(E_{\mathrm{cd}}|E_{\mathrm{sf}}) \times P(E_{\mathrm{sf}}) \tag{1.15}$$

区别于其他研究，式（1.14）将可靠性量化为系统韧性的一部分，考虑了避免干扰性事件发生的预防措施的效果，而其他韧性度量多是初始系统性能下降水平和恢复持续时间的函数。值得注意的是，式（1.14）所示的韧性度量以[0, 1]为界，当修复活动不发生或失败时$\Psi$取值为0，当系统完全恢复时取值为1，即其上限。式（1.14）给出的韧性度量的优势是考虑了灾前和灾后活动对系统韧性的影响。式（1.15）中，修复性是不依赖时间的，因此不考虑修复所需的时间长度。因包含可靠性，该韧性度量更适合评估工程系统的韧性，它可以通过故障测试研究更有效地计算工程系统的可靠性。

Ayyub[133]考虑系统元素老化对系统的影响，提出了一个随机韧性度量。系统性能被定义为系统强度和系统负载之间的差异。稳健性和资源丰富性被视为韧性的两个维度。该韧性度量如式（1.16）所示，其中$T_i$表示干扰性事件发生的时间，$T_f$表示故障发生的时间，$T_r$表示恢复时间，$\Delta T_f = T_f - T_i$表示故障持续时间，$\Delta T_r = T_r - T_f$表示恢复持续时间。

$$R_e = \frac{T_i + F\Delta T_f + R\Delta T_r}{T_i + \Delta T_f + \Delta T_r} \tag{1.16}$$

式（1.16）中，故障曲线$F$是稳健性和冗余性的函数，如式（1.17）所示。类似地，恢复曲线$R$如式（1.18）所示。

$$F = \frac{\int_{t_i}^{t_f} f\mathrm{d}t}{\int_{t_i}^{t_f} Q\mathrm{d}t} \tag{1.17}$$

$$R = \frac{\int_{t_f}^{t_r} r\mathrm{d}t}{\int_{t_f}^{t_r} Q\mathrm{d}t} \tag{1.18}$$

式（1.16）所示的韧性度量中，故障时间 $T_f$ 的特征取决于其概率密度函数，是可靠性函数导数的负值。

Hashimoto等[134]将系统韧性定义为系统状态在时刻$t$为故障，系统状态在时刻$t+1$为非故障的条件概率，如式（1.19）所示。其中$S(t)$表示系统在时刻$t$的状态，NF和$F$分别表示非故障和故障状态。

$$R = P\{S(t+1) \in \text{NF} \mid S(t) \in F\} \qquad （1.19）$$

Franchin和Cavalieri[135]提出了一种概率度量，用来评估基础设施系统对地震的韧性，该度量基于基础设施网络空间分布效率提出。基础设施网络中任意两个节点的效率与其最短距离成反比。该韧性度量如式（1.20）所示。其中，$P_D$表示流离失所人口的比例，$E_0$表示地震前城市网络的效率，$P_r$表示恢复进度的指标，$E(P_r)$表示流离失所人口比例的恢复曲线。在该度量中，城市道路网络的效率是根据人口密度来衡量的。

$$R = \frac{1}{P_D E_0} \int_0^{P_D} E(P_r) \mathrm{d}P_r \qquad （1.20）$$

由于$P_D$具有随机性，因而式（1.20）所示的韧性度量是概率性的。因为对$P_D$和$E_0$进行了归一化，所以系统韧性值介于0和1之间。该韧性度量不仅适用于城市道路网络，还适用于其他基础设施系统，如电力和供水网络等。

Pant等[136]引入了随机韧性指标来计算式（1.3）所示的韧性度量。第一个指标是系统恢复时间，指从恢复活动开始到所有恢复活动结束所花费的总时间。在该度量中，假设组分的恢复顺序和概率分布是已知的，一组修复活动是根据组分重要性的顺序定义的。第二个指标是系统服务完全恢复所需的时间，用于衡量从恢复开始到系统服务完全恢复所花费的总时间。第三个指标是系统服务$\alpha \times 100\%$恢复的时间，指系统服务恢复到$\alpha \times 100\%$水平的时间。

Attoh-Okine等[137]使用置信函数量化系统韧性，该度量方法是贝叶斯主观概率理论的推广，适用于评估关联基础设施系统的韧性。

Barker等[120]提出了两个基于随机韧性的组分重要性指标（component importance measures，CIMs），用于识别网络韧性的主要贡献者。这两个指标专门用于评估网络中断后的脆弱性和可恢复性。第一个组分重要性指标类似于可靠性工程领域中的风险降低指标，量化了每个网络组分的恢复时间分布。第二个基于韧性的组分重要性指标类似于可靠性，分析了当网络中特定组分是安全的时，网络韧性的提高程度。Barker等的研究指出，降低网络脆弱性或加速网络恢复等策略可提升网络韧性。

### 2. 基于系统结构的韧性度量

基于系统结构的韧性度量可检验系统结构对韧性的影响，相关研究可分为优化模型、仿真模型和模糊逻辑模型。

### 1）优化模型

Faturechi等[138]构建了一个用于评估和优化机场韧性的随机整数规划模型，旨在最大限度地提高机场跑道和滑行道网络的韧性。模型中使用的主要策略是考虑时间、物理、操作、空间、资源和预算限制，将机场网络在干扰性事件发生后的起飞和着陆能力快速恢复到事前水平。模型的决策变量分为事前和事后两类，对应于准备和恢复活动。Faturechi和Miller-Hooks[139]构建了一个多目标三阶段随机模型来量化和优化道路网络中的旅行时间韧性。决策过程包括事前缓冲、事中准备、事后响应三个阶段。道路网络的韧性被定义为网络承受和适应干扰性事件影响的能力。模型以最大化道路网络韧性的期望值和最小化总旅行时间为目标。Azadeh等[140]使用数据包络分析法研究了石化工厂中韧性工程的概念。首先，介绍了管理承诺、报告、学习、意识、准备程度、灵活性、自组织、团队合作、冗余性、容错率等石化工厂韧性的十个指标；其次，将化学操作、信息技术、维护和聚合物操作等部门视为决策组织；最后，基于十个引入的指标，使用数据包络分析法来评估石化工厂各部门的效率。Jin等[141]构建了两阶段随机规划模型，用于分析大都市公共交通网络的韧性。他们将网络的韧性定义为干扰性事件发生后网络可以满足的旅行需求的比例。他们提出了在中断条件下生成替代路径的数学模型。Baroud等[142]基于组分重要性指标，构建了量化供水网络脆弱性和可恢复性等韧性特征的模型。Cardoso等[143]构建了混合整数线性模型来设计正向闭环供应链。其所提出的模型考虑了中断发生和中断有可能发生等两种情况。设计韧性网络的模型考虑了流量和节点复杂性、节点和密度关键性、客户服务水平和投资量等指标。Khaled等[144]提出了用于评估关键铁路基础设施的数学模型和解决方案，以最大限度地提高铁路网络的韧性。识别系统关键元素（边和节点）可以使利益相关者优先考虑保护措施或增加必要的冗余，以在破坏性事件期间最大限度地提高铁路网络的韧性。其中，基础设施系统元素的关键性是根据该元素受损时铁路基础设施网络产生的延迟来评估的。Vugrin等[145]提出了用于分析交通网络恢复能力的多目标优化模型，其将韧性定义为网络中受损边的最佳恢复速度。该模型解决的问题包括网络流问题和最佳恢复序列。该模型考虑了受损边修复等事后应对行为，但未考虑事前准备行为。Ash和Newth[146]试图通过优化大规模网络结构来提高网络对级联故障的韧性。级联故障在电力传输、通信和运输网络中非常普遍。级联故障通常由网络节点因过载发生故障而触发，其影响通过网络非线性传播，最终可能导致网络关闭。已有较多研究[147, 148]关注复杂关联网络的级联故障。Ash和Newth首先对关联网络级联故障进行建模，然后基于网络拓扑指数，设计了故障韧性网络。Alderson等[149]构建了混合整数非线性规划模型来优化关键基础设施系统的韧性。其中，韧性是根据防御策略定义的。该模型旨在找出受冲击情况下的最佳防御策略，从而使防御策略的总成本最小。

2）仿真模型

Albores和Shaw[150]构建了离散事件仿真模型来评估消防和救援服务部门在发生恐怖袭击时的准备情况。第一个仿真模型模拟恐怖袭击后人群的大规模协调，第二个仿真模型处理跨区域资源分配的协调。他们的研究指出事前准备工作是决定系统韧性的关键驱动因素。Carvalho等[151]使用灵活性和冗余性这两种策略作为韧性因子，构建了离散事件仿真模型来评估供应链的韧性，对六种情景下的供应链韧性进行了仿真分析。Spiegler等[152]提出了一种分析供应链韧性的动态仿真方法。其研究指出事前准备、事后反应能力和恢复能力是韧性的关键要素。Jain和Bhunya[153]使用蒙特卡罗模拟来研究储水库的韧性，通过条件概率计算水库在不同情景下的韧性。对关键基础设施网络，Adjetey-Bahun等[154]使用仿真模型来评估铁路运输系统的韧性。Sterbenz等[155]提出了一种基于集成分析模拟、拓扑生成和实验模拟提高互联网的韧性和生存能力的模型。其中，网络韧性的定义为网络在受到大规模灾难或严重故障的挑战时提供所需服务的能力。

3）模糊逻辑模型

Aleksic等[156]构建了用于评估组群韧性的模糊模型。模糊语言变量被用来表达组群韧性因素的相对重要性。Azadeh[157]通过模糊认知图来描述工程韧性九个因素间的因果关系，具体因素包括团队合作、意识、准备、学习文化、报告、灵活性、冗余性、管理承诺和容错率。Muller[158]提出了一种用于评估关键基础设施韧性的模糊架构。冗余性和适应性是基础设施韧性的重要特征。模糊体系结构的冗余性和适应性输入以及韧性输出使用语言变量来表示。Tadic等[159]综合层次分析法的模糊形式和多标准离散比较技术，通过定性评估对组群韧性进行了评估和排序。该方法可用于对规划战略、内部资源的能力、内部情况监测和报告、人为因素、质量、外部情况监测和报告、外部资源的能力和容量、设计因素、检测潜力、应急响应等韧性因素进行排名。

### 1.3.4　基础设施系统韧性提升策略

1. 基础设施系统韧性灾前优化策略研究

基础设施系统韧性灾前优化策略侧重防灾减灾，以提升基础设施系统对干扰性事件/灾害的吸收能力和适应能力。常用的防灾减灾措施包括：加固设施、优化系统结构（增加冗余设计）、配置备用设施（如备用电源）和预先部署应急资源等[160]。系统韧性灾前优化策略实施于灾害之前，其制定需围绕致灾情景展开，相关研究可分为三类。

（1）分析确定最坏致灾情景，以最小化其影响为目标，研究灾前优化策略。Ouyang和Fang[161]以系统鲁棒性为韧性度量，以最小化蓄意攻击对基础设施系统的影响为目标，构建了三阶段博弈模型，研究灾前要素保护和冗余建设策略。Fang和Zio[160]以电力和燃气系统为研究对象，构建了针对特定灾害的自适应鲁棒优化模型，分析了最可能发生的最坏受损情况，求解了设施加固和备用设施配置等灾前优化策略。Yuan等[25]构建了两阶段鲁棒优化模型，求解了飓风最坏影响最小化的电力系统设施保护和备用电源配置策略。

（2）不聚焦具体致灾情景，辨析系统要素的重要性，建立要素保护策略。Barker等[120]量化分析了系统要素失效与否对系统韧性的影响，研究了电力系统的灾前保护策略。Alderson等[162]将基础设施系统韧性评估与系统效能相关联，通过脆弱性分析，识别系统效能的关键影响要素，从而制定灾前要素保护策略以提升系统韧性。Jin等[141]构建了随机网络优化模型，通过网络冗余投资和网络连通性优化改进地铁网络与公交网络的局部服务能力耦合度，以提升地铁–公交网络的韧性。

（3）针对具体类型灾害，通过蒙特卡罗模拟生成致灾情景，研究保护策略。相关研究多以单一基础设施系统为研究对象。Yan等[163]基于地震历史数据，通过情景仿真研究了铁路系统中车站和线路的投资加固策略。Romero等[164]基于历史数据生成地震情景，优化了电力系统抗震改造策略。

2. 基础设施系统韧性灾后优化策略研究

基础设施系统韧性灾后优化策略关注系统恢复能力的提升，相关研究可分为基础设施系统受损要素修复策略和不同基础设施系统灾后应急资源分配策略两类。

（1）基础设施系统受损要素修复策略。相关研究多考虑时间、资源及其调配路径等约束条件，依据韧性优化目标构建规划模型，求解受损要素的修复时序。部分研究以电力、交通、燃气等单一基础设施系统为研究对象[165, 166]。部分研究聚焦关联基础设施系统，综合考虑关联关系对系统修复和效能恢复过程的影响[17]。Nurre等[167]以关联基础设施系统累积效能最大化为目标，将系统灾后修复问题抽象为集成网络的设计与调度问题，通过设计启发式调度规则遴选受损要素的修复序列。Cavdaroglu等[168]以关联基础设施系统的服务能力快速恢复为目标，考虑系统功能缺失损失、修复费用和应急资源总量的限制，构建了整数规划模型，以求解关联基础设施系统受损要素的灾后修复策略。Sharkey等[14]考虑基础设施系统之间的修复依赖关系和信息共享程度，构建了规划模型，研究分散决策条件下不同基础设施系统的灾后修复策略。Zhang等[169]综合考虑关联基础设施系统失效的整体损失和修复时长，构建了两阶段整数模型，研究修复资源分配和受损要素修复顺序问题。Ouyang和Wang[170]根据韧性优化目标，比较分析了五种系统联合修复策略的有效性。Fang等[171]定义了"韧性减少值"和"最优修复时间"两个系统要素重要性评价指标，以关联基础设施系统韧性最大化为目标，提出了要素重要性排序方法，以确定要素修复策略。Rong等[172]综合考虑基础设施系统间的功能依赖和地理关联对灾后修复结果的影响，基于基础设施网络流量构建了整数规划模型，以研究有限资金和修复资源限制下的系统灾后修复计划。Karakoc等[16]考虑时间与资源限制，以关联基础设施系统韧性最大化、恢复总成本最小化为目标，构建了多目标混合整数规划模型，以求解系统受损要素修复序列。

（2）不同基础设施系统灾后应急资源分配策略。多数研究采用投入–产出模型来表示基础设施系统间的关联关系，研究灾后应急资源在不同系统间的分配策略。Mackenzie等[173]以基础设施系统效能中断造成的生产损失最小化为目标，构建了静态、动态两个应急资源分配模型，以求解系统间应急资源的最优分配策略。Zhang等[174]用经济效益度量各类基础设施系统的效能，以关联基础设施系统整体韧性最大化为目标，研究了特定受灾情景下应急资源在不同基础设施系统间的分配策略。进一步，其综合考虑灾后恢复时间和灾害造成的整体损失，构建了两阶段规划模型，以求解提升关联基础设施系统韧性的灾后应急资源分配策略[175]。

# 1.4　关键基础设施系统模型特征分析

## 1.4.1　关键基础设施系统模型的韧性特征指标

为研究基础设施系统的韧性，基础设施系统建模时应该考虑韧性的某些特定方面。Sharifi[176]提出了一个分析社区韧性评估工具的框架。在这个框架内，他提出了六个标准来衡量选定的社区韧性评估工具。这些标准包括：处理社区韧性多个维度的全面性、考虑不同空间尺度之间的联系、衡量不同时间尺度变化的能力、制定合适的措施以捕捉不确定因素、与利益相关者合作，以及导向行动计划的制订等。Cutter等[75]根据现有文献中确定的六种资本衡量美国各县的内在韧性：社会、经济、住房和基础设施系统、机构、社区及环境。Hosseini等[177]确定了韧性的四个领域：组织、社会、经济和工程。

尽管不同的研究者在评估韧性时可能会强调不同的方面，但的确存在一些共同点。基于已有研究，下文从韧性的角度为关键基础设施系统模型提供了五个特征指标。一个有助于提高基础设施系统韧性的模型应该明确以下因素：①模型服务的利益相关者；②模型适用的基础设施系统发展阶段；③模型所针对的事件和故障类型；④模型是否考虑基础设施系统间的关联关系；⑤模型是否涉及社会和经济特征。

### 1. 模型服务的利益相关者

关键基础设施系统由不同的利益相关者拥有和运行。这些利益相关者可能未意识到自己的基础设施系统与其他系统之间的关联关系[178]，在做出与基础设施系统投资、保护或修复有关的决定时，不同的利益相关者可能考虑不同的因素。因此，在进行深入研究之前，需明确模型所服务的利益相关者的类型。从面向利益相关者的角度能够更好地理解一个模型的价值和局限性。Francis和Bekera[129]将利益相关者的参与作为基础设施系统分析框架的一个关键组成部分。Hasan和Foliente[178]根据利益相关者的规模和作用将其分为：国家间联盟、地方政府、宣传组织、捐助者/金融机构、保险、公用事业公司、商业，以及家庭、个人和社区。

### 2. 模型适用的基础设施系统发展阶段

关键基础设施系统的发展阶段可分为设计、运行、修复和适应。该韧性特征指标评估了模型可在基础设施系统的哪个发展阶段使用。若模型能够帮助设计者认识一个基础设施系统中最脆弱的部分，并加强基础设施系统的韧性，则该模型是服务于设计阶段的；若模型侧重于对基础设施运行状态的建模和仿真，则模型适用于运行阶段；若模型对修复过程仿真并辅助制定修复策略，则该模型适用于修复阶段；若模型集成了韧性增强措施，并考虑了基础设施对某些压力源的长期适应能力，则该模型适用于适应阶段。

### 3. 模型所针对的事件和故障类型

在系统韧性研究领域，干扰性事件代表导致系统改变其原有状态的源头。对于基础设施来说，一般有两类干扰性事件：人类行为引起的干扰性事件，如恐怖主义和恶意操作；自然灾害引起的干扰性事件，如气候变化和极端天气事件。识别一个模型所面临的干扰性事件的类型有助于评估基础设施系统的故障模式。

基础设施系统的故障有级联故障、升级故障和同源故障等三类[179, 180]。级联故障指的是一个组分故障引起的单一基础设施系统的破坏，这在电网破坏中很常见。升级故障是指一个基础设施系统受损会加剧其他基础设施系统的受损程度。这种升级效应是基础设施部门间复杂的关联关系导致的，通常会导致修复时间延长。同源故障是指两个或多个基础设施系统在同一时间因相同原因被破坏。现有的模型通常不区分级联故障和升级故障，而是将它们都归入级联故障的概念。基于模型的时间尺度和仿真灾害升级效应的特点，本书对上述基础设施系统的故障类型进行了区分。例如，针对升级故障的模型不仅仿真破坏的直接影响，也仿真灾害在不同部门间传播的影响。

4. 模型是否考虑基础设施系统间的关联关系

Rinaldi等[9]将基础设施系统之间的关联关系定义为两个基础设施系统之间的双向关系，通过这种关系，每个基础设施系统的状态都会影响另一个基础设施系统的状态或与之相关联。不同基础设施部门之间的关系复杂，因而基础设施系统脆弱性较高。一个组分的故障可能导致整个系统故障，甚至导致依赖它的其他系统故障。一些研究结果表明，在评估基础设施系统的韧性时，有必要考虑基础设施系统间的关联关系[23]。基础设施系统间的关联关系可分为物理、信息、地理、逻辑等四种类型。如果一个关键基础设施系统模型考虑了基础设施部门内部或部门之间的四类关联关系中的一种，则可确认该模型具有考虑系统间关联关系这一指标。

5. 模型是否涉及社会和经济特征

社会和经济特征是基础设施系统韧性的一个重要方面。根据韧性城市框架[181]，社会和经济特征是韧性的四个基本要素之一。许多研究人员指出，基础设施系统受损造成的社会和经济影响可能较大[182, 183]。该韧性特征指标考察了基础设施系统模型是否考虑了基础设施系统故障造成的社会和经济影响，或在仿真中涉及社会和经济活动。

## 1.4.2　模型的其他特征指标

为进一步评估各类基础设施系统模型，并深入了解不同建模方法的特点，下面讨论基础设施系统模型的其他特征，包括：数据需求、计算机制、时间尺度、动态或静态、内生或外生的受损/修复过程等。

1. 数据需求

一个模型的输入数据通常包括仿真系统的布局、服务流、功能及模型参数的数值信息[21]。数据需求在很大程度上会因建模方法的不同而不同。一个数据需求较高的模型依靠高质量和大量的输入数据来提供合理的输出；相反，一个数据需求较低的模型可在数据很少的情况下提供合理的输出。这一指标分析了基础设施系统的建模方法的数据需求特征。例如，若一个模型需要数据库数据作为输入，那么它的数据需求水平就较高；若一个模型只有几个输入变量，或者只需要少量的概况数据，那么它的数据需求水平就较低；若情况介于两者之间，那么它的数据需求水平可被认为是中等。

需要注意的是，模型的数据需求水平和其准确性之间存在一个权衡。能够更好地描述真实世界的状态和行为的模型会更多地依赖于大量、高质量的数据[21]。

另外，一个数据需求较低的模型可能会因为存在较多的假设而准确性较低。从研究者的角度看，一个模型的数据需求取决于开发目的。例如，在韧性基础设施系统建设背景下，一个用于分析天气事件对系统影响的模型将比一个为修复战略设计而开发的优化模型需要更多的数据。另外，一个模型的数据需求也高度依赖于数据的可用性，有时研究者需做出合理的假设来应对无法获得的数据。

### 2. 计算机制

模型的计算机制可分为白箱、黑箱和灰箱等三类。在白箱方法中，模型基于系统的物理原理构建[184]。在黑盒方法中，系统性能数据是在正常使用或特定测试情况下搜集的，并通过数学方法找到输入和输出变量之间的关系[185]，进而构建模型。在灰箱方法中，模型结构基于系统的物理原理构建，其中部分参数是结合测量数据的估计算法确定的[184]。

### 3. 时间尺度

仿真模型的时间步和时间范围会随基础设施系统模型的目标和情景而变化。Holmgren[35]仿真了不同的危险情景并给出了它们的时间尺度。对于使配电网中一个变电站失效的重大技术故障，模型中的相应变电站节点被移除10小时。对于人为因素或普通技术故障，时间尺度为1～2小时。对于暴风雪和雷电，时间尺度分别为8小时和0.5小时。至于修复时间，通常持续数小时，这取决于系统中被损坏的部件。Li等[40]研究了综合能源基础上设施系统的可靠性问题，并给出了不同组分的修复时间。每公里天然气或热力管线需要5小时的时间来修复。然而，对于燃气锅炉、蒸汽轮机或吸收式冷却装置，需要200～300小时的维修时间。这个指标考察了每个仿真模型的时间尺度。

### 4. 动态或静态

动态模型会以随时间变化的方式仿真系统性能，而静态模型则是计算系统的平衡状态。考虑到基础设施系统的动态特征和韧性问题的时间依赖性，多数基础设施系统韧性模型是动态模型，也有少量静态模型。Manshadi和Khodayar[29]以静态的方式仿真了韧性微电网的运行问题，识别了系统中的脆弱组分，并研究了电力和燃气系统的最佳联合运行计划。Nezamoddini等[30]研究了韧性配电网规划问题，以系统损害最小为目标，协调分布式发电资源发配。石油燃料网络分析模型以平衡的方式对燃料管道进行流体计算。

### 5. 内生或外生的受损/修复过程

基础设施系统模型中，对系统受损和修复过程的仿真可以是内生的，也可以是外生的。一般情况下，基础设施系统的破坏是由线路断开、开关设备打开、随机或故意移除节点来实现的。外生模型中，系统受损是由外部随机或非随机事件产生的，如机组停运或系统中断。Li等[40]采用蒙特卡罗模拟，通过产生随机误差来评估电力系统的可靠性，快速分析基础设施工具与其他模型的耦合关系，以获得系统受损和修复的时间和规模，并进行区域经济分析。内生模型不从外界获得系统受损信息，一般将系统受损嵌入模型内部。

### 1.4.3　基础设施系统模型特征

基于上述特征指标，可分析本书1.2节归纳的各类基础设施系统模型的特征，结果见附录1和附录2。下面对各类模型的特征进行讨论和比较。

（1）所服务的利益相关者。关于"为谁服务的韧性"这个问题，图1.5展示了面向不同利益相关者的模型数量，可见大多数模型所考虑的利益相关者是决策者。这些模型在基础设施系统保护任务、投资相关程序或面临基础设施系统紧急情况时为政府等决策者服务。第二个最常见的利益相关者是基础设施系统供应者和运行者，超过三分之一的模型是针对它们的需求开发的。基础设施系统供应者和运行者对基础设施系统的韧性有重大影响，因为它们负责基础设施系统的运行和维护。仅有两个模型将消费者作为模型所服务的利益相关者。尽管政府等决策者，以及供应者和运行者都是为消费者服务的，但较少研究在构建基础设施系统模型时关注消费者层面。鉴于提升基础设施系统韧性的最终目标是更好地服务于消费者，因而在制定基础设施系统韧性提升策略时，若考虑基础设施服务供应对消费者需求的满足程度，将更有实用价值。

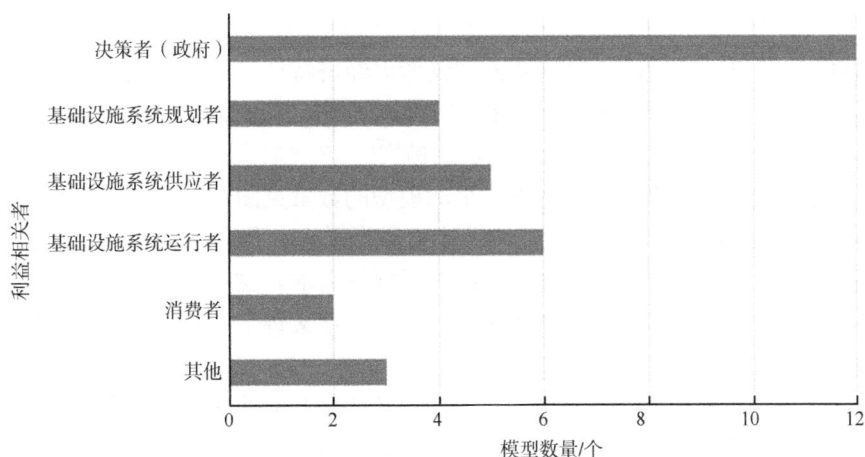

图1.5　面向不同利益相关者的模型数量

（2）适用的干预阶段。面向不同基础设施发展阶段的各类模型的数量如图1.6所示，可见较多模型都应用于系统运行阶段和修复阶段。针对基础设施系统适应阶段的模型数量较少。这表明，用于基础设施系统韧性研究的模型多侧重运行和修复阶段。它们在将长期适应战略纳入建模框架方面是有局限的，而这应该是增强基础设施系统韧性的一个重要方面。

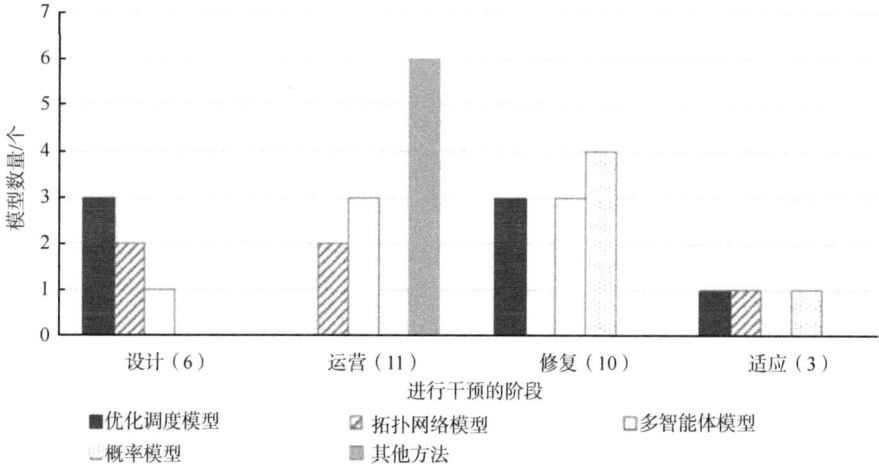

图1.6　面向不同基础设施发展阶段的各类模型的数量

（3）关联关系。近半数模型考虑了基础设施系统间的关联关系。能源基础设施系统模型[23]多研究天然气和电力系统之间的关联关系。其他模型考虑了不同基础设施间的关联关系，如电力、运输、电信、供水系统等。

（4）社会和经济特征。近一半的模型在建模和仿真过程中考虑了基础设施系统韧性的社会和经济特征。但多数模型仅考虑经济特征，如基础设施系统受损造成的经济影响[38]和投资优化[30, 31]。在选定的模型中，只有四个考虑了灾害的社会影响，如公共危害[22]或对人口和住房的影响[37]。

（5）数据需求。不同数据需求水平的模型的数量见图1.7。多智能体模型数据需求较高，因为其多数模型都属于中或高度数据需求。优化调度模型、拓扑网络模型和概率模型中的大多数都属于低或中度数据需求。这种现象符合多智能体模型的特点，因为其他需要历史数据和属性数据来定义每个智能体和智能体间的交互规则。

（6）模型计算机制。大部分模型是白箱模型，只有少量模型是灰箱模型和黑箱模型。在灰箱模型[27]中，可使用历史天气数据来确定某些天气事件的发生频率，然后将天气概况作为基于物理学的模型的输入。在黑箱模型[46]中，数据仓库和可视化技术被用于管理非空间历史数据，然后与地理空间数据合并，以仿真一个或多个矿场、铁路线或发电厂被破坏所带来的潜在影响。

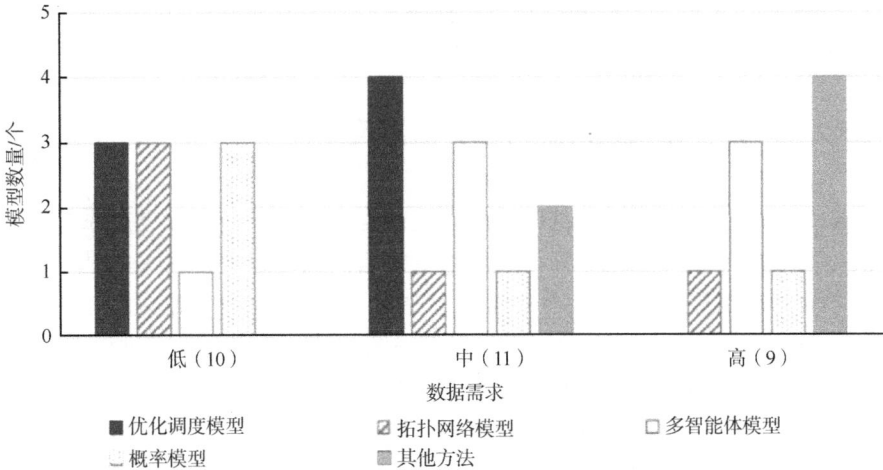

图1.7  不同数据需求水平的模型的数量

# 1.5  本书研究内容

把握关键基础设施系统的运行机制和关联关系、结合灾害情景评估系统韧性、研究系统韧性的提升策略已成为城市管理、应急管理、系统工程领域政策研究和学术研究的热点。我国在这些领域的研究尚处于起步阶段，未形成完善的理论体系。关键基础设施韧性评估与提升策略研究，应采用系统思想，考虑关键基础设施内外关联关系，从威胁、脆弱性和影响等方面辨识系统风险，制定关键基础设施系统灾前保护和灾后处置策略。本书基于作者在关键基础设施系统保护与韧性评估领域的研究成果，从多角度对上述内容进行了阐述，主要内容分为以下部分。

## 1.5.1  单一关键基础设施系统韧性评估与应用——以轨道交通系统为例

城市轨道交通系统空间分布广、设施繁多、结构紧凑，其运行易受技术故障、自然灾害、大型社会活动等突发事件的影响。把握城市轨道交通系统在突发事件下的服务能力变化特征是对其进行安全可靠管理的关键。第2章构建了轨道交通系统乘客流量模型，将乘客流量变化表示为均值回归函数和随机波动函数的组合，将乘客流量均值回归速率作为系统韧性的度量。第2章以上海轨道交通系统为例，仿真分析了轨道交通系统韧性与入站乘客数量波动幅度间的适应关系。基于仿真结果，第2章提出了确定轨道交通系统韧性最优值的方法。该研究成果可为轨道交通系统服务能力规划与优化提供决策依据。

### 1.5.2　关联基础设施系统的联合修复策略

关联关系的存在可以提高基础设施系统的运行效率，但也会增加系统的脆弱性和发生级联故障的可能性。为尽可能减少灾害造成的影响，对关联基础设施系统进行联合修复至关重要。第3章构建了一种可用于制定关联基础设施系统最佳联合修复策略的模型。首先，对关联基础设施系统的结构和交互影响过程进行建模。模型考虑了故障类型、基础设施运行规则和系统间的关联关系。其次，提出了一种优化模型，以最小化基础设施系统故障造成的经济损失为目标，可用于确定基础设施组分层级上的最佳联合修复策略。第3章以电力–供水系统为例，仿真分析了该模型的实用性。结果表明，在关联基础设施系统中，单一基础设施组分故障可能导致级别较高的组分故障；最佳联合修复策略会随故障发生时间的变化而变化。第3章所提出的模型可帮助决策者理解基础设施系统的关联影响机制，且有助于制定最佳的联合修复策略，提高基础设施系统的安全性。

### 1.5.3　基于不同修复策略的关联基础设施系统韧性评估

灾后修复策略是提升基础设施系统韧性的重要措施。为把握不同修复策略对关联基础设施系统韧性的提升效果，第4章使用基本网络元素间的五类基本依赖模式描述了基础设施系统间的关联关系，比较了不同修复策略下关联基础设施系统的韧性。基于基础设施网络的性能变化曲线、主动吸收能力和被动修复能力，第4章提出了一种新的关联基础设施网络韧性度量方法，并通过案例分析，对该韧性度量方法的有效性和实用价值进行了验证。结果表明，第4章提出的韧性度量方法提供了一种评估不同保护和修复策略对系统韧性的提升效果的方法。相比于各类基础设施系统独立制定灾后修复策略，从关联基础设施系统整体的角度出发制定修复策略能够有效提高系统韧性。

### 1.5.4　基于韧性提升的关联基础设施系统修复资源分配

大规模灾害事件影响下，多类基础设施系统极易同时受损，在系统间合理分配灾后修复资源对于基础设施系统恢复和韧性提升至关重要。为提高关联基础设施系统的韧性，第 5 章从政府决策者的角度，提出了一种制定基础设施系统间修复资源分配策略的方法。该方法以关联基础设施系统整体韧性最大化为目标，用动态故障投入产出模型（dynamic inoperability input-output model，DIIM）描述基础设施系统间的关联关系，求解灾后系统间修复资源的分配策略。为了论证该方法的有效性，该章应用来自美国经济分析局的数据进行了案例分析。结果表明：修复资源的最优分配策略会随资源预算的变化而变化；对特定的破坏事件，存在一个最优资源预算，它可使修复成本和基础设施系统的损失之和最小；基础设施系统的初始故障程度等因素对优化分配十分重要。该研究成果可以帮助决策者选取有效的基础设施系统间修复资源的分配策略。

### 1.5.5　基于韧性提升的关联基础设施系统修复资源两阶段分配策略

为了提高发生大规模破坏性事件后关键基础设施系统的韧性，决定在何时何地投资修复资源对于决策者来说是一个挑战。综合考虑基础设施系统的恢复时间和灾难造成的总损失，第 6 章提出了一个两阶段修复资源分配模型，以增强关联基础设施系统的韧性。首先，为了评估恢复过程中资源分配的效果，选择动态韧性度量作为衡量基础设施系统恢复程度的标准。其次，从决策者的角度，提出了一个两阶段资源分配模型。第一阶段的目标是快速恢复基础设施系统的动态韧性，以满足用户的基本需求；第二阶段旨在最大限度地减少后续恢复过程中的总损失。通过案例分析，第 6 章对由模型得到的资源分配策略与其他分配策略进行了比较。结果表明：由模型得到的修复资源分配策略可平衡恢复时间和基础设施系统的总损失；修复资源使用成本对不同策略下的恢复时间和总损失有重大影响。第 6 章提出的模型能高效解决灾后资源分配问题，为决策者提供科学的决策支持。

### 1.5.6　关联基础设施系统多灾韧性评估

大多数地区都面临着多种自然灾害的威胁，这些灾害可能连续发生。例如，1964 年美国阿拉斯加威廉王子湾地区先是遭遇了地震，随后又发生了山体滑坡和海啸；2011 年日本东北地区的地震、洪水和海啸。第 7 章针对多灾韧性评估问题展开研究。首先，依据单个灾害韧性度量方法，拓展提出多灾韧性的概率评估指标；其次，针对基础设施系统所受影响，建立多灾时空关系分析矩阵，解析多灾对基础设施的不同作用；再次，综合运用网络建模和数值分析方法，集成多灾对单个基础设施的直接影响、单一基础设施系统运行机制、不同基础设施系统的关联关系，以及灾后基础设施修复规划模型，建立了关联基础设施系统多灾韧性分析框架和评估方法；最后，利用简化的电力–燃气关联基础设施网络算例，展示了多灾韧性评估方法的应用过程。第7章算例分析结果显示，多灾的时间和空间关系对关联基础设施系统韧性具有显著影响，多灾的时间或空间重叠程度越高，关联基础设施系统的韧性越低。

### 1.5.7　基于案例的连续灾害下关联基础设施系统韧性评估

在第7章的基础上，第8章针对关联基础设施系统对连续灾害的韧性展开研究。该章以大多伦多地区（Greater Toronto Area，GTA）电力、天然气和石油传输网络等能源系统为例，研究提出了一种评估连续灾害下关联基础设施系统韧性的方法。基于网络科学、空间和数值分析理论，该章提出的方法综合考虑了多灾交互关系和基础设施关联关系对系统性能变化的时空影响，可动态评估关联基础设施系统的韧性。研究结果表明，连续灾害对基础设施系统韧性的影响远大于单一灾害对系统影响的累积。另外，该章还对电力网络的物理韧性和功能韧性进行了比较，发现系统的功能韧性始终高于物理韧性。连续灾害下系统韧性的评估方法适用于多类基础设施系统和灾害情景，可为关键基础设施系统的规划、设计和维护提供决策依据。

### 1.5.8　基于组合措施的关联基础设施系统对区域性灾害韧性提升策略

近年来，飓风和洪水等区域规模的自然灾害影响了世界许多地区，造成了基础设施系统功能的严重破坏，带来了灾难性的经济后果，并影响了人类生活。为了应对各种不可避免的区域性自然灾害，政府必须通过合理设计和高效管理来提升基础设施系统对这些区域性自然灾害的韧性。第9章提出了一个制定关联基础设施系统对区域性自然灾害韧性优化策略的模型。该模型以最大化关联基础设施系统韧性的期望值为目标，联合应用灾前和灾后RIM，其中模型约束包含基础设施系统间的关联关系、系统对灾害的主动和被动反应能力要求，以及可用资源限制等。第9章以GTA的能源基础设施系统为例，验证了所构建模型的有效性。案例分析结果表明：与仅使用单一RIM相比，组合RIM可以有效提升关联基础设施对系统的韧性，同时将系统的多项属性指标保持在可接受的水平；RIM的最优组合随着系统对灾害的主动和被动应对能力要求的变化而变化；自然灾害级别和灾后修复活动响应时间对RIM的最佳组合有较大影响。该章提出的模型可以帮助决策者在区域性自然灾害情景下选择有效的RIM组合，提升关联基础设施系统的韧性。

### 1.5.9　关键基础设施系统与自然生态互动增长策略

为了促进低碳发展、循环发展、绿色发展的国家新型城镇化格局的实现，提升经济社会系统韧性，需深入分析基础设施系统与自然生态系统的相互作用关系，探究两者的耦合机制，进而提高基础设施系统的综合效益，保护自然生态环境系统，助力可持续发展目标的实现。第 10 章以可持续发展为目标，运用系统动力学理论方法研究基础设施系统与自然生态系统的交互作用机制，提出了基础设施系统与自然生态互动增长策略。研究得出，一类基础设施规模增大，必须综合考虑自然生态承载和它类规模增长的关联效应。从基础设施系统内部的关联关系来看，交通、供电和供水等基础设施通过环境污染程度和人口规模动态关联且存在着负反馈，各类基础设施规模的增长相互制约，都不可无限增大。进一步运用基模分析，得出基础设施系统规模增长策略：交通基础设施能力提高的关键不在于增加公路里程，而在于实施以空气质量控制为导向的公共交通完善策略；供电基础设施规模的增长需与交通基础设施规模增长的空气污染累积解耦，降低火力发电的能耗或比例；供水基础设施能力提升的关键不在于污水处理设施的增加，而在于降低水源污染程度。该研究成果可为基础设施建设与自然生态可持续发展提供决策依据。

# 第2章 单一关键基础设施系统韧性评估与应用——以轨道交通系统为例

随着城镇化进程加快和人口不断集聚,地铁等轨道交通基础设施已成为城市居民最重要的出行工具,其运行状态直接影响城市基础设施的服务水平和居民的生活质量。城市轨道交通系统空间分布广、设施繁多、结构紧凑[186],其运行易受技术故障、自然灾害、大型社会活动等突发事件的影响[187]。由于突发事件的发生具有不可避免性和不确定性,因此,提高轨道交通系统对各类突发事件的适应能力,保障其在突发事件下的服务水平,即提升系统韧性,是维持其安全可靠运行的关键[188]。

现有基础设施系统韧性评估研究多针对特定事件、情景,利用系统功能缺失总和、系统到达新平衡状态所需的时间,以及系统性能下降的最大幅度等指标来度量。轨道交通系统面临的突发事件种类较多,且多具有隐蔽性和不确定性,于特定事件下的系统韧性研究对城市轨道交通运行管理的参考意义有限。现实中,城市轨道交通的乘客流量具有波动性,当入站乘客数量受突发事件影响而偏离正常值时,轨道交通系统的适应能力(如发车频次调整、运行管理投入等)会使乘客流量逐步恢复到正常范围,均值回归特征显著。

基于此,本章基于轨道交通系统乘客流量的变化特征,将其韧性定义为突发事件影响下系统保持自身服务水平的能力,具体研究内容包括以下方面:第一,利用均值回归模型描述不同突发事件下轨道交通系统乘客流量的变化过程,将乘客流量均值回归速率作为系统韧性的度量;第二,利用上海轨道交通系统数据进行实例仿真,结合仿真结果提出系统韧性最优值的计算方法。本章的研究结果可为轨道交通系统服务能力设计和优化提供决策支撑。

## 2.1 轨道交通系统乘客流量模型及系统韧性度量

作为轨道交通系统服务能力的重要表征,轨道交通系统乘客流量的变化具有以下特征。第一，日内连续。正常状态下，单位时间内进入各站点的乘客人数为连续序列。第二，日内波动。乘客流量在日内不同时刻存在差异。第三，异日同时刻乘客流量相近。由于大部分轨道交通乘客的行程具有规律性，因而异日同时刻的乘客流量多围绕某一均值波动。第四，均值回归。若因突发事件部分站点的入站乘客数量大幅波动，则通过行车频次调整等措施，轨道交通系统乘客流量会逐步恢复到对应时刻的均值附近。

　　基于上述特征分析，轨道交通系统乘客流量在日内为连续时间序列，且各时刻的值围绕某一均值波动，具有波动和均值回归的特征。因此，轨道交通系统乘客流量的变化可用均值回归函数和波动函数的组合来表示，具体如下：

$$dS(t) = \alpha(\mu(t) - S(t))dt + \delta dH(t) \tag{2.1}$$

其中，$S(t)$ 表示轨道交通系统在 $t$ 时刻的实际乘客流量，代表系统在该时刻的服务能力；$\mu(t)$ 表示不同工作日轨道交通系统在 $t$ 时刻的乘客流量均值；$\delta$ 为波动幅度，表示乘客流量的最大波动范围；$H(t)$ 为布朗运动，表示入站乘客数量波动的方向和频率；$\alpha$ 表示均值回归速率，用于度量实际乘客流量偏离均值时的恢复速率，其值由系统的行车频次调整能力、运行管理投入等因素决定，本章将 $\alpha$ 作为轨道交通系统韧性的度量。式（2.1）中，右侧第一项代表了乘客流量偏离均值时向均值恢复的能力。若 $S(t) > \mu(t)$，此项为负，乘客流量将以 $\alpha$ 的速率减小，直至恢复到均值状态；若 $S(t) < \mu(t)$，此项为正，乘客流量将以 $\alpha$ 的速率增大，直至恢复到均值状态。式（2.1）所示的模型可通过以下步骤求解。

　　令 $W(t) = e^{\beta t}S(t)$，则有 $dW(t) = \beta e^{\beta t}S(t)dt + e^{\beta t}dS(t)$，$dW(t) = e^{\beta t}(\alpha\mu(t) + \beta S(t) - \alpha S(t))dt + e^{\beta t}\delta dH(t)$，令 $\beta = \alpha$，则 $dW(t) = \alpha e^{\alpha t}\mu(t)dt + e^{\alpha t}\delta dH(t)$，得 $W(T) - W(0) = \int_0^T \alpha e^{\alpha t}\mu(t)dt + \int_0^T e^{\alpha t}\delta dH(t)$，上式右侧第一项为函数积分，第二项 $H(t)$ 服从标准正态分布，则有 $\int_0^T e^{\alpha t}\Delta dH(t) = \lim\sum_{i=1}^N e^{\alpha t_{i-1}}\delta N(0, t_i - t_{i-1})$，那么 $W(t) - W(t-1)$ 服从正态分布，均值为 $\int_{t-1}^t \alpha e^{\alpha t}\mu(t-1)dt$，方差为 $\int_{t-1}^t \alpha e^{2\alpha t}\delta^2 dt$，即

$$W(t) = W(t-1) + \int_0^t \alpha e^{\alpha t}\mu(t-1)dt + \sqrt{\left(\int_t^{t+1} e^{2\alpha t}\delta^2 dt\right)}\varepsilon, \quad \varepsilon \sim N(0,1) \tag{2.2}$$

式（2.2）即为式（2.1）所示的乘客流量模型的解。

　　布朗运动能够表示常态下轨道交通系统乘客流量的波动特征。然而，突发事件下，轨道交通系统的入站乘客数量可能在短时间内大幅变化。例如，大型活动使某些站点的乘客流量明显增加，部分站点关闭使乘客流量显著减少，或故障导致乘客滞留等，布朗运动不适合描述这些非常态下的乘客流量波动。考虑突发事件对轨道交通系统入站乘客数量的影响时，将式（2.1）拓展为以下形式：

$$dS(t) = \alpha(\mu(t) - S(t))dt + \delta dH(t) + dL(t) \qquad (2.3)$$

其中，$L(t)$ 为跳跃项，表示突发事件影响下轨道交通系统入站乘客数量的变化幅度。考虑事件的相互独立性，令 $dL(t) = K_{N(t)}dN(t)$，其中 $N(t)$ 为泊松过程，表示相互独立的突发事件的发生概率，设 $N(t)$ 的期望和方差均为 $\lambda$；$K_{N(t)}$ 表示乘客流量的变化幅度，为独立随机变量，其值可依据突发事件情景设定。利用式（2.3）可分析和预测突发事件下轨道交通系统乘客流量的变化过程。

## 2.2　实例仿真

下面以上海轨道交通为例，分析常态和突发事件下乘客流量的变化过程，并结合仿真结果，提出确定轨道交通系统韧性值的方法。

### 2.2.1　乘客流量数据特征分析

截至2021年6月，上海轨道交通系统共包括19条线路，460个站点，运行里程772千米，是世界范围内线路总长度最长的城市轨道交通系统。轨道交通1号线、2号线是上海建设最早、乘客最多的两条线路。其中，轨道交通1号线贯穿城市南北，全长36.89千米，28个车站；轨道交通2号线贯穿城市东西，全长64千米，30个车站。本章选择这两条线路的乘客流量数据进行研究。

乘客流量数据来自上海轨道交通管理公司，包括2021年1月至6月上海轨道交通各站点上、下行的断面分时乘客流量数据，时间间隔是20分钟。本章针对工作日的乘客流量展开研究，将线路站点的断面数据相加求得各线路的乘客流量数据。上海轨道交通1号线、2号线日内各时刻乘客流量的均值和标准差见图2.1。

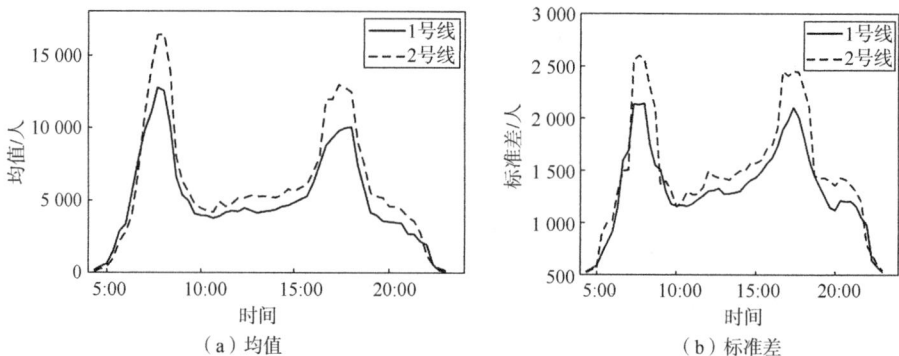

（a）均值　　　　　　　　　（b）标准差

图2.1　上海轨道交通1号线、2号线日内各时刻乘客流量的均值和标准差

图2.1（a）是轨道交通1号线、2号线日内乘客流量的均值曲线，不同时刻乘客流量均值差异较大，波动性明显。1号线、2号线乘客流量存在早、晚高峰，乘客流量最大值都出现在早高峰，分别约为12 000人和16 000人，均出现在上午8点左右。图2.1（b）是日内各时刻乘客流量的标准差曲线，可见标准差值与乘客流量均值正相关。标准差值最大的时刻出现在早、晚高峰，1号线、2号线分别约为2200和2600。为有效评估轨道交通系统乘客流量的波动，现计算两条线路乘客流量的离散系数（标准差/均值）随时间变化的曲线，见图2.2。

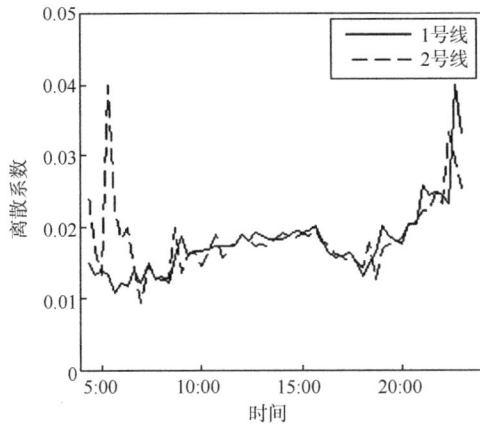

图2.2　上海轨道交通1号线、2号线日内乘客流量的离散系数

如图2.2所示，轨道交通1号线、2号线日内乘客流量的离散系数大部分分布在区间[0.01, 0.04]内，这说明不同工作日相同时刻的乘客流量较稳定，围绕对应时刻的均值小幅波动。另外，由于早晚高峰非规律出行的乘客数量相对较多，因而这两个时段乘客流量的离散系数相对较大，但其值也未超过0.04。

### 2.2.2　常态下轨道交通系统乘客流量变化分析

下面通过仿真分析，研究不同韧性参数条件下，常态下轨道交通系统乘客流量的变化规律。因获取的轨道交通系统乘客流量数据为离散化数据，故对式（2.1）表示的轨道交通系统乘客流量模型进行离散化处理，表示为以下形式：

$$S(t+1) - S(t) = \alpha(\mu(t) - S(t))\Delta t + \delta \times \text{Brown} \qquad (2.4)$$

其中，$\mu(t)$ 表示乘客流量均值，其值可根据获取的数据计算；$S(t)$ 表示轨道交通的实际乘客流量；$\alpha$ 表示系统的韧性；$\delta \times \text{Brown}$ 表示具有布朗运动特征的乘客流量随机波动，$\delta$ 表示入站乘客数量的波动幅度。由此可见，轨道交通系统乘客流量的变化取决于韧性 $\alpha$ 和波动幅度 $\delta$ 的取值。

　　获取的数据以20分钟为间隔，为提高仿真精度，对数据进行插值处理，以2分钟为时间间隔单位，将一日划分为560个间隔，各间隔内乘客流量的波动幅度为0到200。考虑以下四种情况进行仿真：①高韧性 $\alpha = 0.2$ 、高波动性 $\delta = 200$ ；②高韧性 $\alpha = 0.2$ 、低波动性 $\delta = 10$ ；③低韧性 $\alpha = 0.05$ 、高波动性 $\delta = 200$ ；④低韧性 $\alpha = 0.05$ 、低波动性 $\delta = 10$ 。计算得到的轨道交通1号线、2号线乘客流量变化曲线如图2.3所示。

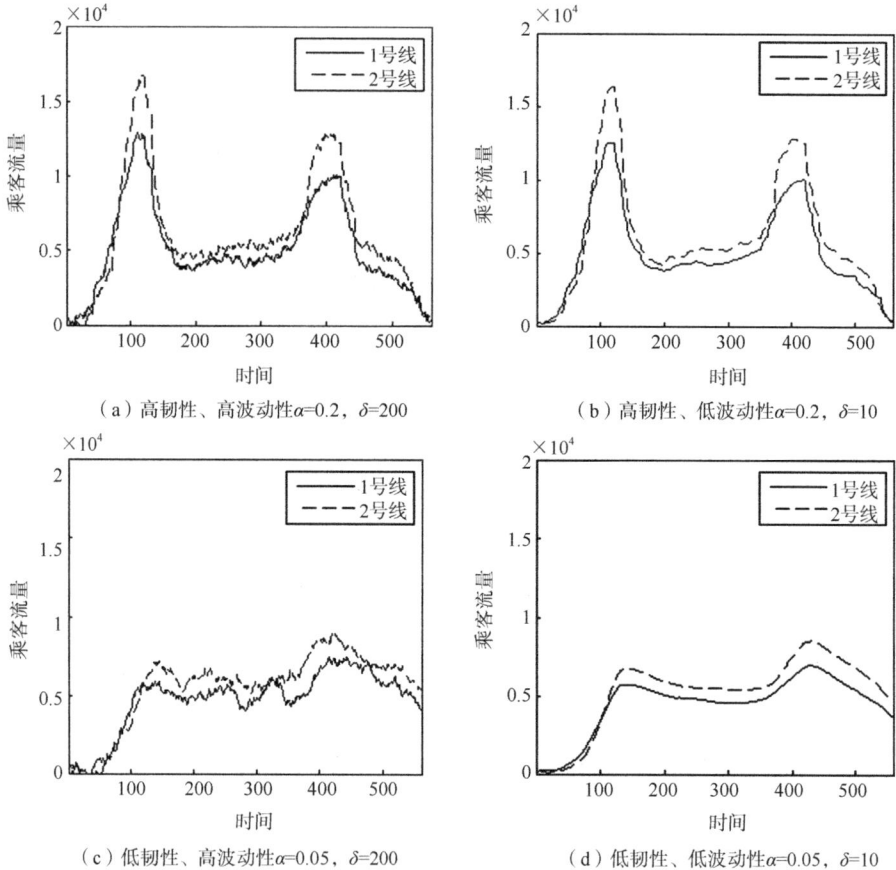

（a）高韧性、高波动性 $\alpha=0.2$ ， $\delta=200$　　　　（b）高韧性、低波动性 $\alpha=0.2$ ， $\delta=10$

（c）低韧性、高波动性 $\alpha=0.05$ ， $\delta=200$　　　　（d）低韧性、低波动性 $\alpha=0.05$ ， $\delta=10$

图2.3　不同韧性值和波动幅度下的乘客流量变化

　　图2.3（a）至图2.3（d）中，不同参数取值下，乘客流量变化的差异较大。图2.3（a）和图2.3（b）中，当 $\alpha$ 取值为高韧性值0.2时，不论波动幅度取值如何，乘客流量变化曲线的形状都与图2.1（a）中的乘客流量均值曲线类似，存在一定差异仅是因时间间隔减小而乘客流量数值变小。图2.3（a）中，高波动幅度使乘客流量的变化具有一定的跳跃性，但整体上还是保持了围绕各时刻均值小幅波动的形态。

由此可见，高韧性参数下轨道交通系统的乘客流量相对稳定。

图2.3（c）和图2.3（d）中，当韧性参数 $\alpha$ 取较小值0.05时，若入站乘客数量波动幅度较大，则乘客流量不再围绕对应时刻的均值变化，各时刻的流量变化也将具有明显的波动形态；若波动幅度较小，尽管不同时刻乘客流量变化相对连续，但其值都较大程度偏离对应时刻的均值。由此可见当系统韧性值较低时，波动幅度的大小主要影响乘客流量的连续性，但它不是造成乘客流量偏离均值的主要原因，较小的系统韧性值是乘客流量偏离各时刻均值的主因。

保证乘客流量稳定围绕对应时刻均值小幅波动是保障轨道交通系统平稳运行的重要条件。为检验不同韧性值下，乘客流量与均值的偏离程度，定义以下偏离度量：

$$d_\alpha = \sqrt{\frac{\sum (x^\alpha(t_i) - \mu(t_i))^2}{M}} \qquad (2.5)$$

其中，$x^\alpha(t_i)$ 表示韧性值（恢复力）为 $\alpha$ 时 $t_i$ 时刻的乘客流量；$\mu(t_i)$ 表示 $t_i$ 时刻乘客流量的均值；$M$ 表示时间间隔的数量；$d_\alpha$ 表示给定系统韧性值下，乘客流量与均值的偏离程度。假设轨道系统一直维持高波动，设置波动幅度为200，则 $d_\alpha$ 随韧性 $\alpha$ 的变化见图2.4。

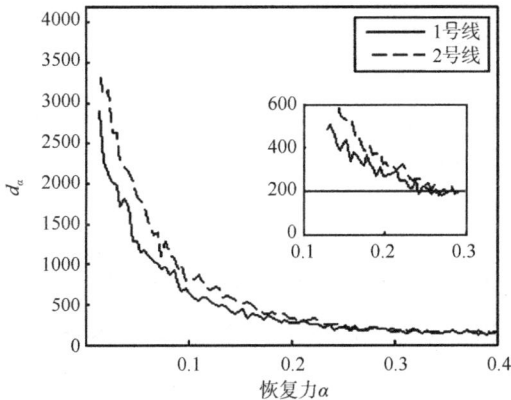

图2.4　偏离度随韧性的变化

图2.4中，系统韧性值 $\alpha$ 增大时，$d_\alpha$ 减小，表明轨道交通1号线、2号线的系统韧性越大，乘客流量值与其均值的偏离程度越小，即轨道交通系统的服务能力与实际需求对应得较好。$d_\alpha$ 随 $\alpha$ 增大而下降的边际幅度递减，当 $\alpha > 0.2$ 时，$d_\alpha$ 趋于稳定。此处设置的波动幅度为200，若偏离度 $d_\alpha \leqslant 200$ 可接受，即乘客流量在此范围内变化被视为围绕均值的正常波动，则可得相应的系统韧性 $\alpha$ 的取值。由图2.4可知，对于轨道交通1号线、2号线，$\alpha \geqslant 0.24$ 为系统韧性的可接受范围。现实中，

轨道交通系统的韧性由行车频次调整能力、运行管理投入等因素决定。一般来说，系统的韧性越大，需耗费的资源成本越多。因此，$\alpha$ 可接受范围的下限被视为系统韧性的最优取值，即本例中的0.24。实际应用中，可基于此方法，结合乘客流量均值曲线和波动参数值进行调整。

### 2.2.3　突发事件下轨道交通系统乘客流量变化分析

突发事件影响下，轨道交通系统的入站乘客数量可能在短时间内大幅变化，下面通过仿真分析，研究不同韧性参数下，轨道交通系统乘客流量的变化规律。对式（2.3）表示的突发事件下轨道交通系统乘客流量模型进行离散化处理，表示为以下形式：

$$S(t+1) - S(t) = \alpha(\mu(t) - S(t))\Delta t + \delta \times \text{Brown} + \sigma(t)L \qquad （2.6）$$

其中，$\sigma(t)L$ 表示跳跃项；$\sigma(t)$ 为0-1变量，表示 $t$ 时刻是否发生突发事件；$L$ 表示轨道交通系统入站乘客数量的变化幅度。以下仿真结果仅以上海轨道交通1号线为例，入站乘客数量的日常波动幅度设为200，系统韧性值设为常态下的最优取值0.24。由于轨道交通系统韧性更多体现为乘客流量增加时系统的平衡能力，因此仅考虑乘客流量跳跃幅度为正数的情况。假设日内只发生一次导致入站乘客数量大幅增加的突发事件，幅度分别设为3000与10 000。设突发事件分别发生在6时、9时、12时和18时等四个时刻，以2分钟为时间间隔，对应的时间步分别为 $t = 30, 120, 210, 390$，轨道交通系统乘客流量的变化过程如图2.5所示。

由图2.5可知，入站乘客数量增加幅度 $L = 3000$ 时，突发事件对乘客流量的影响不显著，尤其在早晚高峰时刻 $t = 120$ 和 $t = 390$ 时，事件造成的影响几乎可以忽略。这说明在系统韧性 $\alpha = 0.24$ 的条件下，轨道交通系统能够较快地吸收突发事件对乘客流量的影响。若 $L = 10\ 000$，则突发事件对乘客流量的影响明显，一方面，乘客流量在事件发生时刻有明显的增加；另一方面，乘客流量恢复到均值状态所

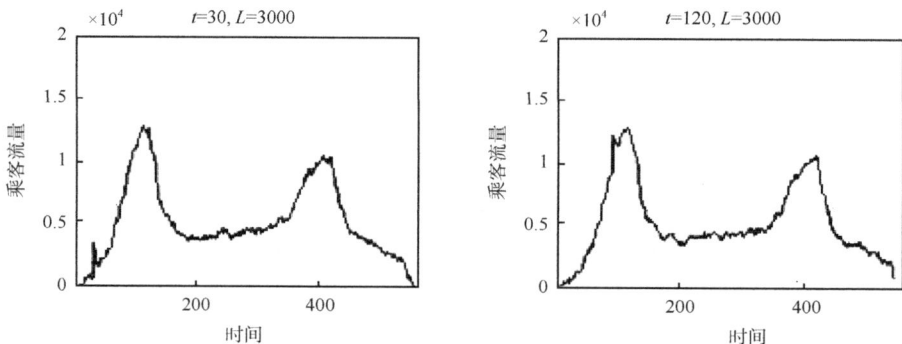

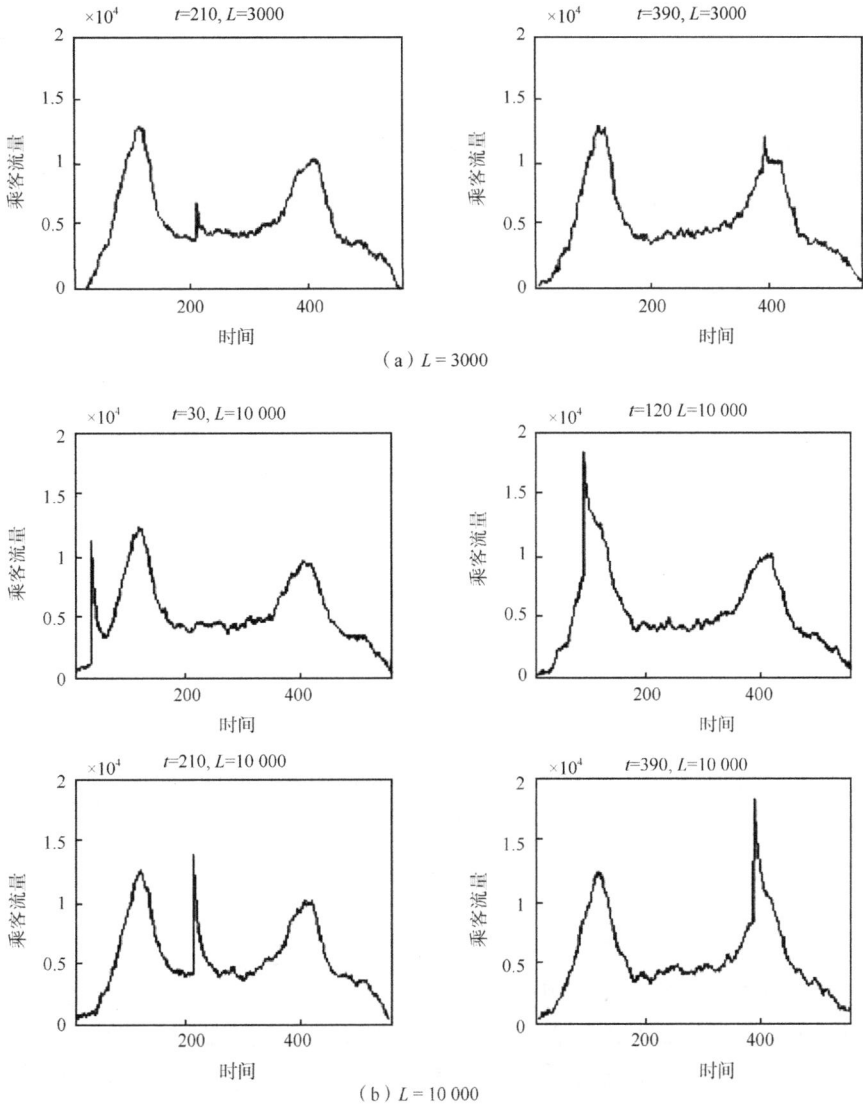

图2.5　不同跳跃幅度下乘客流量的变化曲线

L的单位为人

需要的时间较长。据统计，$L = 3000$时，乘客流量恢复到均值状态附近（差值小于等于200）平均需要22分钟，平均每分钟的恢复量为136；$L = 10\ 000$时，则平均需要84分钟，平均每分钟的恢复量为119，即入站乘客数量的增加幅度大时轨道交通系统乘客流量恢复的速度相对较慢。

依据式（2.5），可分析在设定的系统韧性条件下，不同的入站乘客数量增加幅度对应的轨道交通系统乘客流量偏离度。仿真中，入站乘客数量增加幅度的取值范围是0～35 000，跳跃发生时间分别取 $t=30,120,210,390$，对应的偏离度 $d$ 取上述四个时刻偏离度的均值。上海轨道交通1号线的仿真结果见图2.6。

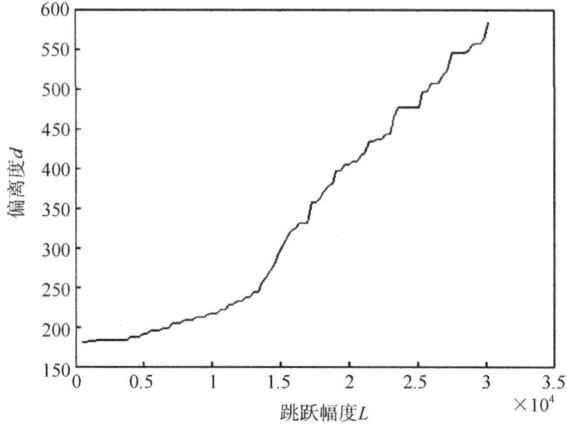

图2.6　偏离度 $d$ 随入站乘客数量增加幅度的变化

图2.6中，随着入站乘客数量增加幅度 $L$ 的增大，偏离度 $d$ 的值也逐渐增大。图2.6中有两处明显的转折，一个在 $L=5000$ 附近，一个在 $L=14\,000$ 附近。当 $L\leqslant5000$ 时，偏离度 $d$ 一直保持在180以内，其值随 $L$ 的增加而增加，但对应曲线的斜率很小，接近于0，这说明该范围内 $L$ 对系统乘客流量的影响较小，设置的系统韧性能够使乘客流量较快恢复到其均值附近。当 $5000<L\leqslant14\,000$ 时，偏离度 $180<d<250$，偏离度随 $L$ 的增加而增加，对应曲线的斜率约为0.2，这说明该范围内 $L$ 对轨道交通系统乘客流量具有一定影响，但尚未造成较大偏离。当 $L>14\,000$ 时，偏离度 $d$ 随着 $L$ 的增加而明显增加，对应曲线的斜率约为0.5，这说明该范围内 $L$ 对轨道交通系统乘客流量影响显著，$L$ 增加会导致乘客流量明显偏离均值。由上述分析可知，在设定的系统韧性条件下，轨道交通系统对一定阈值内的入站乘客数量的增加具有较强的适应能力，但当入站乘客数量的增加超过一定阈值时，系统难以保证乘客流量在短时间内恢复到正常水平。

## 2.3　本 章 小 结

轨道交通是城市居民重要的出行工具，提高轨道交通系统的服务水平对各类突发事件的适应能力是维持其安全可靠运行的关键。本章基于轨道交通系统乘客流量的变化特征，将轨道交通系统乘客流量的变化表示为均值回归函数和随机波动函数的组合，用乘客流量均值回归速率表示系统韧性。通过上海轨道交通系统的实例仿真发现，本章构建的乘客流量模型能够有效地描述乘客流量在不同韧性和入站乘客数量波动幅度下的变化过程，并得出了确定轨道交通系统韧性取值的有效方法，既保证系统能够有效应对入站乘客流量波动，也可避免过多的资源投入。本章利用入站乘客数量波动幅度表示突发事件级别，分析了系统对不同级别事件的适应能力。该研究成果可为轨道交通系统的韧性设计和优化提供参考和决策依据。

# 第3章 关联基础设施系统的联合修复策略

电网、交通、供水网络等关键基础设施系统在多个层次上相互关联和依赖[189]。关联关系的存在可以提高系统的运行效率，但也会增加系统的脆弱性和发生级联故障的可能性[190]。一个基础设施系统出故障可能导致其他系统的服务中断[191]。一个典型的例子是2003年美国和加拿大的停电事件。大规模的停电造成了交通拥堵，以及供水和通信的中断。自然和人为灾害对基础设施系统的影响越来越大，对关联基础设施系统进行联合修复以尽可能减少灾害造成的影响至关重要。

基础设施系统修复相关研究多集中于单一基础设施系统的修复策略。Liu等[192]从网络角度提出了一个建模框架，来研究不同修复策略对系统抵抗级联故障的鲁棒性的影响。为了尽量减少飓风造成的潜在破坏，Arab等[193]提出了一种用于电力系统修复资源分配的随机整数规划模型。为了增强交通网络的韧性，Vugrin等[145]制定了一个两阶段优化模型来确定因故障中断后交通网络的最佳修复模式和序列。Luna等[194]使用Petri网构建了一个模型来改进供水系统的震后修复过程。考虑到可用的修复资源有限等条件，Wang等[195]构建了一种优化模型，用于确定互联协议网络中断后的最佳修复过程。

由于基础设施系统间存在关联关系，因而也有一些关于关联基础设施系统修复策略的研究。部分研究从系统层面针对基础设施系统修复提出了建议。例如，如何将修复资源分配给不同类型的基础设施。Mackenzie等[173]构建了静态和动态决策模型来帮助确定最佳资源分配策略，该模型通过最大限度地减少生产损失来促进受影响的基础设施系统的恢复。Zhang等[174]提出了一种修复资源分配的方法，用于增强关联基础设施系统的韧性。部分研究侧重于探究基础设施受损组分的修复顺序。Cavdaroglu等[168]构建了混合整数线性规划模型，将基础设施系统的修复规划和调度决策相结合，以确定关联基础设施系统受损组分的修复顺序。González等[196]构建了优化模型以求解关联基础设施网络的资源分配策略和修复策略。

基础设施系统修复相关研究的目标包括：最小化故障节点的数量、最小化网络的连接损失[193]、最小化受灾消费者比例[195]、最大化系统韧性[145]、最大化网络流量[167]和（或）最小化各种成本和经济损失[197]。在现实中，决策者通常倾向于使用总经济损失来评估灾害造成的影响。基础设施故障的发生时间会直接影响经济损失，如发生在早上的停电和发生在晚上的停电可能会造成不同的经济社会影响。因此，基础设施系统故障的发生时间是制定有效修复策略需考虑的因素，但现有研究中很少考虑这一点。

本章提出了一种制定关联基础设施系统联合修复策略的方法，即确定基础设施系统受损组分的修复顺序的方法。该方法的具体内容包括：第一，为了有效评估关联基础设施系统的总经济损失，将基础设施系统故障的发生时间纳入模型作为参数；第二，考虑基础设施故障的类型、运行规则和系统间的关联关系等因素，构建模型描述关联基础设施系统间相互作用的过程，辨识修复过程中各类基础设施系统服务能力的变化；第三，考虑受损组分的修复时间等参数，结合关联基础设施系统相互作用的过程，构建优化模型，以求解有效的关联基础设施系统联合修复策略。

# 3.1　关联基础设施系统建模

## 3.1.1　关联基础设施系统的表示方法

本节使用网络模型描述关联基础设施系统的拓扑结构[198]，以电力和供水系统为例展开研究。网络中，节点表示基础设施系统的设施组分，边表示连接节点的物理元素。对电力网络，发电厂和变电站被表示为节点，节点之间的输电线被表示为边[199]。对供水网络，水厂和泵站被表示为节点，节点之间的管道被表示为边。根据功能特征，基础设施网络中的节点可以被划分为源节点和负载节点。系统服务通过边从源节点传输给负载节点，然后再传输给消费者。边的方向表示系统中服务的传输方向。在电力和供水网络中，发电厂节点和水厂节点是源节点；变电站节点和泵站节点是负载节点。

电力和供水网络间的关联关系包括：发电厂节点需要来自泵站节点的水输入以进行冷却操作；水厂节点和泵站节点需要来自变电站节点的电力输入以维持其运行。多层网络被用来描述关联基础设施系统[200]，图3.1展示了一个关联系统。每个基础设施系统被表征为一层网络，隶属同一层网络的节点和边属于同一个基础设施系统；不同层网络间的边表示不同基础设施系统节点间的关联关系。

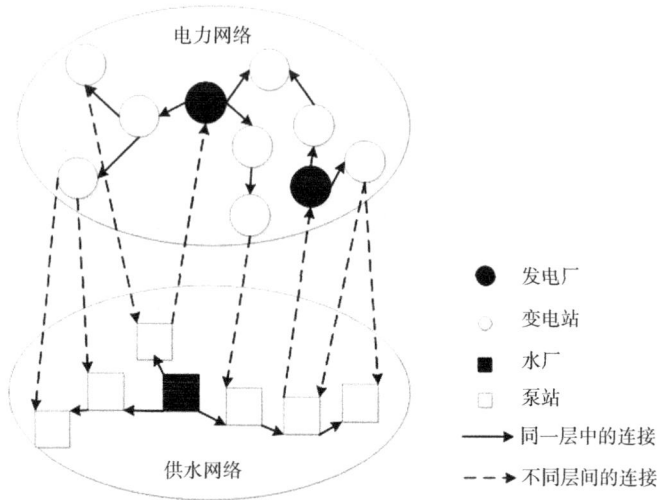

图3.1 关联基础设施网络图例

## 3.1.2 基础设施系统的运行机制

破坏性事件发生后，若研究基础设施系统的关联影响过程，则应考虑基础设施系统的运行机制。相关研究已构建了多种模型来描述电力和供水系统的运行机制。对于电力系统，ORNL-PSerc-Alaska模型[201]和Crucitti-Latora-Marchiori模型[202]被广泛使用。仿真模型[203]和动态流量模型[204]已被用于描述供水系统的运行机制。

由于缺少基础设施系统的详细数据，下面仅考虑所选系统的基本功能属性，使用网络流模型来描述系统的运行机制。模型中，根据基础设施网络中节点故障发生的原因，将节点故障分为两种类型。第一种是物理故障，即节点由于直接的物理损坏而失效。若不对它们进行修复，它们就不能正常运行。第二种是功能故障，即节点由于间接影响或服务输入不足而发生的故障。对每个节点，有一个功能阈值，表示其运行所需的不同服务输入的最低水平。若某一服务的输入低于阈值，则该节点将出现功能故障；若重新获得高于阈值水平的服务输入，则该节点的功能将得到恢复并正常运行。

供水网络由水厂节点、泵站节点和节点间的边组成。供水网络的网络流模型包括以下规则：①在初始时间步，泵站节点的水输入由其所连接的水厂节点平均供应，即如果一个泵站节点与 $n$ 个水厂节点相连，则每个水厂节点负责该节点 $1/n$ 的水输入；②水厂节点和泵站节点之间的水传输是通过它们之间的最短路径进行的，传输所需时间步等于路径中包含的节点的数量；③若节点遇到物理故障或功能故障，则它们不能正常发挥作用；④与故障节点相连的边无法正常发挥作用；⑤若泵站节点与水厂节点间的所有路径都中断，则泵站节点的进水量将减少；

⑥若泵站节点的水输入量低于功能阈值，则泵站节点将发生功能故障；⑦若功能故障节点的服务输入量高于其功能阈值，则节点可恢复正常。

电力网络由发电厂节点、变电站节点和边组成，其网络流模型与供水网络相似，唯一的区别是，电力传输速度快，因此节点间的电力传是都瞬时完成的。

电力和供水网络间的关联关系如下。①发电厂节点的水输入由最近的泵站节点提供；如果一个发电厂节点没有水输入，则该节点会发生功能故障。②水厂节点的电力输入是由最近的变电站节点提供的。考虑到可能的备用设施，每个水厂节点都有一个备用电源，当电力输入不足时，它可以维持水厂节点正常运行一个时间步。若一个水厂节点不能获得电力输入，且它的备用电源已被用完，那么该水厂节点将发生功能故障。

### 3.1.3　关联基础设施系统间关联影响过程

当基础设施网络中的部分节点发生物理故障时，由于服务的依赖性，故障可能在基础设施网络内部和网络间传播。考虑到修复活动的实施，基础设施节点的状态变化可以通过一个循环过程来描述。图3.2是描述各时间步内关联基础设施系统间关联影响过程的流程图。

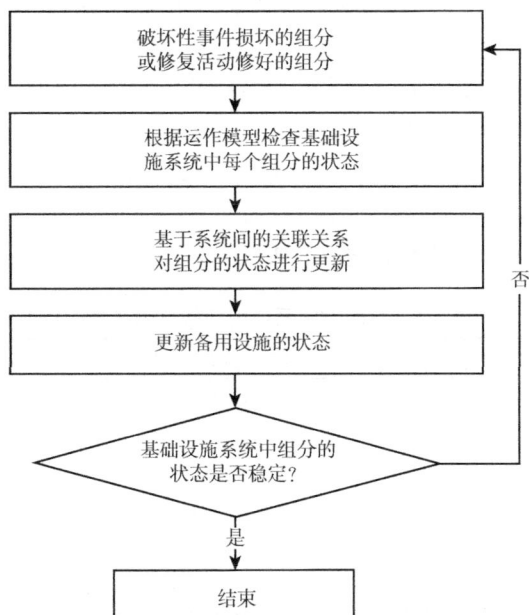

图3.2　关联基础设施系统间关联影响过程的流程图

对于电力和供水网络，图3.2中的过程描述如下。

（1）更新两个网络中物理故障节点的集合。对于初始时间步，识别物理故障节点并将其从网络中移除；对于其他时间步，若一些物理故障节点已被修复，则将其重新加入网络。

（2）检查基础设施网络中每个节点的状态。根据物理故障节点的集合和功能故障节点的集合，结合基础设施系统的运行规则更新网络中每个节点的状态。对于电力网络，电力输送是瞬时的。检验发电厂节点和变电站节点之间是否有中断的路径或中断的路径被重新连接的情况，若有，计算每个变电站节点的电力输入量。如果一些变电站节点的电力输入量低于功能阈值，则将这些节点的状态调整为功能故障；如果一些功能故障节点重新获得足够的电力输入，则将这些节点的状态调整为正常。供水网络的分析过程与此类似。唯一的区别是，水传输通过每个节点都需要一个时间步，所以供水节点的状态变化相对较慢。

（3）根据网络间的关联关系更新节点的状态。基于步骤（2）中的节点状态，根据网络之间的关联关系，对每个节点，计算其来自其他网络的服务输入。识别不能获得足够服务输入的正常节点，或从其他网络重新获得足够服务输入的功能故障节点。特别地，由于每个水节点（水厂节点或泵站节点）有一个备用电源，因而若某个水节点第一次未获得足够的电能输入，该节点的状态不会立即变为功能故障，但它可能在下一个时间步变为功能故障。

（4）更新备用设施的状态。如果有必要，任何现有的备用设施，如水节点的备用电源的剩余电容量，都需进行更新。若在这个时间步中，节点的状态有变化，或者计划在下一个时间步中采取更多的修复措施，则回到步骤（1），开始新的迭代计算；若两个网络中所有节点的状态都没有变化，则结束。

基于上述关联影响过程模型，可以对物理故障和修复活动的结果进行评估。例如，在图3.3中，假设变电站节点$P6$在$t=1$时发生物理故障，在$t=3$时被修复，每个时间步系统间关联影响过程的结果见表3.1。

**表 3.1  基础设施系统间关联影响过程的结果**

| 时间步 $t$ | 物理故障节点的集合 | 功能故障节点的集合 | 水节点备用电源容量的变化 |
|---|---|---|---|
| 1 | {P6} | {P7} | $w5: 1 \to 0$ |
| 2 | {P6} | {P7, w5} | |
| 3 | {} | {w6} | $w5: 0 \to 1$ |
| 4 | {} | {P9, w7, P8, P10} | |
| 5 | {} | {} | |

表3.1中，在$t=1$时，变电站节点$P6$发生物理故障。由于电力传输是瞬时的，变电站节点$P7$由于缺乏电力输入而发生功能故障。在这个时间步中，泵站节点$w5$的备用电源被使用。在$t=2$时，若没有修复活动，$P6$仍然是物理故障的。由于缺乏电力输入，

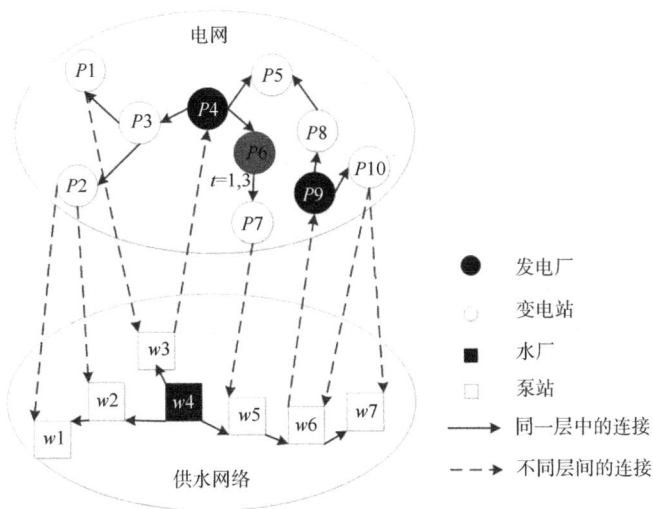

图3.3　关联基础设施系统相互作用案例

$w5$被添加到功能故障的节点集合中。在$t=3$时，变电站节点$P6$被修复，物理故障节点的集合变为空。功能故障的节点$P7$和$w5$修复后重新正常运行，因为它们重新获得了必要的电力输入，$w5$的备用电源恢复正常。由于输水需要一个时间步，因而泵站节点$w6$由于缺乏水的输入而成为功能故障节点。在$t=4$时，$w6$因为重新获得了水输入，恢复正常运行。然而，由于水的传输需要一个时间步，发电厂节点$P9$和泵站节点$w7$由于缺乏水输入而发生功能故障。变电站节点$P8$和$P10$由于$P9$的故障而发生功能故障。在$t=5$时，所有功能故障的节点都恢复正常，功能故障的节点集合变成空集。

## 3.2　联合修复策略模型

破坏性事件发生后，需实施修复活动来修复物理故障的基础设施节点。为了最大限度地减少基础设施故障带来的经济损失，下面构建一个求解关联基础设施系统联合修复策略的模型。

### 3.2.1　基础设施系统故障影响评估

用基础设施故障造成的经济损失作为评价破坏性事件影响的标准。经济损失包括基础设施服务造成的消费者损失，以及物理故障节点的修复成本。对电力网络，假设变电站节点具有相同的服务能力，即每个变电站节点所服务的消费者的数量相同。当一些电力节点在 $t_0$ 时刻发生物理故障时，$L_p(t)$ 表示电力网络在 $t>t_0$ 时的经济损失，形式如式（3.1）所示：

$$L_p(t) = C_p(t) + R_p(t) \qquad (3.1)$$

其中，$C_p(t)$ 表示缺乏电力服务造成的消费者损失；$R_p(t)$ 表示物理故障节点的修复成本。

图3.4为中国广西壮族自治区桂林市每小时的平均耗电量和耗水量（数据来自政府工作报告）。由图3.4可见日内不同时刻的耗电量存在明显差异。最高的时候约为16万千瓦时，而最低的时候约为5万千瓦时。因此，对于同样的基础设施系统故障，消费者损失取决于故障发生的时间。由于每个电力节点的服务能力是相同的，所以时刻 $t$ 的消费者损失可以用式（3.2）表示：

$$C_p(n_p^t, t) = \varphi_p \times c_p^t \times (n_p^t / N_p) \qquad (3.2)$$

其中，$\varphi_p$ 表示一个单位电力损失造成的每小时消费者损失；$c_p^t$ 表示 $t$ 时刻的电能消耗；$n_p^t$ 表示 $t$ 时刻故障的电力节点数；$N_p$ 表示网络中的节点数量。

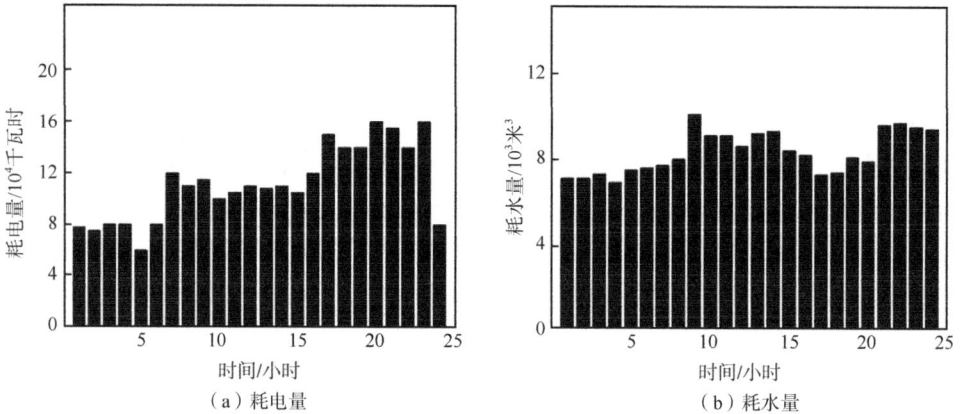

图3.4　桂林市日内各小时平均电力和水服务消耗量

式（3.1）中，$R_p(t)$ 表示修复成本。在现实中，由于修复资源的可用性，在故障发生后很难立即修复基础设施的受损组分。随着时间的推移，修复资源会更加容易获取，基础设施受损组分的修复就会相对容易。因此，同一受损组分早期的修复成本总是高于后期的修复成本。假设受损组分的修复成本与故障发生时间 $t_0$ 和修复实施时间 $t$ 间的差值负相关，则可表示为

$$R_p(k_p^t, t) = \theta_p \times k_p^t / (t - t_0) \qquad (3.3)$$

其中，$\theta_p$ 表示修复一个物理故障的电力节点的单位成本；$k_p^t$ 表示在时刻 $t$ 修复的物理故障节点的数量。

$$L_w(t) = C_w(t) + R_w(t) \qquad (3.4)$$

类似地，供水网络在时刻 $t$ 的经济损失如式（3.4）所示，其中 $C_w(t)$ 表示缺乏供水导致的消费者损失，$R_w(t)$ 表示修复成本。综合上述分析，电力和供水网络发生物理故障后，两类网络在 $t$ 时刻的经济损失可表示为

$$L(t) = L_p(t) + L_w(t) \qquad (3.5)$$

### 3.2.2　修复模型

基础设施系统修复的目标是使基础设施故障带来的经济损失最小。为研究每个时间步中物理故障节点的联合修复顺序，做以下假设：①修复最早开始的时间是基础设施组分故障发生后的下一时间步；②物理故障节点被修复后可在一个时间步内恢复到正常状态；③对每个基础设施网络，用于修复的时间步数不应超过网络中物理故障节点的数量。

对电力和供水网络，若物理故障发生在 $t_0$ 时刻，用 $F_w$ 和 $F_p$ 表示两个网络中物理故障节点的集合，$s_p^t \subset F_p$ 和 $s_w^t \subset F_w$ 表示在时刻 $t$ 被修复的节点的集合。则修复策略可以写成以下形式：

$$S = \{\{s_p^{t_0+1}, s_w^{t_0+1}\}, \{s_p^{t_0+2}, s_w^{t_0+2}\}, \cdots\} \qquad (3.6)$$

其中，$\{s_p^{t_0+i}, s_w^{t_0+i}\}$ 表示在时刻 $t_0+i$ 两个网络中被修复的节点的集合，$i=1,2,\cdots$。由于水的传输速度较慢，因而当所有物理故障节点都被修复后，功能故障节点需要额外的时间恢复至正常状态。$d$ 表示一个足够大的数字，所有节点将在时刻 $t_0+d$ 之前恢复到正常状态。结合各时间步内经济损失的表示方法[式（3.5）]，关联基础设施系统最佳联合修复策略是以下优化问题的解：

$$\min z = \sum_{t=t_0}^{t_0+d} (L_p(t, k_p^t, n_p^t) + L_w(t, k_w^t, n_w^t)) \qquad (3.7)$$

s.t.

$$s_p^{t_0} \cup s_p^{t_0+1} \cup \cdots \cup s_p^{t_0+d} = F_p, \quad s_w^{t_0} \cup s_w^{t_0+1} \cup \cdots \cup s_w^{t_0+d} = F_w \qquad (3.8)$$

$$s_p^{t_0} \cap s_p^{t_0+1} \cap \cdots \cap s_p^{t_0+d} = \varnothing, \quad s_w^{t_0} \cap s_w^{t_0+1} \cap \cdots \cap s_w^{t_0+d} = \varnothing \qquad (3.9)$$

$$s_p^{t_0+l} = \varnothing, \quad |F_p| < l \leqslant d \qquad (3.10)$$

$$s_w^{t_0+g} = \varnothing, \quad |F_w| < g \leqslant d \qquad (3.11)$$

其中，$k_p^t = |s_p^t|$、$k_w^t = |s_w^t|$ 表示在时刻 $t$ 两个基础设施网络中被修复的物理故障节点的数量；向量 $n_w = (n_w^{t_0}, n_w^{t_0+1}, \cdots, n_w^{t_0+d})$ 和 $n_p = (n_p^{t_0}, n_p^{t_0+1}, \cdots, n_p^{t_0+d})$ 表示故障发生后每个时刻两个网络中故障节点的数量，向量中的元素可通过所构建的关联基础设施

系统关联影响过程模型获取，初始条件为 $F_p$、$F_w$ 和修复策略 $S$。目标函数式（3.7）表示最小化基础设施故障造成的总损失。式（3.8）确保所有发生物理故障的节点都被修复。式（3.9）确保每个节点仅属于一个时刻的修复节点集。式（3.10）和式（3.11）确保用于修复的时间步不大于物理故障节点的数量。

### 3.2.3　模型求解方法

联合修复策略模型[式（3.7）～式（3.11）]是一个多阶段决策问题，其解是关联基础设施系统物理故障节点的最佳联合修复顺序。由于关联基础设施网络间的关联影响过程是非线性且复杂的，因而该模型不易用常规方法求解。本节提出了一种应用遗传算法[205]求解该模型的数值方法。最佳修复顺序的搜索过程按照以下步骤进行。

（1）代码设计。输入物理故障节点的数量，用遗传算法中的染色体表示修复序列，得到一个0-1变量矩阵 $G = [g_{ij}]_{K \times (K_1 + K_2)}$，其中 $K_1 = |F_p|$（电力网络中物理故障节点的数量），$K_2 = |F_w|$（供水网络中物理故障节点的数量），$K = \max(K_1, K_2)$。矩阵 $G$ 受到以下约束的限制：

$$\begin{cases} \displaystyle\sum_{i=1}^{K}\sum_{j=1}^{K_1} g_{ij} = K_1 \\[2mm] \displaystyle\sum_{i=1}^{K}\sum_{j=K_1+1}^{K_1+K_2} g_{ij} = K_2 \\[2mm] \displaystyle\sum_{i=1}^{K} g_{ij} \leqslant 1, \quad j = 1, 2, \cdots, K_1 + K_2 \end{cases} \tag{3.12}$$

其中，对于 $j \leqslant K_1$，

$$g_{ij} = \begin{cases} 1, & \text{电力网络中第 } j \text{ 个物理故障节点在时刻 } t_0 + i \text{ 被修复} \\ 0, & \text{其他} \end{cases}$$

对于 $K_1 < j \leqslant K_1 + K_2$，

$$g_{ij} = \begin{cases} 1, & \text{供水网络中第 } j - K_1 \text{ 个物理故障节点在时刻 } t_0 + i \text{ 被修复} \\ 0, & \text{其他} \end{cases}$$

综合考虑收敛速度和个体的多样性，初始阶段部分染色体是从可行解中选择的，其他则是随机生成的。

（2）计算适应度函数值。适应度函数值即目标函数，是一段时间内的总经济损失。每个染色体对应一个修复序列，适应度函数值可以通过所构建的关联基础设施系统关联影响过程模型及相应的初始条件来计算。对于不符合式（3.12）的约束

条件的染色体，用一个足够大的数字作为不可行解的惩罚项。

（3）选择、交叉、变异和停止的规则。轮盘赌法、两点交叉法和随机变异法分别作为遗传算法中选择、交叉和变异的规则。判断算法是否应当停止的规则有两种，一种是规定最大迭代数，另一种是依据代与代之间最佳适应度函数值的收敛程度进行判断。当算法停止时，对应于最优适应度函数值的染色体就是求得的最佳联合修复策略。

# 3.3　案　例　研　究

## 3.3.1　基础设施系统拓扑的生成

Ouyang等[206]编写的拓扑生成器可用于生成基础设施网络。具体来说，对于电力网络，可根据以下步骤生成网络：①网络以几个独立的节点作为发电厂节点，它们之间没有边连接。②每个时间步，都向网络中添加一个新的变电站节点，该节点至少与一条边相连，边的另一端根据最小欧氏距离法与网络中已有的节点相连。此外，新添加的变电站节点依照概率$\gamma$增加另一个新的边，将该节点与离其第二邻近的节点连接起来。③达到设定的时间步后，就得到一个随机网络。

参考真实基础设施网络的平均度[207]，即美国电网（2.78）[208]和中国东北电网（2.36）[209]，概率参数$\gamma$设定为0.5，旨在生成平均度接近2.5的基础设施网络。根据上述网络生成过程，电力网络和供水网络在同一张图中生成（图3.5）。具体来

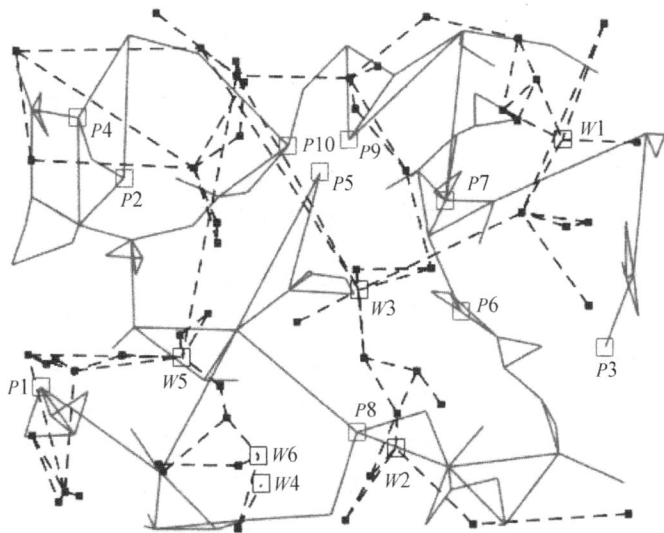

图3.5　生成的电力网络和供水网络

说，电力网络包括100个节点和148条边（实线连接的网络），其中10个节点是发电厂节点（P1～P10），其余（P11～P100）是变电站节点。供水网络包括60个节点（虚线连接的网络），其中6个是水厂节点（W1～W6），其他（W7～W60）是泵站节点。

### 3.3.2 关联基础设施系统故障传播分析

首先研究关联基础设施系统间的关联影响过程。为了简化，将不同类型节点的功能阈值都设定为0.5。在分析中，时间步设定为1小时。为了研究系统间的关联影响过程，用网络中正常工作的节点的比例作为基础设施性能的评价指标。假设一些电力节点发生物理故障，仿真过程如下：在时间t=2时，随机选择4个电力节点发生物理故障，并将其从网络中移除。在没有修复活动的情况下，根据关联影响过程模型，计算每个时间步内两个网络中正常运行的节点所占的比例，如图3.6（a）所示。该结果为50次仿真结果的平均值。水节点的仿真过程与之类似，结果如图3.6（b）所示。

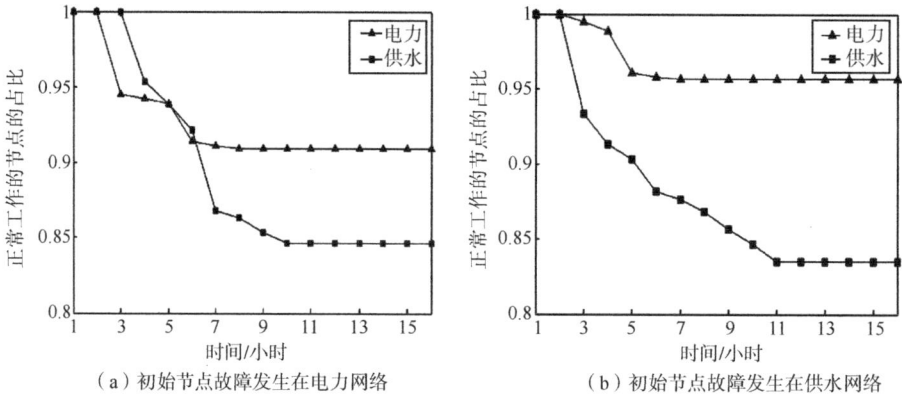

（a）初始节点故障发生在电力网络　　　　（b）初始节点故障发生在供水网络

图3.6　电力和供水网络在每个时间步中正常运行的节点的比例

图3.6（a）中，因为电力传输是瞬时的，所以初始节点的物理故障会导致其他电力节点发生功能故障，在t=2时即可看到正常运行的电力节点的占比下降。由于水节点配有备用电源，所以在t=3时，正常运行的水节点的占比才开始下降。随着时间的推移，若有任何水节点不能继续为发电厂节点提供足够的水，则相应的发电厂节点就会出现功能故障，进而导致正常运行的发电厂节点的占比进一步下降，在t=6时和t=7时可以看到该比例出现了急剧下降，之后正常运行的水节点的占比也有明显的下降。水节点状态变化的时间延迟是因为水节点有备用电源。最后，正常运行的电力节点的占比在t=8时趋于稳定，值约为0.91。供水网络中的故障传播相对缓

慢。正常运行的水节点的占比在$t=10$时趋于稳定，值约为0.85。若物理故障发生在供水网络[图3.6（b）]，正常运行的电力节点的占比在$t=2$时开始下降，并在$t=5$时有一个急剧下降。其原因是故障在供水网络中的传播，导致一些发电厂节点的水输入不足。这些节点出现功能故障，并使得正常运行的电力节点的占比下降。最后，正常运行的水节点的占比下降了约0.16，而正常运行的电力节点的占比下降了不到0.05。

结果显示，一类基础设施网络中的物理故障会导致关联基础设施网络出现更多的故障。此外，虽然有备用电源，但关联关系对供水网络的影响仍比对电力网络的影响更大。其原因是，相较于依赖供水的电力节点的数量，有更多的水节点依赖于电力服务。虽然上述结果依赖于基础设施系统间的关联结构和模型参数，但仿真结果可帮助管理者更好地理解关联基础设施系统间的关联影响过程。

### 3.3.3　联合修复策略分析

为基于构建的模型求解关联基础设施系统的最佳联合修复策略，首先应明确模型中参数的值。本小节中，假定一天中每小时的耗电量和耗水量为图3.4所示的数据，并以设定的单位进行计量。例如，在时刻$t=1$的耗电量和耗水量分别为7.82个电力单位和7.12个水单位。联合修复策略模型中参数的设定如表3.2所示。因电力系统对经济社会更加重要，故电力网络的相关参数被设为供水网络的2倍。

表 3.2　联合修复策略模型中的参数

| 项目 | 电力 | 供水 |
| --- | --- | --- |
| 修复一个物理故障节点的单位成本 | $\theta_p=2$ | $\theta_w=1$ |
| 单位服务损失对应的消费者每小时损失 | $\varphi_p=20$ | $\varphi_w=10$ |

为了对联合修复策略模型进行验证并解析最优策略的特点，假设节点$\{P19, P38, P54, P68, P85, P99, W19, W23, W41, W46\}$因破坏性事件而发生物理故障。为了进行比较，假设故障分别发生在凌晨1点和下午1点。为用遗传算法求解最佳联合修复策略，设初代个体的染色体数量为40，其中20个是从可行解中选择的，其他则是随机产生的。交叉概率和变异概率分别设为0.5和0.2。

表3.3和表3.4中列出了故障发生在凌晨1点和下午1点时得到的最佳修复顺序。可见，当相同的故障发生在不同的时间时，最佳联合修复策略是不同的。比较这两种策略，不难发现故障发生在下午1点时的策略是在较短的时间内完成修复工作。图3.4中，每小时的耗电量和耗水量在夜间较低，在白天较高。因而若故障发生在凌晨1点，消费者的损失会更低。为了降低修复成本，凌晨1点的修复策略是

在每个时间步中修复少量的物理故障节点，在5个时间步内完成所有物理故障节点的修复。若故障发生在下午1点，则会选择更快的修复策略。其最佳的修复策略是在接下来的3个时间步中分别修复3个、4个和3个物理故障节点。这是因为，当故障发生在白天时，消费者损失在总经济损失中占有较大的比重。

表 3.3　故障发生在凌晨 1 点时的最佳修复顺序

| 时间 | 修复的节点 | 经济损失/货币单位 | 电网中故障节点数量/个 | 水网中故障节点数量/个 |
| --- | --- | --- | --- | --- |
| 1AM | | 16.067 | 10 | 4 |
| 2 AM | P38, W19 | 17.317 | 9 | 7 |
| 3 AM | P19, P68 | 17.520 | 8 | 6 |
| 4 AM | P99, W23, W41 | 14.167 | 6 | 5 |
| 5 AM | W46, P85 | 8.293 | 4 | 4 |
| 6 AM | P54 | 5.575 | 2 | 3 |
| 7 AM | | 0.253 | 0 | 2 |
| 8 AM | | 0 | 0 | 0 |

表 3.4　故障发生在下午 1 点时的最佳修复顺序

| 时间 | 修复的节点 | 经济损失/货币单位 | 电网中故障节点数量/个 | 水网中故障节点数量/个 |
| --- | --- | --- | --- | --- |
| 1 PM | | 23.887 | 10 | 4 |
| 2 PM | P19, P38, W19 | 27.320 | 8 | 6 |
| 3 PM | P68, P99, W23, W46 | 21.392 | 7 | 5 |
| 4 PM | P54, P85, W41 | 12.606 | 3 | 3 |
| 5 PM | | 0.240 | 0 | s2 |
| 6 PM | | 0 | 0 | 0 |

表3.3和表3.4中，无论选择哪种策略，两个网络中故障节点的数量都是先增加后减少。原因是发生物理故障的节点会导致更多的节点发生功能故障，所以在开始时，故障节点的数量增加；修复活动开始后，物理故障节点和功能故障节点的数量逐渐减少到0。此外，对于上述两种策略，在修复活动结束后，功能故障节点的恢复均有一定的时间延迟，这是因为需要时间向功能故障节点提供其所需的服务。

模型参数敏感性分析可以帮助我们更深入地了解它们是如何影响模型结果的。案例研究的一个结果是，若故障发生在耗电量和耗水量较多的时刻，则应该选择更快的修复策略。$\theta$ 和 $\varphi$ 的值反映了一个基础设施系统的修复成本和系统失效时消费者损失的基本属性。下面对最佳联合修复策略的 $\theta / \varphi$ 比值进行敏感性分析。在分析中，策略的持续时间定义为修复物理故障节点所需的时间。例如，凌晨1点发生故障时，最佳联合修复策略的持续时间是5个时间步（见表3.3，从凌晨2点到6点）。$\varphi_p = 2\varphi_w$ 和 $\theta_p = 2\theta_w$ 的假设依然成立。图3.7显示了故障发生在凌晨1点和下午1点时最佳联合修复策略的持续时间，$\theta/\varphi$（$\theta_w/\varphi_w$和$\theta_p/\varphi_p$的值相等）的范围是从0.01到0.5。

图3.7中，$\theta/\varphi$相同的情况下，故障发生在下午1点时最佳联合修复策略的持续时间比故障发生在凌晨1点时的短，这与之前的结果一致。在耗电和耗水较多的时间发生故障时，最佳联合修复策略的持续时间较短。图3.7中，无论故障何时发生，若$\theta/\varphi$非常小（小于0.02），则在一个时间步内修复所有物理故障节点是唯一选择。因为此时与消费者损失相比，修复成本相对较小，更快的修复可使基础设施故障造成的总经济损失最小。随着$\theta/\varphi$增加，最佳联合修复策略的持续时间也会增加。其原因是，随着$\theta/\varphi$的增加，修复成本会增加，而消费者损失会减少。若修复成本的增加大于消费者损失的减少，则会选择较慢的修复策略。此外，最佳联合修复策略的持续时间长度随着$\theta/\varphi$的增加而边际下降。因此，尽管最佳联合修复策略的持续时间会随着$\theta/\varphi$的增加而增加，但对较大的$\theta/\varphi$，其敏感度会降低。

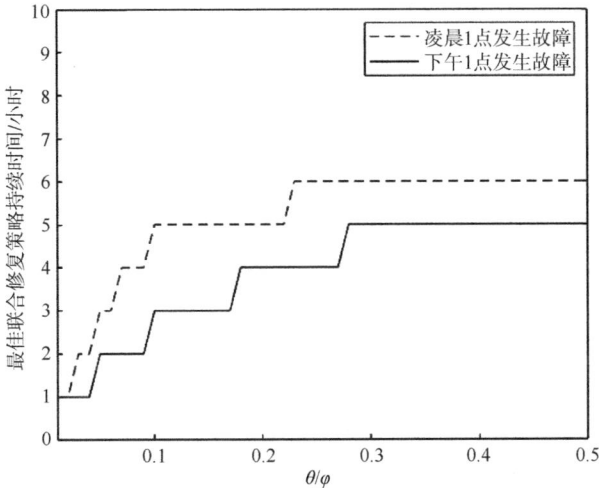

图3.7　最佳联合修复策略的持续时间随$\theta/\varphi$的变化

## 3.4　本章小结

考虑基础设施系统的运行机制和关联性，本章首先构建了一个用于分析基础设施关联影响过程的模型。该模型能够以预测的方式把握基础设施故障造成的影响。为了使基础设施故障造成的总经济损失最小，本章提出了一个联合修复策略模型，该模型可以确定基础设施组分层面的最佳联合修复顺序。通过案例研究，证明了该模型的有效性，并识别出了决定最佳联合修复策略的重要因素，如基础设施组分故障的发生时间等。本章的研究也存在一些局限性。部分结果取决于模型假设，如故障传播的时间步、系统之间的功能依赖性等。尽管我们认为这些假设在一定程度上表征了真实基础设施系统的特征，但由于真实系统的复杂性，这些假设的有效性仍然需要进一步验证。本章旨在为处理关联基础设施修复问题提出一个分析框架，即使一些假设被替换，该分析框架仍可以帮助确定有效的联合修复策略。

# 第4章  基于不同修复策略的关联基础设施系统韧性评估

电力、天然气和石油、交通、通信、供水等基础设施系统的运行相互关联[9]。例如，供水和通信系统需要稳定的电力供应才能维持正常运行；电力系统需要水来冷却，需要通信系统来指挥发电。基础设施系统间的关联性可以提高各系统的运行效率。但是，一些灾害案例表明，关联关系也会增加系统的脆弱性，因为一类基础设施系统的损坏可能导致其他基础设施系统的级联故障，并最终导致区域或国家级灾难[15]。例如，2012年的飓风桑迪造成了巨大的电力基础设施故障，并导致燃气和石油传输管道、电信基础设施系统及供水和排污设施无法正常运行。同时，电力、燃气和石油系统的中断导致交通系统崩溃，所有基础设施系统的停止运行使得医疗保健中心被迫关闭。最终，受灾区域内的基础设施系统大范围瘫痪[210]。为降低灾害事件对基础设施的影响，提升基础设施系统的灾害应对能力，关联基础设施系统韧性已成为城市管理的研究重点[174, 175]。

电力、交通、供水等基础设施系统多以网络的形式分布[208]。网络科学已被用于研究不同基础设施网络的鲁棒性、脆弱性和韧性。利用网络理论结构分析的优势，基础设施系统可用网络来表示，其中，节点表示基础设施组分（如水泵、变电站等），边表示组分间的物理连接（如输电线、水管等）[211]。在灾害等破坏性事件影响下，基础设施间的关联关系可能会导致级联故障，使得系统韧性评估变得更加复杂。

基础设施系统组分以多种方式相互关联或依赖。相关研究多将关联性视为耦合系统的宏观属性，包括物理关联、信息关联、地理关联和逻辑关联等。基于上述定义，相关研究已使用多种模型描述了基础设施系统的关联关系，并进行了仿真分析。Reed等[212]构建了城市关联基础设施系统的网络模型，剖析了灾后基础设施系统的性能变化。Ouyang和Dueñas-Osorio[213]建立了电力传输系统与燃气传输系统关联关系的模型，仿真分析了破坏性事件下系统级联故障的传播过程。目前，基础设施关联关系研究多聚焦于跨系统级联故障传播和系统脆弱性评估，仅少数研究关注不同修复策略对关联基础设施系统韧性的影响[214]。

为把握不同修复策略对关联基础设施系统韧性提升的效果，本章使用基本网络元素间的五类基本依赖模式描述基础设施系统间的关联关系，比较了不同修复策略下关联基础设施系统的韧性。首先，使用基本网络元素间的五类基本依赖模式描述基础设施系统的关联性。基于基础设施网络的性能变化曲线、主动吸收能力和被动修复能力，提出了一种新的关联基础设施网络韧性度量方法。其次，通过案例分析，对该韧性度量方法的有效性和实用性进行验证。结果表明，提出的韧性度量方法提供了一种评估不同保护和修复策略对系统韧性的提升效果的方法。相比于各类基础设施系统独立制定灾后修复策略，从关联基础设施系统整体的角度制定灾后修复策略能够更有效地提高系统韧性。

# 4.1 关联基础设施系统的网络建模

## 4.1.1 关联基础设施系统的网络表示

基于网络科学，网络包含节点和边两类要素，通常用$G(N, E)$的形式表示。其中，$N$表示网络中节点的集合，$E$表示网络中边的集合。网络可以用来表示基础设施的拓扑结构。本章重点介绍四类基础设施系统网络，包括道路网络、供水网络、电力网络和通信基础设施网络。

（1）道路网络中，每个交叉点和终点都用一个节点表示，而边则代表道路。道路网络可以表示为$G^S(N^S, E^S)$，其中$N^S$是道路交叉点和终点的集合，$E^S$是道路的集合[215]。道路网络中的边是无向且同质的。节点可以看作相邻路段的一部分。道路网络通常是全连通的，任意一对节点间，都存在至少一条由边组成的路径连接。如果路径里的边被破坏，则路径将会消失。

（2）供水网络指包括供水厂、蓄水池、泵站和管道等的供水系统，用于收集、净化、储存水，并将水通过泵站和管道送到用户处。用$G^W(N^W, E^W)$表示供水网络，其中供水厂、蓄水池和泵站用具有不同属性的节点来表示，管道用边表示[216, 217]。与道路网络不同，供水网络的边是有向的，其方向是从供水厂通过输送管道流向泵站或蓄水池。供水网络通常用没有环和冗余边的树状网络来表示。除非上游所有的节点和边都正常运行，否则下游会有节点和边无法正常运行。

（3）电力网络用$G^P(N^P, E^P)$表示，其中，发电厂和变电站用具有不同属性的节点表示，输电线用有向边表示[209]。与供水网络类似，电网中边的方向是从发电厂指向变电站。电网一般可表示为树状网络[218]，但区别于供水网络，电网中会存在一定数量的冗余边，它们连接着重要的变电站。

（4）通信基础设施网络表示为 $G^l(N^l, E^l)$，其中信息服务供应商用节点表示，电缆连接用无向边表示[219]。由于信息交换是双向的，因而通信基础设施网络中的边是无向的。根据一个城市的规模、人口和结构，通信基础设施网络可以是不同的形状——星形、链式或圆形。若节点或边与源节点连接的路径存在，则节点或边可以正常工作。

前面介绍的各类基础设施网络都可以表示为单层网络。关联基础设施系统模型是一个由所有网络整合而成的网络，可以表示为多层网络[212]，如图4.1所示。同一层网络中的节点和边属于相同类型的基础设施系统。不同层之间的边（图4.1中的虚线）表示不同类型的基础设施系统间的关联关系。边的方向表示系统间依赖性的方向。例如，电力网络节点和供水网络节点间的虚线分别表示供水网络依赖于电力网络的电力（如泵站需要电力供应）及电力网络依赖于供水网络的水（如火力发电厂需要水来冷却）。

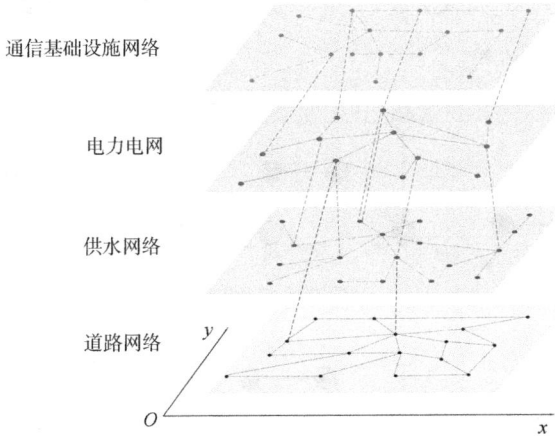

图4.1　关联基础设施系统的网络模型

位于同一区域的不同基础设施组分可能遭受同一破坏性事件的影响，故有必要在网络模型中考虑基础设施组分的位置。因此，节点和边的空间属性应包含在具有地理坐标的现实基础设施网络模型中，该模型可以定义在一个二维欧几里得坐标系中。网络中的每个节点的坐标具有三个数值 $(\phi, x, y)$，其中 $\phi$ 表示基础设施的类型，$(x, y)$ 表示节点的地理位置。边由相邻的两个节点来表示，且可以分为基础设施系统内部的边（$\phi$ 值相同）和基础设施系统间的边（$\phi$ 值不同）等两种类型。

### 4.1.2 基础设施系统间的基本依赖模式

不同类型基础设施系统的组分可能以多种方式关联或依赖。一类基础设施系统组分的故障可能导致另一关联基础设施系统的效率降低、功能丧失或系统被破坏。因此，有必要从微观视角分析基础设施系统组分间的关联或依赖模式。以两层基础设施网络 $G^{\phi_1}$ 和 $G^{\phi_2}$ 为例，这里 $\phi_1 \neq \phi_2$。网络中每个组分的运行状态分为正常（正常运行）和关闭（故障或非运行）两类。其中，故障指组分因物理损坏而无法正常运行的情况；非运行指组分未受到物理损坏但由于所需资源输入不足而无法正常运行的情况。基于节点、边、路径和集群（节点和边的组合）等四种网络基本结构单元，基础设施系统间的四类基本依赖模式如图4.2所示。

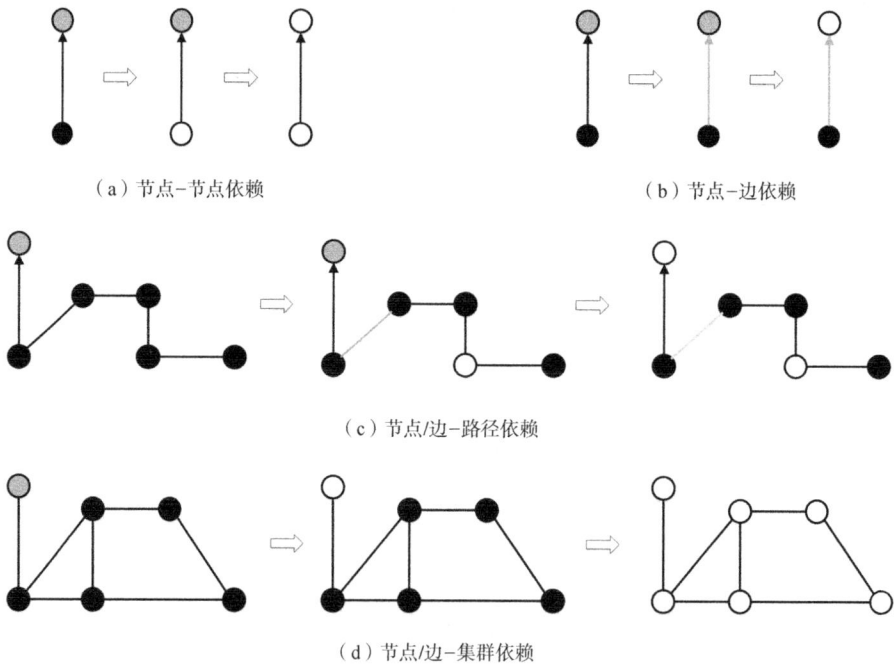

（a）节点–节点依赖　　　　　　　　　（b）节点–边依赖

（c）节点/边–路径依赖

（d）节点/边–集群依赖

图4.2　基础设施系统间的四类基本依赖模式
灰色节点、黑色节点代表隶属于不同基础设施的节点；白色节点代表失效节点

（1）节点–节点依赖[图 4.2（a）]。节点 $n_j^{\phi_2}$ 的运行状态由其与节点 $n_i^{\phi_1}$ 间的资源、服务或信息流是否正常决定。例如，水泵的状态取决于为其传输电力的变电站的状态。此模式可表示为

$$\text{ID}^{\text{nn}} = sn_i^{\phi_1} \times sn_j^{\phi_2} \tag{4.1}$$

其中，$ID^{nn}$ 表示两个网络之间的节点–节点依赖；$sn_i^{\phi_1}$ 表示 $n_i^{\phi_1}$ 的运行状态；$sn_j^{\phi_2}$ 表示 $n_j^{\phi_2}$ 的运行状态。

（2）节点–边依赖[图 4.2（b）]。节点 $n_j^{\phi_2}$ 的运行状态取决于边 $e_{ij}^{\phi_1}$ 或（$n_i^{\phi_1}, n_j^{\phi_2}$）的运行状态。例如，通信服务商的运行状态取决于与其连接的电力传输线路的运行状态。此模式可表示为

$$ID^{ne} = sn_j^{\phi_2} \times se_{ij}^{\phi_1} \tag{4.2}$$

其中，$ID^{ne}$ 表示两个网络之间的节点–边依赖，$se_{ij}^{\phi_1}$ 表示边 $e_{ij}^{\phi_1}$ 的运行状态。

（3）节点/边–路径依赖[图 4.2（c）]。节点 $n_i^{\phi_1}$ 或边 $e_{ji}^{\phi_1}$ 的运行状态取决于路径 $p_{jw}^{\phi_2}$ 的运行状态，路径 $p_{jw}^{\phi_2}$ 表示为 $\{n_j^{\phi_2}, e_{jk}^{\phi_2}, n_k^{\phi_2}, e_{jl}^{\phi_2}, \cdots, n_w^{\phi_2}\}$。例如，燃煤电厂的状态取决于连接燃煤电厂与煤炭供应地点的路径（运输网络）是否通畅。此模式可表示为

$$ID^{NP} = n_i^{\phi_1} \times p_{im}^{\phi_2} \quad 或 \quad ID^{EP} = e_{lk}^{\phi_1} \times p_{im}^{\phi_2} \tag{4.3}$$

其中，$ID^{NP}$ 表示节点/边–路径依赖；$sn_i^{\phi_1}$ 表示 $n_i^{\phi_1}$ 的运行状态；$sp_{jw}^{\phi_2}$ 表示 $p_{jw}^{\phi_2}$ 的运行状态；$ID^{EP}$ 表示边对另一个网络路径的依赖；$se_{ji}^{\phi_1}$ 表示 $e_{ji}^{\phi_1}$ 的运行状态。

（4）节点/边–集群依赖[图 4.2（d）]。集群 $c_i^{\phi_1}$ 是网络 $G^{\phi_1}$ 中一组节点及其边的集合，其状态取决于网络 $G^{\phi_2}$ 中节点 $n_j^{\phi_2}$ 或边 $e_{lk}^{\phi_2}$ 的状态。例如，受统一控制中心监控的所有变电站的运行状态依赖于一个信息服务商。此模式可表示为

$$ID^{NC} = sn_j^{\phi_2} \times sc_i^{\phi_1} \quad 或 \quad ID^{EC} = se_{lk}^{\phi_2} \times sc_i^{\phi_1} \tag{4.4}$$

其中，$ID^{NC}$ 表示节点–集群依赖；$sn_j^{\phi_2}$ 表示 $n_j^{\phi_2}$ 的运行状态；$c_i^{\phi_1}$ 表示网络 $\phi_1$ 中集群的状态；$ID^{EC}$ 表示边–集群依赖；$se_{lk}^{\phi_2}$ 表示 $e_{lk}^{\phi_2}$ 的运行状态；$sc_i^{\phi_1}$ 表示集群 $c_i^{\phi_1}$ 的运行状态，$sc_i^{\phi_1} = \prod sn_i^{\phi_1} se_{ij}^{\phi_1} (n_i^{\phi_1} \in c_i^{\phi_1}, e_{ij}^{\phi_1} \in c_i^{\phi_1})$，$n_i^{\phi_1}$ 和 $e_{ij}^{\phi_1}$ 是集群 $c_i^{\phi_1}$ 所包含的元素。

除此之外，位于同一区域 $A$ 内的所有基础设施组分的状态都受同一破坏性事件的影响，我们称之为第五类基本依赖模式，即地理依赖。此依赖模式可表示为

$$ID^{GL} = \left\{ n_i^{\phi_1} \cup e_{jk}^{\phi_1} \cup \cdots \cup n_p^{\phi_1} \cup e_{qr}^{\phi_1} \right\} \tag{4.5}$$

其中，$ID^{GL}$ 表示节点和边之间的地理依赖；$n_i^{\phi_1}, e_{jk}^{\phi_1}, \cdots, n_p^{\phi_1}, e_{qr}^{\phi_1}$ 表示同一区域 $A$ 内的节点和边的坐标值 $(x, y)$。

上述基础设施网络依赖模式分析是以两个基础设施网络为例展开的。破坏性事件影响下，随着时间的推移，基础设施网络间的基本依赖模式可能会在多层网络中造成级联影响。给定三个基础设施网络 $G^{\phi_1}, G^{\phi_2}, G^{\phi_3}$（$\phi_1 \neq \phi_2 \neq \phi_3$），五个基本依赖模式的组合可以有很多，可能在三个单层网络之间形成链或环式反应，并导致级联故障扩展到整个关联基础设施系统。

### 4.1.3  基础设施系统的运行机制

基础设施系统受破坏性事件影响的后果通常体现在系统故障程度和系统故障持续时间两个方面[170]。在现实中，基础设施系统中各组分对破坏性事件的响应可表示为：①吸收能力，即组分依靠自身防御能力吸收或缓冲破坏性事件的影响，并最小化后果的能力；②修复能力，即组分借助外部或非常规资源从破坏性事件中恢复并正常运行的能力。吸收能力和修复能力共同决定了基础设施组分对破坏性事件的自适应能力。基于组分状态和状态持续时间，基础设施系统 $G^\phi$ 中第 $i$ 个组分的自适应能力可表示为 $\mathrm{AC}_i^\phi$ ：

$$\mathrm{AC}_i^\phi = \mathrm{IPD}\left(p_i^1, d_i^1; p_i^2, d_i^2; \cdots; p_i^m, d_i^m\right) \tag{4.6}$$

其中，$p_i^m$ 和 $d_i^m$ 分别表示破坏性事件发生后 $G^\phi$ 中第 $i$ 个组分的状态和状态持续时间。该组分的自适应能力 $\mathrm{AC}_i^\phi$ 是这两个变量的函数。

如前所述，组分的状态可分为正常和关闭两类，分别表示为1和0。因此，图4.3所示的基础设施组分的自适应能力可以表示为

$$\mathrm{AC}_i^\phi = (1, t_1 - t_0; 0, t_i - t_3; 1, t_{i+1}) \tag{4.7}$$

其中，$t_0$ 表示破坏性事件的发生时间；$t_1 - t_0$ 表示由组分状态变化时间得到的状态变化缓冲时间 $T_B$；$t_3$ 表示基础设施组分修复的开始时间；$t_i - t_3$ 表示修复时间段 $T_R$；$t_i - t_1$ 表示基础设施组分为关闭状态的时间 $T_M$。

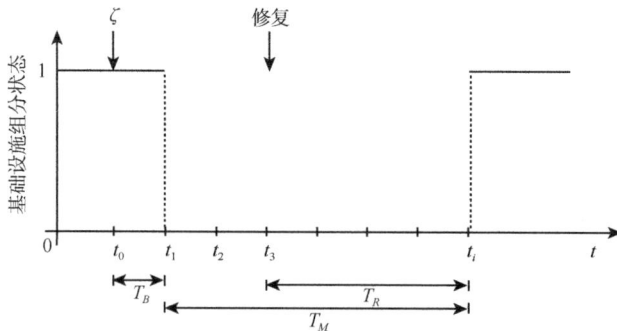

图4.3　破坏性事件下的基础设施组分的状态变化

基础设施网络的自适应能力是网络规模、网络结构和运行机制、所有组分的自适应能力的函数。每一层网络的自适应能力可表示为通过动态结合得到的所有组分的自适应能力的平均值。多层基础设施系统网络的自适应能力是所有单层网络的自适应能力和网络间关联关系的函数。因此，所有单层网络和多层网络的自

适应能力都介于0和1之间。

　　因属于不同基础设施系统的组分间存在关联或依赖关系，故若某类基础设施系统受破坏性事件影响导致部分组分发生故障，则与其关联的其他基础设施系统的运行也将受到影响。结合前面介绍的基础设施系统的五类基本依赖模式，可使用图4.4所示的流程图来分析破坏性事件影响下关联基础设施系统的故障程度随时间的变化过程。

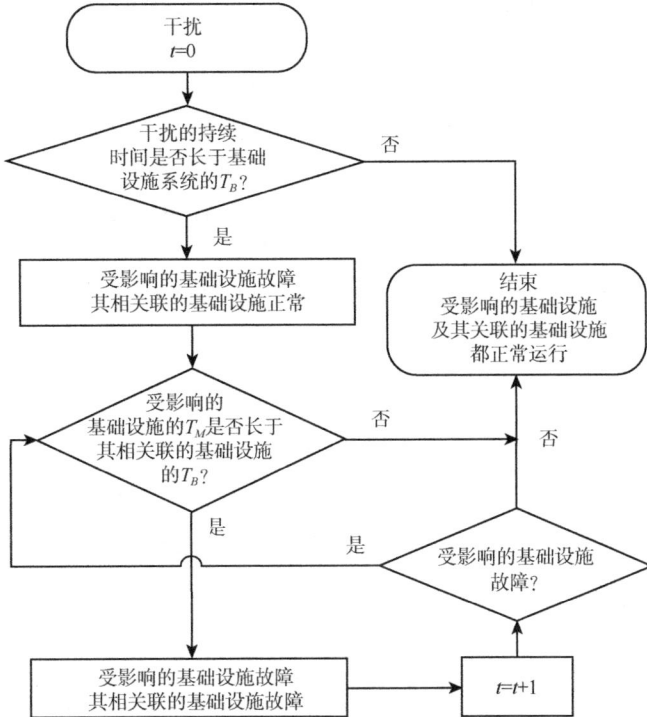

图4.4　破坏性事件影响下关联基础设施系统的故障程度随时间的变化过程

　　图4.4中的基础设施系统可以是单层网络，也可以是网络中节点、边、路径或集群。对于节点-节点、节点-边，以及节点/边-集群等依赖模式，基础设施系统受其依赖的组分的状态的影响。对于节点/边-路径依赖模式，基础设施系统受路径中所有元素的状态的影响。破坏性事件发生后，待基础设施系统所依赖的节点、边、路径或集群都恢复正常运行后，基础设施系统才能恢复正常运行。这也说明了快速应对和修复对于防止基础设施系统出现大规模故障和最大限度地减少破坏性事件对基础设施系统的影响至关重要。

## 4.2 基础设施系统韧性评估模型

### 4.2.1 基础设施系统韧性

基础设施系统韧性是指系统抵御蓄意攻击、事故灾害或自然灾害等破坏性事件的影响并快速恢复自身性能的能力[220, 221]，包括系统的主动吸收能力和被动修复能力。主动吸收能力主要取决于基础设施系统的固有特征，一般由基础设施系统的规划方案、设计标准、建设质量和防灾能力确定；被动修复能力主要取决于系统遭到破坏后所实施的修复策略。由于基础设施系统灾后的受损规模和破坏状态直接影响其修复难度，所以系统的主动吸收能力直接影响其被动修复能力。图4.5展示了常见的灾后基础设施系统性能变化的过程，其中，"无被动修复策略的实际系统性能"曲线与横轴所围阴影面积可度量系统的主动吸收能力，"有被动修复策略的实际系统性能"曲线与"无被动修复策略的实际系统性能"曲线所围阴影面积可度量系统的被动修复能力。

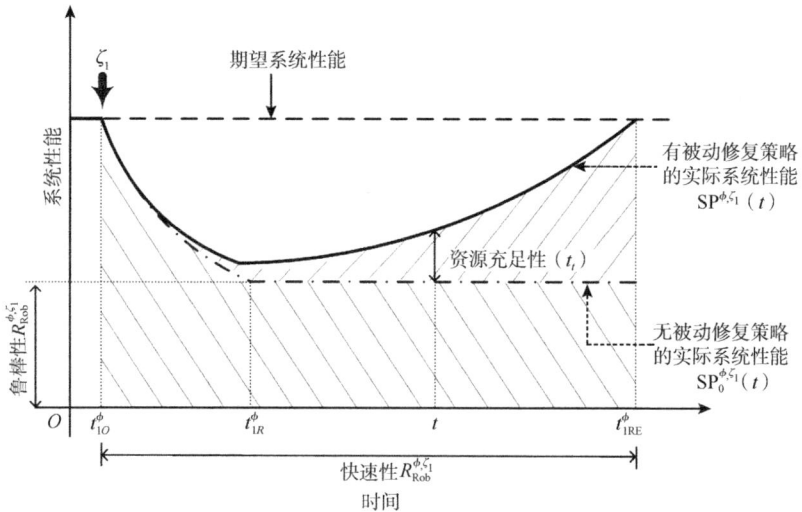

图4.5 受干扰的基础设施系统的典型性能

图4.5中，各类基础设施系统的性能单位可基于系统服务特征提出。道路网络的性能单位常用千米；供水网络的性能单位常用千米³；电力网络的性能单位常用千瓦；信息基础设施网络的性能单位常用吉字节（GB）。

## 4.2.2　基础设施系统韧性特征

系统韧性可由鲁棒性、冗余性、资源充足性、快速性等四个系统特征来表示和量化[114]。其中,鲁棒性通常用于评估基础设施系统的最大抗干扰能力或容忍能力。本章中,系统冗余性被看作鲁棒性的要素之一。因此,下面着重分析基础设施系统的鲁棒性、资源充足性和快速性等三个特征。

### 1. 鲁棒性

鲁棒性是指系统遭受外部干扰后保持正常运行的能力[222]。单一基础设施系统的鲁棒性可用正常运行的组分数量与系统组分总数之比来度量,即基础设施系统 $\phi$ 的鲁棒性可表示为 $R_{\text{Rob}}^{\phi,\zeta_1}(t_{1R}^{\phi})$ :

$$R_{\text{Rob}}^{\phi,\zeta_1}(t_{1R}^{\phi}) = \frac{n_o^{\phi}(t_{1R}^{\phi}) + e_o^{\phi}(t_{1R}^{\phi})}{N^{\phi} + E^{\phi}} \tag{4.8}$$

对多层基础设施系统网络,鲁棒性可通过所有网络类型（层）的正常运行组分数与组分总数的比值来计算,如图4.5所示,可表示为 $R_{\text{Rob}}^{\zeta_1}(t_{1R})$ :

$$R_{\text{Rob}}^{\zeta_1}(t_{1R}) = \frac{\sum_{\phi}(n_o^{\phi}(t_{1R}) + e_o^{\phi}(t_{1R}))}{\sum_{\phi}(N^{\phi} + E^{\phi})} \tag{4.9}$$

其中, $t_{1R}$ 表示受到破坏性事件 $\zeta_1$ 干扰之后所有单层网络性能之和下降幅度最大的时刻; $n_o^{\phi}(t_{1R})$ 表示 $t_{1R}$ 时刻网络 $\phi$ 中正常运行的节点数; $e_o^{\phi}(t_{1R})$ 表示 $t_{1R}$ 时刻网络 $\phi$ 中正常运行的边数; $N^{\phi}$ 和 $E^{\phi}$ 分别表示网络 $\phi$ 中节点和边的总数。

### 2. 资源充足性

资源充足性指基础设施系统针对特定破坏性事件制定并实施修复策略的能力。资源充足性受可用于实施应对策略的资源量的限制。本章中,这一性质用特定破坏性事件 $\zeta_1$ 下基础设施系统在修复策略下的性能变化来度量,资源充足性 $R_{\text{Res}}^{\phi,\zeta_1}(t)$ 表示为

$$R_{\text{Res}}^{\phi,\zeta_1}(t) = \text{SP}^{\phi,\zeta_1}(t) - \text{SP}_0^{\phi,\zeta_1}(t) = f(\text{SP}^{\phi,\zeta_1}(t-1), \text{RS}^{\phi,\zeta_1}(t-1)) - \text{SP}_0^{\phi,\zeta_1}(t) \tag{4.10}$$

其中, $\text{SP}^{\phi,\zeta_1}(t)$ 表示 $t$ 时刻开始修复的网络 $\phi$ 的系统性能; $\text{SP}_0^{\phi,\zeta_1}(t)$ 表示 $t$ 时刻没有开始修复的网络 $\phi$ 的系统性能; $\text{RS}^{\phi,\zeta_1}(t-1)$ 表示基础设施网络 $\phi$ 在 $t-1$ 时刻实施的修复策略; $f(\bullet)$ 表示由 $\text{SP}^{\phi,\zeta_1}(t-1)$ 和 $\text{RS}^{\phi,\zeta_1}(t-1)$ 得到的结果。

对于多层基础设施网络,资源充足性如图4.5所示,并将其量化为 $R_{\text{Res}}^{\zeta_1}(t)$ :

$$R_{\text{Res}}^{\zeta_1}(t) = \text{SP}^{\zeta_1}(t) - \text{SP}_0^{\zeta_1}(t) = F\left(\sum \text{SP}^{\phi,\zeta_1}(t-1), \sum \text{RS}^{\phi,\zeta_1}(t-1)\right) - \text{SP}_0^{\zeta_1}(t) \tag{4.11}$$

其中，$SP^{\zeta_1}(t)$ 表示 $t$ 时刻开始修复的多层网络的系统性能；$SP_0^{\zeta_1}(t)$ 表示 $t$ 时刻没有开始修复的多层网络的系统性能；$\sum SP^{\phi,\zeta_1}(t-1)$ 表示 $t-1$ 时刻所有基础设施网络性能之和；$\sum RS^{\phi,\zeta_1}(t-1)$ 表示各类基础设施网络在 $t-1$ 时刻实施的修复策略。

3. 快速性

快速性指系统及时恢复到目标性能水平，以最大限度地减少破坏性事件造成的损失的能力。一般情况下，可将系统恢复到正常性能水平所需的时间作为系统快速性的度量。本章中，系统快速性表示为 $R_{Rap}^{\phi,\zeta_1}$，形式如下：

$$R_{Rap}^{\phi,\zeta_1} = t_{1RE}^{\phi} - t_{1O}^{\phi} \tag{4.12}$$

或

$$R_{Rap}^{\phi,\zeta_1} = t_{2O}^{\phi} - t_{1O}^{\phi} \tag{4.13}$$

其中，$t_{1RE}^{\phi}$ 表示基础设施网络 $\phi$ 的性能恢复到正常水平所需的时间；$t_{1O}^{\phi}$ 表示破坏性事件 $\zeta_1$ 的发生时间；$t_{2O}^{\phi}$ 表示破坏性事件 $\zeta_2$ 的发生时间。式（4.12）用于仅发生一个破坏性事件的情况，式（4.13）用于发生多个破坏性事件的情况。

多层基础设施网络对特定破坏性事件 $\zeta_1$ 的快速性可通过所有网络性能恢复到正常水平所需的最长时间来计算，如图4.5所示，并表示为 $R_{Rap}^{\zeta_1}$：

$$R_{Rap}^{\zeta_1} = \max\left\{ R_{Rap}^{\phi,\zeta_1} \right\} \tag{4.14}$$

### 4.2.3   基础设施系统韧性动态指标

加拿大的 Simonovic P. Simonovic 教授利用灾后任意时刻实际系统性能曲线与横轴所围面积和期望系统性能曲线与横轴所围面积的比值来度量任意时刻的系统韧性，提出了系统韧性动态度量方法。系统韧性不再是一个具体数值，而是随时间变化，见图 4.6。

基于鲁棒性、资源充足性和快速性这三个系统韧性特征，在破坏性事件 $\zeta_1$ 影响下，单层基础设施网络的主动吸收能力 $\rho_{PA}^{\phi,\zeta_1}(t)$ 可以表示为

$$\rho_{PA}^{\phi,\zeta_1}(t) = \frac{\int_{t_{1O}}^{t} SP_0^{\phi,\zeta_1}(t)dt}{1 \times t} = \frac{\int_{t_{1O}}^{t_{1R}^{\phi}} SP_0^{\phi,\zeta_1}(t)dt + \int_{t_{1O}}^{t_{1R}^{\phi}} R_{Rob}^{\phi,\zeta_1}(t_{1R}^{\phi})dt}{1 \times t}, \quad t \leqslant t_{1RE}^{\phi} \tag{4.15}$$

其中，$SP_0^{\phi,\zeta_1}(t)$ 表示在不实施任何修复策略的条件下，基础设施网络 $\phi$ 在时刻 $t$ 的性能，其值根据基础设施网络中正常运行的组分数与组分总数的比值来计算。式（4.15）中分母里的 1 表示正常状态下的系统性能。$t_{1R}^{\phi}$ 之后，$SP_0^{\phi,\zeta_1}(t)$ 将保持稳定并等于 $R_{Rob}^{\phi,\zeta_1}(t_{1R}^{\phi})$，这是基础设施网络 $\phi$ 对破坏性事件 $\zeta_1$ 的鲁棒性。然后，随着系

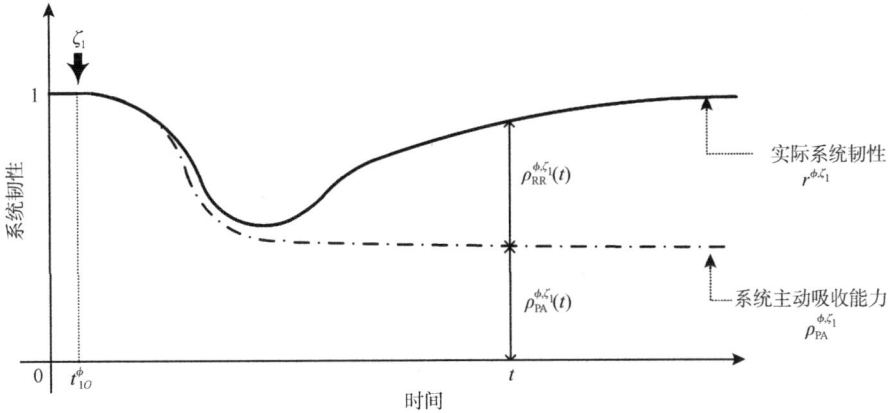

图4.6　基础设施系统在干扰性事件影响下的韧性

统鲁棒性的提高，单个基础设施网络的主动吸收能力也会提高。

多层基础设施网络的主动吸收能力 $\rho_{\mathrm{PA}}^{\zeta_1}(t)$ 可表示为

$$\rho_{\mathrm{PA}}^{\zeta_1}(t) = \frac{\int_{t_{1O}}^{t} \int_{\phi} \mathrm{SP}_0^{\phi,\zeta_1}(t)\mathrm{d}t}{1 \times t} = \frac{\int_{t_{1O}}^{t_{1R}} \int_{\phi} \mathrm{SP}_0^{\zeta_1}(t)\mathrm{d}t + \int_{t_{1O}}^{t_{1R}} \int_{\phi} R_{\mathrm{Rob}}^{\zeta_1}(t_{1R})\mathrm{d}t}{1 \times t}, \quad t \leqslant t_{1\mathrm{RE}} \quad （4.16）$$

由式（4.16）可见，多层基础设施网络的主动吸收能力可通过提高各层网络的鲁棒性来提高。

受事件 $\zeta_1$ 影响的单层基础设施网络的被动修复能力 $\rho_{\mathrm{RR}}^{\phi,\zeta_1}(t)$ 可表示为

$$\rho_{\mathrm{RR}}^{\phi,\zeta_1}(t) = \frac{\int_{t_{1O}}^{t} R_{\mathrm{Res}}^{\phi,\zeta_1}(t)\mathrm{d}t}{1 \times t}, \quad t \leqslant t_{1\mathrm{RE}}^{\phi} \quad （4.17）$$

对多层基础设施网络，被动修复能力 $\rho_{\mathrm{RR}}^{\zeta_1}(t)$ 可表示为

$$\rho_{\mathrm{RR}}^{\zeta_1}(t) = \frac{\int_{t_{1O}}^{t} \int_{\phi} R_{\mathrm{Res}}^{\zeta_1}(t)\mathrm{d}t}{1 \times t}, \quad t \leqslant t_{1\mathrm{RE}} \quad （4.18）$$

随着网络资源充足性的增加或快速性的减小，单层基础设施网络或多层基础设施网络的被动修复能力将会提高。

基于上述分析，破坏性事件 $\zeta_1$ 影响下，基础设施网络 $\phi$ 在时刻 $t$ 的韧性 $r^{\phi,\zeta_1}(t)$ 可表示为

$$r^{\phi,\zeta_1}(t) = \rho_{\mathrm{PA}}^{\phi,\zeta_1}(t) + \rho_{\mathrm{RR}}^{\phi,\zeta_1}(t) = \frac{\int_{t_{1O}}^{t} \mathrm{SP}_0^{\phi,\zeta_1}(t)\mathrm{d}t}{1 \times t} + \frac{\int_{t_{1O}}^{t} R_{\mathrm{Res}}^{\phi,\zeta_1}(t)\mathrm{d}t}{1 \times t}, \quad t \leqslant t_{1\mathrm{RE}}^{\phi} \quad （4.19）$$

$$= \frac{\int_{t_{1O}}^{t_{1R}} \mathrm{SP}_0^{\phi,\zeta_1}(t)\mathrm{d}t + \int_{t_{1O}}^{t_{1R}} R_{\mathrm{Rob}}^{\phi,\zeta_1}(t_{1R})\mathrm{d}t + \int_{t_{1O}}^{t} R_{\mathrm{Res}}^{\phi,\zeta_1}(t)\mathrm{d}t}{1 \times t}$$

多层基础设施网络在时刻 $t$ 的韧性 $r^{\varsigma_1}(t)$ 可表示为

$$
\begin{aligned}
r^{\varsigma_1}(t) &= \rho_{\mathrm{PA}}^{\varsigma_1}(t) + \rho_{\mathrm{RR}}^{\varsigma_1}(t) = \frac{\int_\phi \int_{t_{1O}}^{t} \mathrm{SP}_0^{\phi,\varsigma_1}(t)\mathrm{d}t}{1 \times t} + \frac{\int_\phi \int_{t_{1O}}^{t} R_{\mathrm{Res}}^{\varsigma_1}(t)\mathrm{d}t}{1 \times t} \\
&= \frac{\int_{t_{1O}}^{t_{1R}} \int_\phi \mathrm{SP}_0^{\phi,\varsigma_1}(t)\mathrm{d}t + \int_{t_{1O}}^{t_{1R}} \int_\phi R_{\mathrm{Rob}}^{\phi,\varsigma_1}(t_{1R})\mathrm{d}t + \int_{t_{1O}}^{t} \int_\phi R_{\mathrm{Res}}^{\phi,\varsigma_1}(t)\mathrm{d}t}{1 \times t}
\end{aligned}
\quad , \ t \leqslant t_{1\mathrm{RE}} \quad (4.20)
$$

由式（4.19）和式（4.20）可见，若想提升基础设施系统的主动吸收能力或被动修复能力，则可提升单层或多层基础设施网络对破坏性事件的韧性。另外，提升系统的鲁棒性或资源充足性，或降低系统的快速性，也可以提高系统韧性。

式（4.19）和式（4.20）中的基础设施系统韧性度量主要针对单一破坏性事件。现实中，城市基础设施网络面临多类潜在的破坏性事件，这可能导致系统接连遭受多类破坏性事件，而两次破坏性事件间没有足够的时间使系统完全恢复。在连续的破坏性事件 $\varsigma_1,\varsigma_2,\cdots,\varsigma_d$ 的影响下，单层和多层基础设施系统的韧性 $r^{\phi;\varsigma_1,\varsigma_2,\cdots,\varsigma_d}(t)$ 和 $r^{\varsigma_1,\varsigma_2,\cdots,\varsigma_d}(t)$ 可以表示为

$$
\begin{aligned}
r^{\phi;\varsigma_1,\varsigma_2,\cdots,\varsigma_d}(t) &= \rho_{\mathrm{PA}}^{\phi;\varsigma_1,\varsigma_2,\cdots,\varsigma_d}(t) + \rho_{\mathrm{RR}}^{\phi;\varsigma_1,\varsigma_2,\cdots,\varsigma_d}(t) \\
&= \frac{\int_{t_{1O}}^{t} \int_\varsigma \mathrm{SP}_0^{\varsigma}(t)\mathrm{d}t}{1 \times t} + \frac{\int_{t_{1O}}^{t} \int_\varsigma R_{\mathrm{Res}}^{\varsigma}(t)\mathrm{d}t}{1 \times t} , \ t \leqslant t_{d\mathrm{RE}}^{\phi} \quad (4.21)
\end{aligned}
$$

$$
\begin{aligned}
r^{\varsigma_1,\varsigma_2,\cdots,\varsigma_d}(t) &= \rho_{\mathrm{PA}}^{\varsigma_1,\varsigma_2,\cdots,\varsigma_d}(t) + \rho_{\mathrm{RR}}^{\varsigma_1,\varsigma_2,\cdots,\varsigma_d}(t) \\
&= \frac{\int_{t_{1O}}^{t} \int_\varsigma \int_\phi \mathrm{SP}_0^{\phi,\varsigma}(t)\mathrm{d}t}{1 \times t} + \frac{\int_{t_{1O}}^{t} \int_\varsigma \int_\phi R_{\mathrm{Res}}^{\phi,\varsigma}(t)\mathrm{d}t}{1 \times t} , \ t \leqslant t_{d\mathrm{RE}} \quad (4.22)
\end{aligned}
$$

需要注意的是，即使各破坏性事件对基础设施系统的直接物理影响相同，连续破坏性事件影响下系统的鲁棒性也会随着破坏性事件发生时间间隔的变化而变化。

由式（4.22）可知，可通过增加系统的主动吸收能力 $\rho_{\mathrm{PA}}^{\varsigma_1,\varsigma_2,\cdots,\varsigma_d}$ 或被动修复能力 $\rho_{\mathrm{RR}}^{\varsigma_1,\varsigma_2,\cdots,\varsigma_d}$ 来提高基础设施系统的韧性。基于式（4.15）中主动吸收能力的定义，很明显该能力的值是系统固有的特性，不能在短时间内更改，特别是在破坏性事件发生之后。主动吸收能力取决于灾前的计划和准备，可以通过鲁棒性对其进行评估。鲁棒性是网络冗余性和组分可靠性的函数。被动修复能力相对于主动吸收能力是灵活且易于调整的，取决于选择的适应或修复策略。因此，可通过及时有效的响应和系统修复来提高系统的被动修复能力。本章后续研究重点分析修复策略选择对关联基础设施系统韧性的影响。

# 4.3　基础设施系统修复策略

修复策略的实施可通过改变基础设施系统的资源充足性和快速性来影响系统韧性。每个修复策略都取决于可用的修复资源，包括人员、车辆和基础设施维修的专用设备等。本节针对修复策略提出了三个假设：①一个资源单位是指一支维修团队，包括维修人员、车辆、设备等；②每个资源单位对受损组分的修复具有相同的效力；③每个受损组分的修复都需要一个资源单位。通常，在破坏性事件发生后，修复资源是有限的，修复资源的分配、修复顺序是修复策略的主要决定因素。在给定特定的破坏性事件和可用资源的情况下，可以实施多种修复策略。每种修复策略都会导致不同的系统性能变化和系统故障持续时间。后文将对以下五种修复策略（repair strategy，RS）进行了建模和讨论。

（1）先故障先维修策略（repair strategy-first repair first failures，RS-FF）——通常在紧急情况下使用，即优先维修在破坏性事件中先受损的组分。

（2）后故障先维修策略（repair strategy-first repair last failures，RS-FL）——优先修复在破坏性事件中后受损的组分。

（3）先维修重要组分策略（repair strategy-first repair important components independently，RS-IE）——优先维修对基础设施系统重要的受损组分。

（4）先维修显性被依赖的组分策略（repair strategy-first repair the obvious dependent elements，RS-OD）——考虑不同基础设施间的物理关联或依赖，包括节点–节点、节点–边和节点/边–集群等依赖模式，优先修复关联基础设施系统中显性被依赖的受损组分。

（5）先维修隐性被依赖的组分策略（repair strategy-first repair the hidden dependent elements，RS-HD）——考虑基础设施系统间潜在的关联关系，如地理关联、逻辑关联等，通常可以将它们表示为节点/边–路径依赖。RS-HD即优先修复关联基础设施系统中隐性被依赖的受损组分。

## 4.3.1　先故障先维修策略

RS-FF优先修复先被破坏或干扰的基础设施组分。这里的"先被破坏"是根据基础设施组分直接受损的时间定义的。结合有限的修复资源，图4.7为RS-FF的流程图。

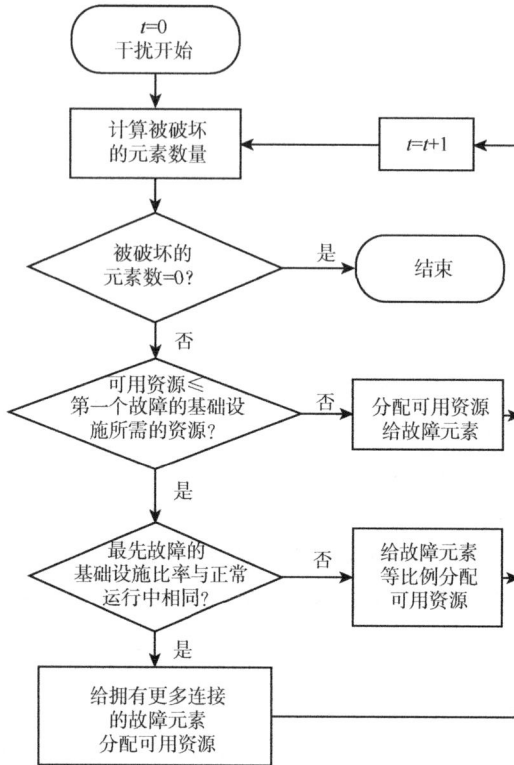

图4.7 RS-FF的流程图

### 4.3.2 后故障先维修策略

若被破坏性事件先影响的区域被完全破坏或不易到达，则可以实施RS-FL。RS-FL优先修复后损坏的基础设施组分。这里的"后"是指破坏性事件对基础设施组分直接破坏的时间。RS-FL的流程图如图4.8所示。

### 4.3.3 先维修重要组分策略

RS-IE优先修复各类基础设施系统中最重要的受损组分。在执行此策略时，评估每个基础设施组分的重要性是一个关键问题。可结合组分修复对网络性能或网络结构指标的影响来评估组分的重要性。RS-IE的流程图如图4.9所示。类似于RS-FF和RE-FL，RS-IE的实施受可用资源量的限制。RS-IE实施过程中，随着基础设施组分间连接关系的变化，基础设施系统中各组分的重要性也会发生改变。

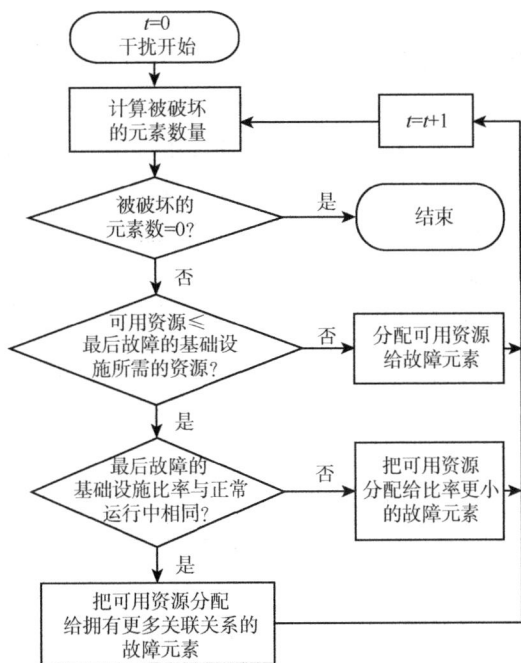

图4.8　RS-FL的流程图

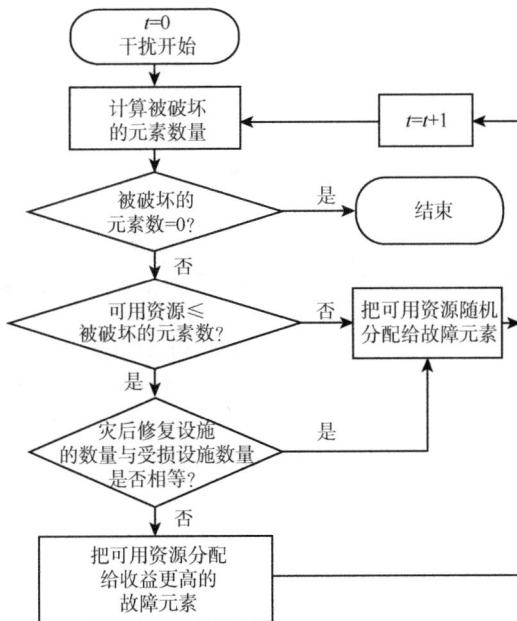

图4.9　RS-IE的流程图

### 4.3.4　先维修显性被依赖的组分策略

为了提高基础设施系统的恢复效率，修复策略的制定还需要考虑基础设施网络间的关联或依赖关系。由于基础设施网络间的关联关系对系统运行十分重要，因此RS-OD优先修复重要的、被其他网络组分依赖的受损组分。RS-OD的流程图如图4.10所示。

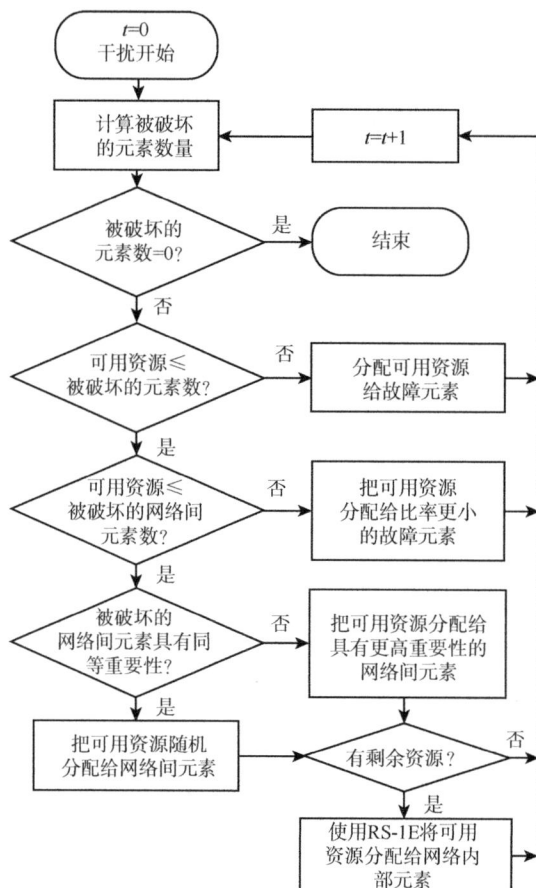

图4.10　RS-OD的流程图

### 4.3.5　先维修隐性被依赖的组分策略

由式（4.4）表示的隐性依赖关系，包括节点/边–集群依赖等，在正常情况下并不明显，因此其在破坏性事件发生时很容易被忽略。隐性依赖也可能导致巨大的损失，因为它们的故障易导致基础设施系统级联故障。例如，连接外部世界的道路被破坏可能导致发电厂故障及整个电网崩溃，并蔓延到供水网络和信息网络。修复这些隐性被依赖的组分对于整个基础设施系统的恢复更加有益。因此，第五种修复策略RS-HD考虑了系统组分间的隐性依赖。RS-HD优先修复具有更高重要性的隐性被依赖组分。关联基础设施组分的隐性重要性通过包含这些组分的路径的重要性来衡量。RS-HD的流程图如图4.11所示。

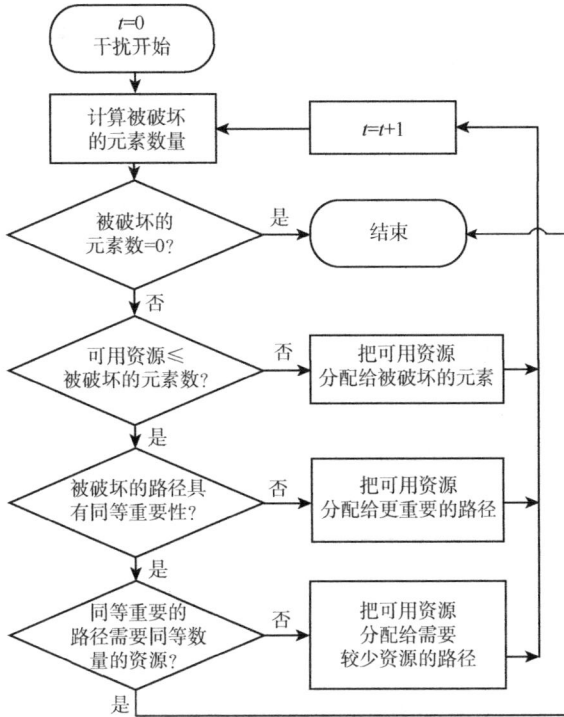

图4.11　RS-HD的流程图

# 4.4　案例分析

下面通过案例分析评估破坏性事件影响下关联基础设施系统采取上述五种修复策略时的韧性。

## 4.4.1　多层基础设施网络

图4.12为多层基础设施网络示例。图4.12中的网络包含道路网络、供水网络、电力网络和通信基础设施网络等四层。不同网络间的边连接由跨层组分间的关联

或依赖关系确定。例如，左上角单元中的水泵节点由同一单元中的变电站节点供电。图4.12中的网络共包括16（4×4）个空间单元。各层网络中的节点分别横、纵向编号。每个节点可表示为$(\phi,x,y)$，其中，$\phi$表示网络类型，$x$表示节点的横向坐标，$y$表示节点的纵向坐标。每条边由其连接的两个节点来表示。

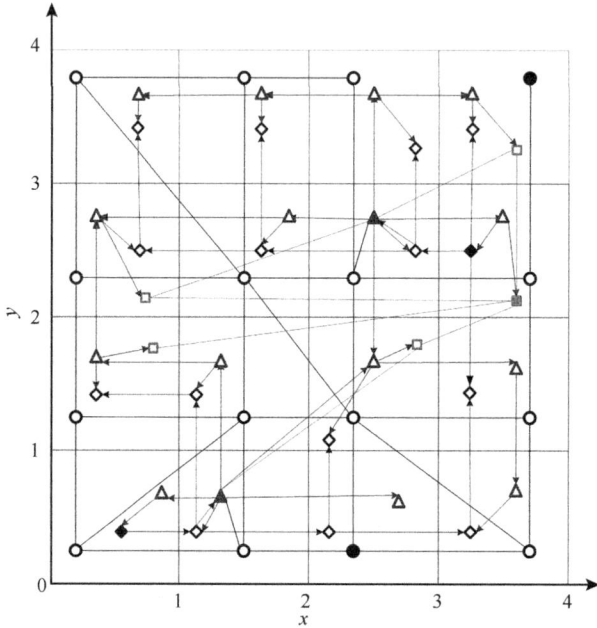

图4.12　多层基础设施网络示例

图 4.12 中，菱形代表供水基础设施。其中，菱形实心节点表示供水厂，菱形空心节点表示蓄水池和泵站，由菱形节点引出的边表示输水管道。供水网络中有16 个节点和 17 条边。

图 4.12 中，三角形代表电力基础设施。其中，三角形实心节点表示发电厂，三角形空心节点表示变电站，由三角形节点引出的边表示输电线路。电力网络中有 16 个节点和 36 条边。

图 4.12 中，圆形代表道路基础设施。其中，圆形实心节点表示连接外部的道路交叉点，圆形空心节点表示内部道路交叉点，与圆形节点相连的边表示道路。道路网络中有 16 个节点和 29 条边。

图 4.12 中，正方形代表通信基础设施。其中，正方形实心节点表示信息控制中心，正方形空心节点表示数据监测设施，由正方形节点引出的边表示通信电线。通信基础设施网络中有 5 个节点和 8 条边。

结合基础设施网络特征，不同类型的基础设施网络间的关联或依赖关系如下。

道路网络–供水网络：位于同一地理区域内的道路网络节点和供水网络节点间存在地理依赖，可表示为式（4.5）的形式。

道路网络–电力网络：位于同一地理区域内的道路网络节点和电力网络节点间存在地理依赖，可表示为式（4.5）的形式。另外，电力网络中的发电厂节点需要从外部获取燃料来发电，即电力网络对道路网络存在节点/边–路径依赖，可表示为式（4.3）的形式。

供水网络–电力网络：供水网络中水厂、存储设施和泵站等节点由变电站节点供电，即供水网络对电力网络存在节点–节点依赖，可表示为式（4.1）的形式。发电厂节点由供水设施节点和边供水，即电力网络对供水网络存在节点–边依赖，可表示为式（4.2）的形式。

道路网络–信息基础设施网络：位于同一地理区域内的道路网络节点和信息基础设施网络节点间存在地理依赖，可表示为式（4.5）的形式。

电力网络–信息基础设施网络：每个电力传输控制都依赖于信息基础设施网络（数据采集与监视控制系统等），两者间存在节点–节点依赖，可表示为式（4.1）的形式。如果电力网络与信息基础设施网络的连接被切断，则电传输将无法正常工作，即两者间存在节点/边–路径依赖，可表示为式（4.3）的形式。如果信息基础设施网络发生故障，则所有电力传输都将中断，即两者间存在节点–集群依赖，可表示为式（4.4）的形式。信息控制中心和因特网服务供应商由位于同一地理区域中的变电站提供动力，即信息基础设施网络对电力网络存在节点–节点依赖或节点–边依赖，可表示为式（4.1）或式（4.2）的形式。

供水网络–信息基础设施网络：位于同一地理区域内的供水网络节点和信息基础设施网络节点间存在地理依赖，可表示为式（4.5）的形式。

为进行案例分析，对图4.12所示的基础设施网络做以下假设：①相同类型的基础设施组分的服务能力是相同的；②各类组分的修复时间 $T_R$ 均为一天；③单位修复资源对修复受损组分具有相同的效力；④每类基础设施系统都有两个单位的修复资源；⑤修复资源可重复使用。

### 4.4.2　洪水灾害情景

灾害事件对基础设施系统的干扰或破坏通常表示为从基础设施系统网络中删除节点和（或）边。本章选取洪水作为破坏性事件，在洪水灾害影响区域中，同一单元中不同类型/网络层的基础设施组分将同时受到影响。河流洪水往往可持续数天或数周。洪水通常散布广泛，会淹没洪泛区的基础设施。本章设置了三种洪水灾害情景。

第一种灾害情景是小规模洪水（small scale flood，SSF）：洪水发生一次，短时间内仅影响小区域，基础设施网络中仅少量组分被淹没并影响正常运行。在这种情况下，假定位于底部四个单元（坐标满足{$0 \leqslant x \leqslant 4, 0 \leqslant y \leqslant 1$}）的基础设施组分遭到破坏。

第二种灾害情景是大规模洪水（large scale flood，LSF）：洪水发生一次，并在较长时间内影响较大区域。由于被淹没，许多远离水体的基础设施组分也将受到影响。这种情况下，在假定位于底部四个单元和右侧四个单元（坐标满足{$0 \leqslant x \leqslant 4$, $0 \leqslant y \leqslant 1$}$\bigcup${$3 \leqslant x \leqslant 4, 1 \leqslant y \leqslant 4$}）的基础设施组分遭到破坏。

第三种灾害情景是连续洪水（sequential floods，SFS）：两次洪水相继发生，并影响更大的区域。第一次洪水仿真为删除位于底部四个单元中的基础设施组分（坐标满足{$0 \leqslant x \leqslant 4, 0 \leqslant y \leqslant 1$}）；第二次洪水仿真为删除位于右侧四个单元中的基础设施组分（坐标满足{$3 \leqslant x \leqslant 4, 1 \leqslant y \leqslant 4$}）。

### 4.4.3　关联基础设施网络性能仿真

本小节将针对三种洪水灾害情景，结合上述五种灾后修复策略，运用系统韧性动态度量方法，分析单层基础设施网络和多层关联基础设施网络的韧性。

1. SSF 下的基础设施系统韧性

图4.13显示了SSF下实施五种不同修复策略时各类基础设施网络性能的变化过程。不同类型的基础设施系统的性能单位存在差异。案例分析中，破坏性事件发生后基础设施系统的性能不能超过初始水平。因此，系统的快速性取决于性能恢复到正常水平所需的时间。

特定破坏性事件影响下，基础设施系统的鲁棒性是一个常数，但是基础设施系统的被动修复能力会影响快速性的值，且会因所选修复策略的不同而不同。下面比较五种修复策略对基础设施系统性能的影响。对于道路网络，因为网络内不会发生级联故障，所以五种修复策略下系统性能随时间变化的过程相同。受损组

（a）道路网络　　　（b）供水网络

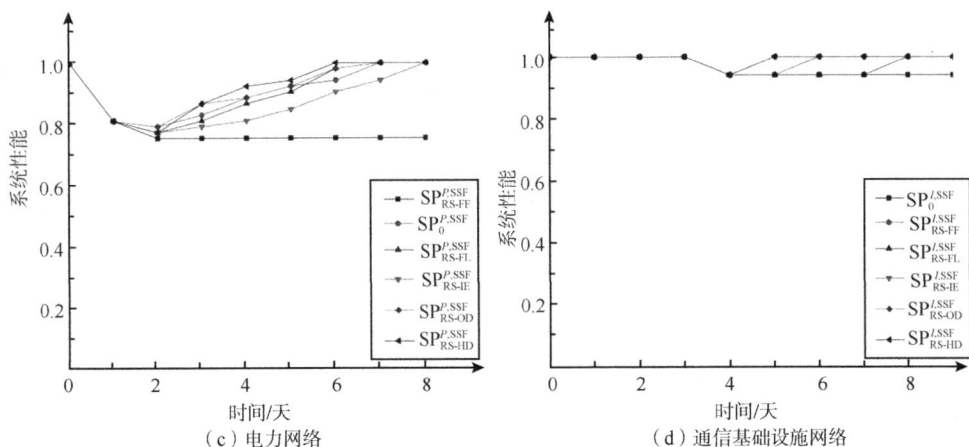

（c）电力网络  （d）通信基础设施网络

图4.13 SSF下实施五种修复策略的基础设施系统性能

分被修复后立即恢复正常运行状态。对于供水网络，破坏性事件发生后，系统在
RS-OD和RS-HD下的性能最低。但是，系统恢复过程中，这两个策略下的系统性
能优于其他修复策略下的系统性能，且系统性能的恢复速度较快。对于电力网络，
RS-HD下的系统性能始终优于其他策略下的系统性能。另外，RS-OD为次优策略。
对于信息基础设施网络，洪水不会对信息与信息基础设施网络造成直接破坏。由
于部分组分依赖电力网络提供的电力维持运行，因而当电力网络受损时信息与信
息基础设施网络会受到间接影响。由图4.13可见，RS-OD和RS-HD是该系统快速恢
复的最优选择。

利用式（4.15）～式（4.20），可评估各类基础设施网络和多层基础设施网络
的主动吸收能力（$\rho_{PA}^{\phi,SSF}$ 和 $\rho_{PA}^{SSF}$）、被动修复能力（$\rho_{RR}^{\phi,SSF}$ 和 $\rho_{RR}^{SSF}$）和韧性（$r^{\phi,SSF}$
和 $r^{SSF}$）。图4.14为各类基础设施网络在不同修复策略下的韧性。

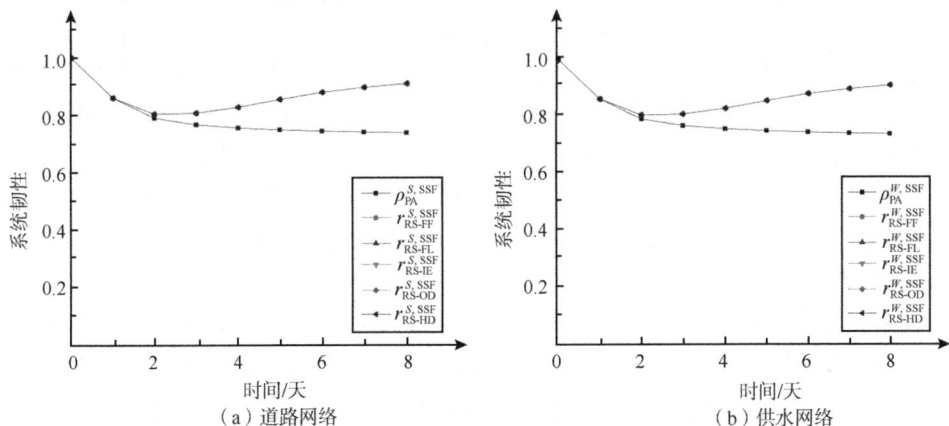

（a）道路网络  （b）供水网络

（c）电力网络　　　　　　　　　　（d）通信基础设施网络

（e）多层基础设施网络

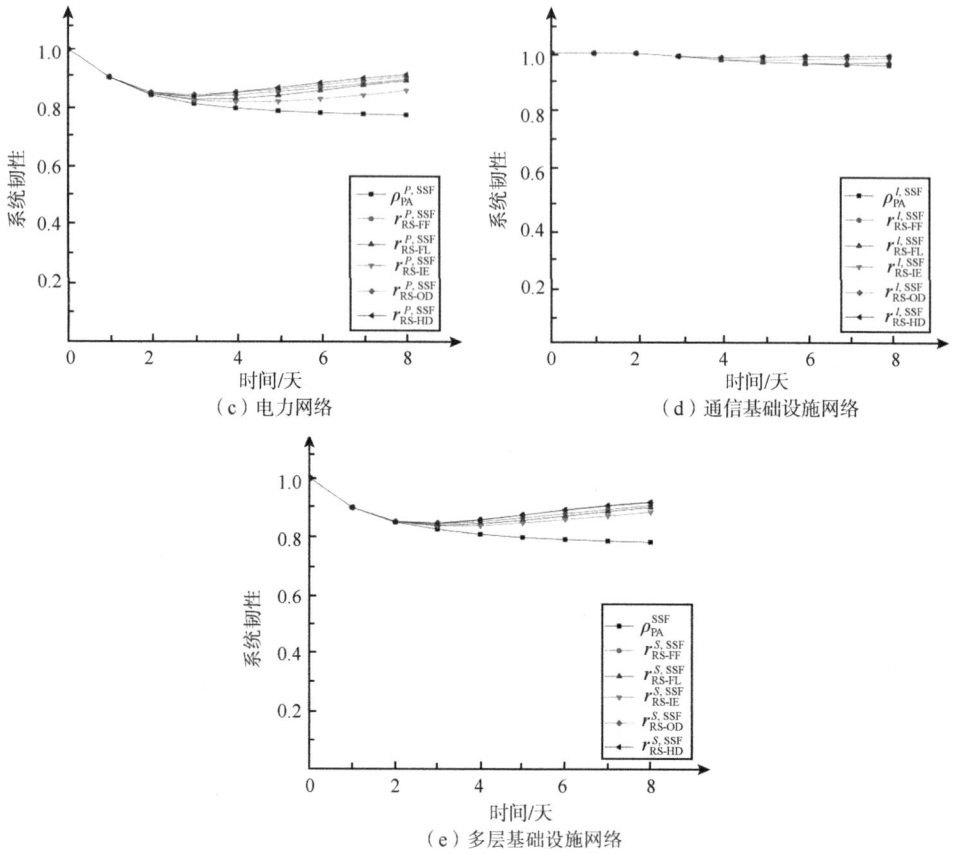

图4.14　SSF下实施五种修复策略时的基础设施系统韧性

　　韧性是系统的主动吸收能力和被动修复能力的综合体现。这两类能力的值越大，系统韧性值越大。如式（4.17）和式（4.18）所示，被动修复能力是修复策略的函数。SSF情景下，同一基础设施网络的主动吸收能力相同，系统韧性取决于所实施的修复策略。在案例分析中，不同修复策略下道路网络的韧性值都相同，但其他基础设施网络在不同修复策略下的韧性值差别较大。通常，SSF情景下，基础设施网络在RS-OD下的韧性值最大，在RS-HD下的恢复速度最快，在RS-IE下的韧性值最小。RS-OD和RS-HD的优点在于，它们都考虑了基础设施系统间的关联关系和依赖性。

　　由上述结果可知，基础设施网络修复策略的选择应考虑其对系统快速性的影响。供水网络在RS-OD下系统韧性值最大，这是因为损坏的组分的数量总是少于发生故障的组分的数量，因此RS-OD下的系统快速性比在RS-HD下的要差。若比较系统恢复期间的平均韧性值，RS-HD下的韧性值比RS-OD下的值要大，因为后者快速性的值更大。上述现象在电力网络和多层基础设施网络中也可见，因为这两类网络中存在更多的关联关系和依赖性。当然，基础设施系统的被动修复能力不仅取决于系统的快速性，与系统的资源充足性也有关。

2. LSF 下的基础设施系统韧性

图4.15显示了LSF下实施五种不同的修复策略时各类基础设施网络性能的变化过程。

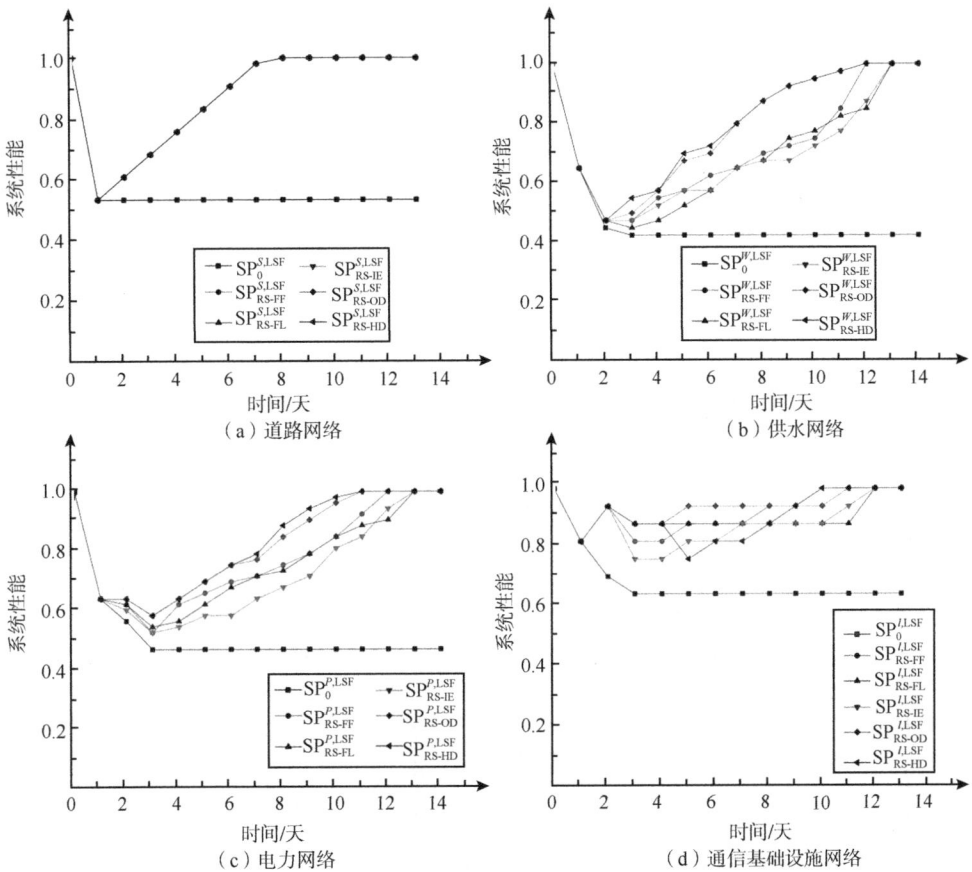

（a）道路网络　　　　　　（b）供水网络

（c）电力网络　　　　　　（d）通信基础设施网络

图4.15　LSF下实施五种修复策略时的基础设施系统性能

如图4.15所示，LSF情景下实施五种修复策略时各类基础设施网络的性能变化存在差异。与SSF情景下类似，道路网络是一个例外，其在不同修复策略下的性能变化都相同。对供水网络，RS-OD和RS-HD下的系统性能明显优于其他修复策略下的系统性能；RS-FL和RS-IE下的系统性能最差。对电力网络，RS-OD和RS-HD下系统性能恢复最快，RS-FF和RS-FL下系统性能变化相似，RS-IE下系统性能最差。LSF下，信息基础设施网络虽然仅三个组分被直接破坏，但由于信息网络和电力网络间的依赖关系会间接影响其性能，因此信息基础设施网络在至少12天后才能恢复正常运行。

图4.16显示了在LSF情景下实施五种修复策略时，各类基础设施网络和多层基础设施网络的主动吸收能力（$\rho_{PA}^{\phi,LSF}$ 和 $\rho_{PA}^{LSF}$）、被动修复能力（$\rho_{RR}^{\phi,LSF}$ 和 $\rho_{RR}^{LSF}$）和韧性（$r_{\phi}^{LSF}$ 和 $r^{LSF}$）。

如图4.16所示，与SSF情景下不同，由于基础设施系统间存在关联关系，RS-HD下各类基础设施网络及多层基础设施网络的系统韧性值最高。另外，RS-IE下各类基础设施网络及多层基础设施网络的系统韧性值最低。

3. SFS 下的基础设施系统韧性

图4.17显示了SFS情景下实施五种不同的修复策略时各类基础设施网络性能的变化过程。由于第一个洪水灾害发生在$t=0$时刻，第二个洪水灾害发生在$t=2$时

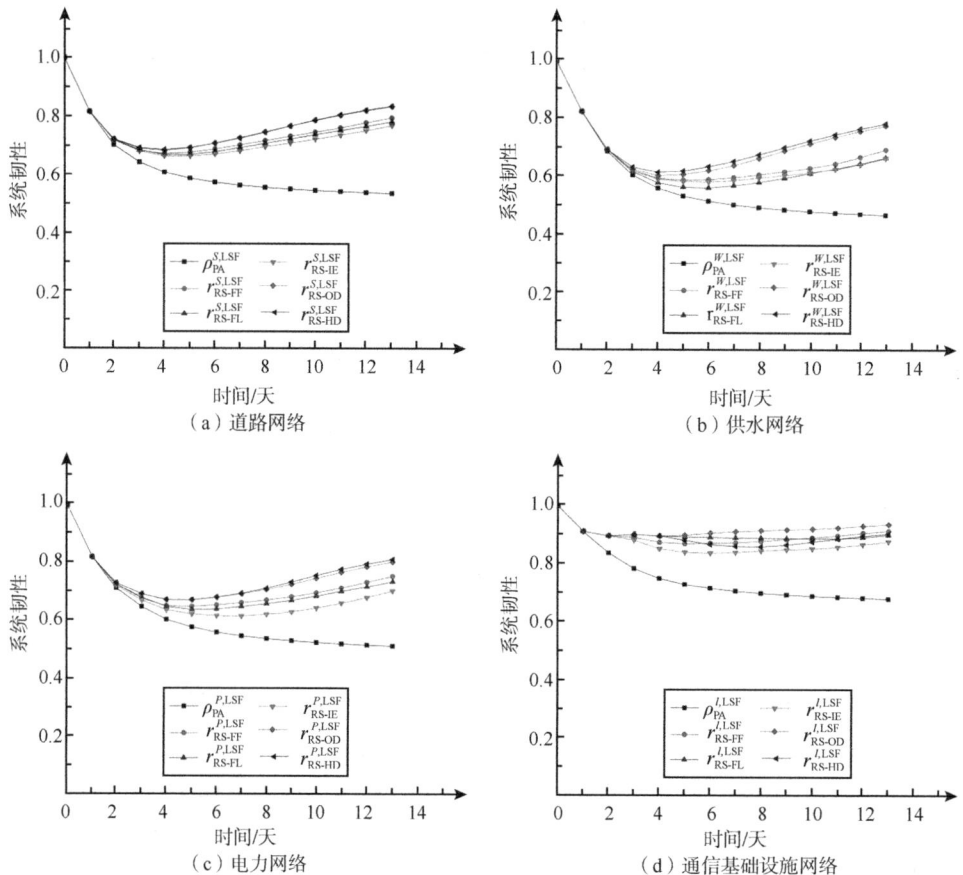

（a）道路网络

（b）供水网络

（c）电力网络

（d）通信基础设施网络

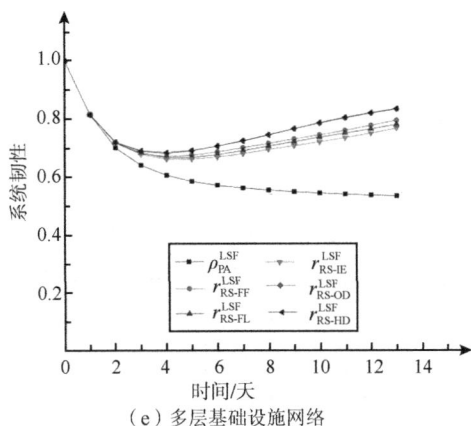

（e）多层基础设施网络

图4.16　LSF下实施五种修复策略时的基础设施系统韧性

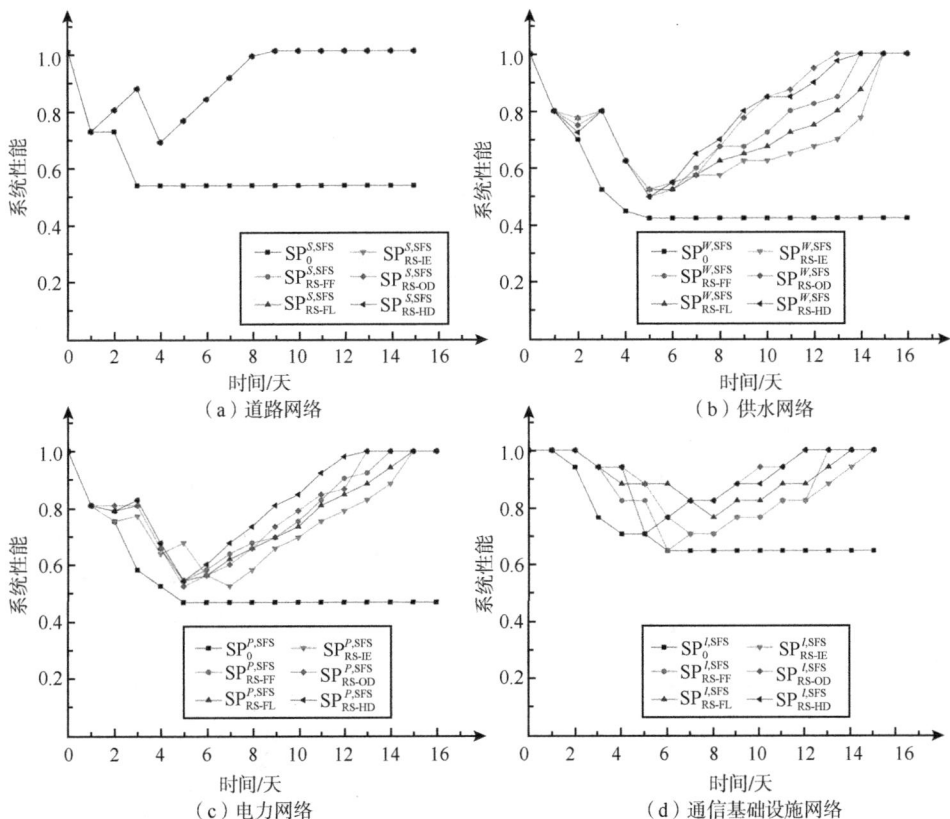

（a）道路网络

（b）供水网络

（c）电力网络

（d）通信基础设施网络

图4.17　SFS下实施五种修复策略时的基础设施系统性能

刻，所以每个基础设施网络的性能曲线都有两次明显的下降。

由图4.17可见，因考虑了基础设施网络间的关联关系和依赖性，RS-OD和RS-HD下基础设施网络的性能更好。对供水网络，尽管在第一次洪水灾害发生后实施RS-FL系统性能恢复的效果较好，但在RS-OD和RS-HD下基础设施网络的性能会在第二次洪水灾害发生后更快地恢复至正常状态。对电力网络，第一次洪水灾害发生后，RS-OD下系统性能恢复的效果较好，但在第二次洪水灾害发生后，RS-HD下系统性能会更快地恢复到正常水平。对信息基础设施网络，第一次洪水灾害发生后，五种修复策略下的系统性能是相同的，这是因为洪水没有直接破坏信息基础设施网络组分，但第二次洪水灾害发生后，RS-OD下系统性能恢复得更快。由于除了地理依赖外，道路网络与其他基础设施网络间没有关联关系，因此五种修复策略下道路网络的性能变化都相同。

图4.18显示了在SFS情景下实施五种修复策略时，各类基础设施网络和多层基础设施网络的主动吸收能力（$\rho_{PA}^{\phi,SFS}$ 和 $\rho_{PA}^{SFS}$）、被动修复能力（$\rho_{RR}^{\phi,SFS}$ 和 $\rho_{RR}^{SFS}$）和韧性（$r_{\phi}^{SFS}$ 和 $r^{SFS}$）。

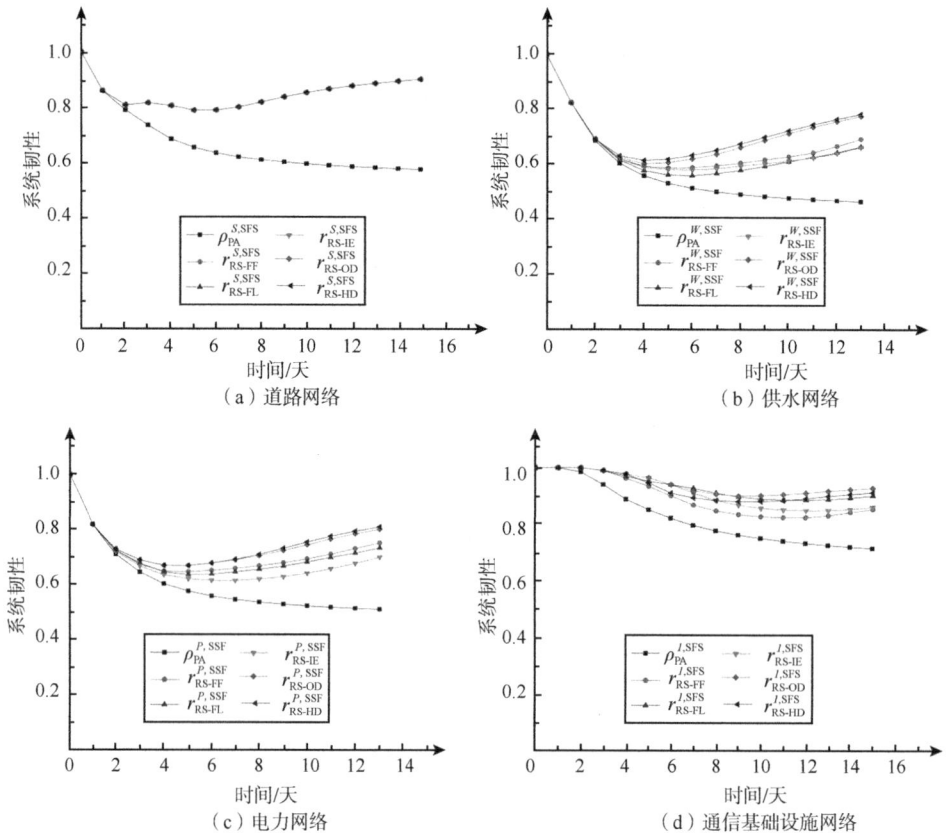

（a）道路网络

（b）供水网络

（c）电力网络

（d）通信基础设施网络

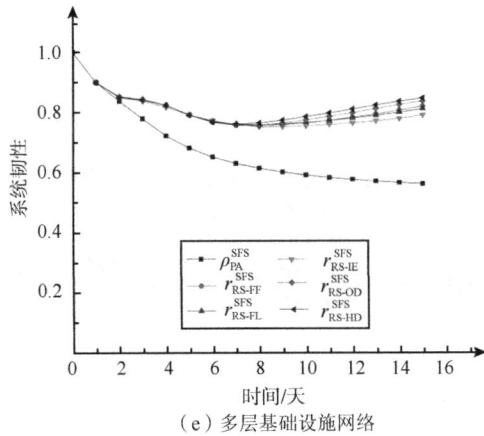

（e）多层基础设施网络

图4.18　SFS下实施五种修复策略时的基础设施系统韧性

　　由图4.18可见，五种修复策略对不同基础设施网络韧性的作用效果并不一致。特别是在第二次洪水灾害发生之后，五种修复策略下单层和多层网络的韧性差异较大。第二次洪水灾害事件发生5天后，RS-HD下所有基础设施网络的韧性值均比其他修复策略下的韧性值要高。归结起来，RS-HD下基础设施系统的韧性值最高，RS-OD下基础设施系统恢复得最快，RS-IE下基础设施系统的韧性值最低。

　　比较图4.16和图4.18可知，尽管SFS和LSF情景下基础设施网络的直接物理损失相同，但基础设施网络的韧性值不同，即破坏性事件的持续时间对基础设施的恢复存在影响。SFS情景下的平均恢复时间为15天，比LSF情景下的12天要长。与其他修复策略相比，RS-HD下基础设施系统更具韧性。

# 4.5　本　章　小　结

　　本章构建了基础设施系统韧性评估模型，模型考虑了基础设施系统间的关联关系。该模型不仅建立了"系统之系统"的韧性分析框架，还可评估各种保护和修复策略对系统韧性的提升效果。现实中，基础设施系统的结构和运行机制具有很高的复杂性。主动吸收能力和被动修复能力通过基础设施系统变化的鲁棒性和资源充足性相互影响。本章的案例分析仅考虑了后者。未来的研究还需进一步分析系统的主动吸收能力和被动修复能力的相互影响。另外，本章仅考虑了基础设施组分物理故障引起的级联失效。如何解决基础设施网络中边流量过载所产生的故障，并分析它们对系统恢复过程和韧性的影响，是需要进一步研究的问题。

# 第5章 基于韧性提升的关联基础设施系统修复资源分配

　　大规模自然灾害事件虽不频发，但对经济社会的影响极大[191]。典型的例子包括2003年北美大停电、2005年美国卡特里娜飓风[223]、2008年华南雪灾[224]、2021年台风烟花。这些事件中，基础设施系统间的关联关系放大了破坏性事件的影响，造成的经济损失均高达数十亿美元。对大规模破坏性事件，灾后修复活动是增强基础设施系统韧性的必要措施[225]。中央或地方政府可通过为基础设施管理部门提供实物或资金等修复资源的方式，帮助恢复受损的基础设施系统的性能，以减少灾难带来的影响[96]。对政府决策者来说，因资源预算有限，从系统层面确定基础设施系统间的最佳资源分配策略对于增强关联基础设施系统的韧性至关重要。

　　研究修复资源分配问题时，需考虑基础设施系统间的关联关系。直接影响一个基础设施系统的破坏性事件可以对其他系统产生间接影响。此外，受影响的基础设施系统的性能恢复过程也受系统间关联关系的影响[226]。如今已经有很多模型用于分析基础设施系统间的关联关系[15]。最常用的是基于网络的模型和基于经济理论的模型。基于网络的模型中，关联基础设施系统被描述为多层网络。系统之间的关联关系可以在元素层面上进行量化和分析[227]。基于经济理论的模型通常使用基础设施系统或子系统作为最小的分析单元，并在系统层面上分析关联性[69]。基于系统间关联矩阵和破坏性事件引起的初始扰动，本章利用DIIM从系统层面计算关联基础设施系统在恢复过程中的相互影响[228]。

　　本章的贡献主要包括两方面。第一，用DIIM描述系统间的关联关系对关联基础设施系统恢复的影响，提出了一个求解系统修复资源最优分配策略的优化模型。第二，结合美国经济分析局提供的数据，进行案例分析，验证了模型在决策中的有效性。案例分析内容包括：如何将有限的资源在关联基础设施系统中进行分配；对于特定的破坏性事件，最佳的修复资源预算如何确定；多类因素对关联基础设施系统修复资源分配策略的影响。

# 5.1　基础设施系统韧性评估方法

## 5.1.1　单一基础设施系统韧性度量

美国多学科地震工程研究中心[229]将韧性量化为系统性能曲线下的面积（系统性能曲线描述从系统破坏性干扰开始到系统完全恢复这段时间内系统的性能，表示为带有修复策略的系统性能曲线从$t_{DO}$到$t_{RE}$的面积，见图5.1）。为便于不同系统间的比较，韧性可以用$t_{DO}$到$t_{RE}$带有修复策略的系统性能曲线下的面积与期望系统性能曲线下的面积的比值来表示[230]。由此，破坏性事件下基础设施系统$\phi$的韧性可表示为

$$\gamma_\phi = \frac{\int_{t_{DO}}^{t_{RE}} SP_\phi(t)dt}{\int_{t_{DO}}^{t_{RE}} SP_\phi^E(t)dt} = \frac{\int_{t_{DO}}^{t_{RE}} (SP_\phi^E(t) - SL_\phi(t))dt}{\int_{t_{DO}}^{t_{RE}} SP_\phi^E(t)dt} = 1 - \frac{\int_{rapidity_\phi} SL_\phi(t)dt}{\int_{rapidity_\phi} SP_\phi^E(t)dt} \qquad (5.1)$$

其中，$t_{DO}$表示破坏性事件发生的时刻；$t_{RE}$表示基础设施系统$\phi$完全恢复的时刻；$SP_\phi^E(t)$表示系统性能期望水平；$SP_\phi(t)$表示系统性能实际水平；$SL_\phi(t)$表示$SP_\phi^E(t)$和$SP_\phi(t)$之差。图5.1中，系统快速性是指系统性能恢复所需的时间，可表示为$rapidity_\phi = t_{RE} - t_{DO}$。系统鲁棒性是指系统承受一定程度的压力，且性能不会进一步下降的能力。它通常被表示为系统恢复过程中性能的最小值。

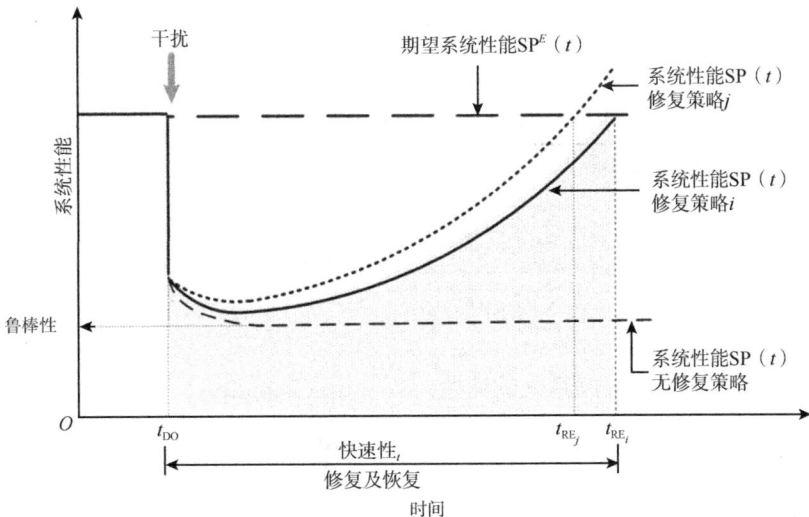

图5.1　破坏性事件下基础设施系统的性能曲线

根据式（5.1），系统韧性是图5.1中阴影面积与期望系统性能曲线下面积的比值。鲁棒性的值表明基础设施系统并不会因破坏性事件而性能下降到0，但若不实施修复策略，系统性能将不能恢复到正常水平。由于基础设施系统在特定破坏性事件下的鲁棒性是固定的，因此系统韧性是由修复活动决定的。图5.1中，修复策略$i$的结果为阴影区域。修复策略$i$和修复策略$j$对系统恢复的贡献的差别可以通过两种修复策略下系统性能曲线阴影面积之差来衡量。

### 5.1.2　关联基础设施系统韧性度量

公路、电力网络、供水网络等基础设施系统作为一个"系统之系统"（即关联基础设施系统）共同运作[231]。如式（5.1）所示，基础设施系统的韧性是用系统性能的累计损失来进行量化的。然而，对不同类型的基础设施系统，系统性能单位存在差异，如用千米衡量公路，用立方米衡量配水量，用千瓦衡量电力传输能力，以及用吉字节衡量互联网的流量。在以往的文献中，还会用损坏的组分数量、基础设施提供服务的效率、受灾人口数量等来量化系统性能的损失。

为了量化关联基础设施系统的韧性，本章应用投入产出模型[232]（input-output model，IIM），以相同的形式表示不同基础设施系统的性能损失。IIM是Leontief投入产出框架的扩展，在工业部门或基础设施系统等领域已有应用。基于IIM，式（5.1）中的$SL_\phi(t)$可表示为

$$SL_\phi(t) = \alpha_\phi q_\phi(t) \qquad (5.2)$$

其中，$\alpha_\phi = SP_\phi^E(t)$表示以货币单位计量的基础设施系统的性能期望水平；$q_\phi(t)$表示系统的故障程度，其值为基础设施系统$\phi$在$t$时刻未正常运行的比例。

假设破坏性事件发生在$t=0$时刻。给定$N$类基础设施系统，基于式（5.1）和式（5.2），关联基础设施系统的韧性可表示为

$$\gamma = 1 - \frac{\sum_{\phi=1}^{N} \int_{T^*} SL_\phi(t)dt}{\sum_{\phi=1}^{N} \int_{T^*} SP_\phi^E(t)dt} = 1 - \frac{\sum_{\phi=1}^{N} \int_{T^*} \alpha_\phi q_\phi(t)dt}{T^* \sum_{\phi=1}^{N} \alpha_\phi} \qquad (5.3)$$

其中，$\gamma$表示关联基础设施系统的韧性；$T^* = \max_\phi \{rapidity_\phi\}$，在时刻$T^*$后所有基础设施系统的性能都已恢复至期望水平；$\alpha_\phi = SP_\phi^E$表示基础设施系统$\phi$的性能期望水平。

## 5.2　修复资源分配模型

考虑到基础设施系统间的关联关系，下面构建一个以提高关联基础设施系统韧性为目标的修复资源分配模型。

### 5.2.1　资源分配模型

破坏性或干扰性事件发生后，为恢复基础设施系统的性能，将对其进行修复。如图5.1所示，在恢复过程中，系统性能或故障程度的变化速率取决于系统的修复能力。修复能力包括修理人员、可用设备和更换部件的数量。因此，当考虑修复行为对系统韧性的影响时，基础设施系统的韧性[式（5.3）]可用式（5.4）来表示：

$$\gamma = 1 - \frac{\sum_{\phi=1}^{N} \alpha_\phi \int_0^{T^*} q_\phi(\beta_\phi, t) \mathrm{d}t}{T^* \sum_{\phi=1}^{N} \alpha_\phi} \tag{5.4}$$

其中，$\beta_\phi$ 表示基础设施系统 $\phi$ 的修复能力。

对于小规模的破坏性事件，修复活动由基础设施管理部门执行。用 $h_\phi$ 表示基础设施系统 $\phi$ 管理部门的基本修复能力，可以得到：

$$0 \leqslant \beta_\phi \leqslant h_\phi, \quad \forall \phi \in [1, N] \tag{5.5}$$

大规模破坏性事件发生后，多类基础设施系统可能同时被严重破坏，如2012年的桑迪飓风。为了降低灾害的影响，基础设施管理部门可以从地方或中央政府获得资源支持。因此，可以得到如下约束：

$$0 \leqslant \beta_\phi \leqslant h_\phi + f_\phi(g_\phi), \quad \forall \phi \in [1, N] \tag{5.6}$$

其中，$g_\phi$ 表示基础设施系统 $\phi$ 从政府获得的修复资源。函数 $f_\phi$ 描述了修复资源对修复能力的提升效果。考虑到政府可拨付的修复资源预算有限，将 $N$ 类基础设施系统看作一个整体，修复资源分配应满足以下约束条件：

$$\sum_{\phi=1}^{N} g_\phi \leqslant G \tag{5.7}$$

其中，$G$ 表示修复资源预算。由于预算有限，因此资源的有效分配是很有必要的。根据式（5.4），决策者若要提升关联基础设施系统的韧性 $\gamma$，可求解下面的优化问题以确定最优的资源分配策略。

$$\max_{g_1,\cdots,g_\phi,\cdots,g_N} \gamma = 1 - \frac{\sum\limits_{\phi=1}^{N} \alpha_\phi \int\limits_{T^*} q_\phi(\beta_\phi(g_\phi),t)\mathrm{d}t}{T^* \sum\limits_{\phi=1}^{N} \alpha_\phi} \tag{5.8}$$

$$\mathrm{s.t.} \begin{cases} \beta_\phi = h_\phi + f_\phi(g_\phi), & \phi = 1,2,\cdots,N \\ \sum\limits_{\phi=1}^{N} g_\phi \leqslant G \end{cases} \tag{5.9}$$

使式（5.8）最大的解 $g = (g_1,g_2,\cdots,g_N)^T$ 即最优的资源分配策略。式（5.9）的第一个约束保证基础设施系统的修复能力被完全应用；第二个约束条件由式（5.7）得到。

### 5.2.2　基础设施系统关联关系建模

为把握关联基础设施系统的恢复过程，下面应用DIIM来描述关联基础设施系统在恢复过程中的相互影响。对 $N$ 类基础设施系统，基于DIIM的系统故障程度的变化可用式（5.10）来表示：

$$\dot{q}(t) = K \times [(A^* \times q(t) + c^*(t)) - q(t)] \tag{5.10}$$

其中，向量 $q(t) = (q_1(t),q_2(t),\cdots,q_N(t))^T$ 表示 $t$ 时刻 $N$ 类基础设施系统的故障程度；向量 $c^*(t) = (c_1^*(t),c_2^*(t),\cdots,c_3^*(t))$ 表示 $t$ 时刻对用户（不包括基础设施系统间）性能输出下降的标准化值。$N \times N$ 矩阵 $A^*$ 是归一化关联矩阵，其中，每个元素表示系统间的关联关系，即行系统对列系统的依赖程度。矩阵 $K = \mathrm{diag}(k_1,\cdots,k_N)$ 表示基础设施系统 $\phi$ 的恢复速率，衡量了系统从破坏性事件中恢复并达到期望性能水平的能力[233]。$q(t)$ 是向量，表示各系统在 $t$ 时刻的故障程度，给定 $q(t)$ 的初始值 $q(0)$，则式（5.10）是线性一阶微分方程[234]。式（5.10）的解可由式（5.11）给出[69]：

$$q(t) = \mathrm{e}^{-K(I-A^*)t} q(0) + \int_0^t K\mathrm{e}^{-K(I-A^*)(t-z)} c^*(z)\mathrm{d}z \tag{5.11}$$

若 $c^*(t)$ 是固定的，即不随时间改变，则式（5.11）可写作：

$$q(t) = (I-A^*)^{-1}c^* + \mathrm{e}^{-K(I-A^*)t}[q(0)-(I-A^*)^{-1}c^*] \tag{5.12}$$

如果基础设施系统的性能输出优先考虑用户需求，并且对用户的性能输出没有变化，即 $c^*(t) = 0$，则式（5.12）可写作：

$$q(t) = \mathrm{e}^{-K(I-A^*)t} q(0) \tag{5.13}$$

式（5.13）表明故障程度 $q(t)$ 随时间的变化取决于其初始值 $q(0)$、归一化的关联矩阵 $A^*$，以及恢复速率 $K$。矩阵 $K$ 中元素的值在0到1之间，这保证了故障程度向量

$q(t)$ 中元素的值不会发散，是关联基础设施系统状态稳定的重要因素。因对 $K$ 中元素的约束，在破坏性事件发生后的系统恢复过程中，指数项 $e^{-K(I-A^*)t}q(0)$ 随时间变化不断变小，基础设施系统的故障程度 $q(t)$ 也将逐渐变为0。

根据参数的含义，将矩阵 $K$ 的对角元素设置为基础设施系统的修复能力，即 $k_\phi = \beta_\phi$。假设式（5.9）中的函数 $f_\phi$ 是已知的，且它描述了资源分配对增强系统恢复能力 $k_\phi$ 的效果。$f_\phi(g_\phi)$ 的函数形式应具有某些特征，首先，一阶导数 $\mathrm{d}f_\phi(g_\phi)/\mathrm{d}g_\phi$ 应大于或等于0，这表明恢复率 $k_\phi$ 会随着分配给基础设施系统 $\phi$ 的资源量的增加而增加。其次，二阶导数 $\mathrm{d}^2 f_\phi(g_\phi)/\mathrm{d}g_\phi^2$ 应小于或等于0，这表明随着分配到更多的资源，资源对修复能力的提升效果保持固定或边际效益递减。分配给系统的第一个资源单位对修复能力的提升效果应至少与第二个资源单位一样。

基于上述分析，依据工程风险问题的常见假设[96]，假设系统修复能力随所分配到的修复资源的变化如式（5.14）所示：

$$k_\phi = \beta_\phi = h_\phi + \ln(1 + u_\phi g_\phi) \tag{5.14}$$

其中，$h_\phi$ 表示基础设施系统 $\phi$ 的管理部门的基本修复能力；$u_\phi > 0$ 是成本效益参数，表示将资源分配给基础设施系统 $\phi$ 的修复率的有效性；$g_\phi$ 表示从政府获得的修复资源量。若 $g_\phi$、$h_\phi$、$k_\phi$ 已知或可估计，则 $u_\phi$ 可估计，因为 $u_\phi = (e^{k_\phi - h_\phi} - 1)/g_\phi$。$u_\phi$ 的值始终大于等于0但没有上限。$u_\phi$ 的值应较小，因为需要大量的资源来减少大规模破坏性事件的影响。式（5.14）所示的函数 $k_\phi$ 对变量 $g_\phi$ 严格递增，且边际效益递减。

本章假设基础设施系统的性能输出优先考虑用户需求。破坏性事件发生后，基础设施系统对用户的性能输出不会降低，即 $c^*(t) = 0$。用式（5.13）中的 $q(t)$ 和式（5.14）中的 $\beta_\phi$ 替换式（5.8），则资源分配模型可写为以下形式：

$$\max_{g_1, g_2, \cdots, g_N} Q = 1 - \frac{1}{T^*|\alpha|} \int_0^{T^*} \alpha e^{-K[I-A^*]t} q(0) \mathrm{d}t \tag{5.15}$$

$$\text{s.t.} \begin{cases} K = \mathrm{diag}(h_\phi + \ln(1 + u_\phi g_\phi)), & \phi = 1, 2, \cdots, N \\ \sum_{\phi=1}^{N} g_\phi \leqslant G \\ g_\phi > 0, & i = 1, 2, \cdots, N \end{cases} \tag{5.16}$$

其中，向量 $\alpha = (\alpha_1, \cdots, \alpha_N)$。上述优化问题的解 $g = (g_1, g_2, \cdots, g_N)^{\mathrm{T}}$ 即最大化关联基础设施系统韧性的资源分配策略。

# 5.3　模型求解方法

修复资源分配模型[式（5.15）和式（5.16）]可用拉格朗日乘子法[235]等方法求解。但由于式（5.15）中的指数项 $e^{-K[I-A^*]t}$ 的计算复杂，本章提出了一种应用遗传算法求解模型的数值方法。该方法是一种随机搜索算法，已应用于求解基础设施系统修复问题[236]。该方法的求解步骤如下。

步骤1：代码设计。模型的每个可行解都用一个染色体向量 $e=(e_1,e_2,\cdots,e_N)^{\mathrm{T}}$ 来表示，其中元素满足：

$$\begin{cases} \sum_{i=1}^{N} e_i \leqslant 1 \\ e_i \geqslant 0 \end{cases} \quad （5.17）$$

考虑到个体的多样性，初始染色体种群根据约束条件随机生成。

步骤2：计算每个染色体的适应度函数值。将目标函数式（5.15）转换为离散的适应度函数形式：

$$Q = 1 - \frac{\sum_{t=1}^{T^*} \alpha \times q(t, e \times G)}{T^* |\alpha|} \quad （5.18）$$

基于初始故障程度向量 $q(0)$，向量 $q(t, e \times G)$ 的值可用递归公式[式（5.19）]来计算。

$$q(t+1) = q(t) - K(e \times G)[I - A^*] \times q(t)$$
$$K(e \times G) = \mathrm{diag}(h_\phi + \ln(1 + u_\phi e_\phi G)), \quad \phi = 1, 2, \cdots, N \quad （5.19）$$

每个染色体的适应度函数值即一个修复资源分配策略下关联基础设施系统的韧性。对于不满足式（5.17）约束的染色体，使用一个足够大的数 $H$ 作为它的惩罚适应度函数值。

$$q_\phi(T') < 0.001, \quad \forall i = 1, 2, \cdots, N \quad （5.20）$$

$q(t)$ 的值随时间减小，如式（5.20）所示，如果向量 $q(t)$ 的所有元素都小于0.001，则认为所有基础设施系统的性能已恢复至它的期望水平。为简化计算过程，用 $T^*$ 表示所有基础设施系统快速性的最大值，若式（5.20）所示条件在 $T' < T^*$ 时被满足，则令

$$\sum_{t=T'+1}^{T^*} \alpha \times q(t, e \times G) = 0 \text{ 且 } Q = 1 - \frac{\sum_{t=1}^{T'} \alpha \times q(t, e \times G)}{T^* |\alpha|} \quad （5.21）$$

步骤3：选择、交叉、变异和停止。使用轮盘赌、两点交叉、随机变异等方法作为遗传算法中选择、交叉和变异的规则。经过上述步骤，根据各代的适应度函数值选择最优的染色体。算法的停止规则是各代的最优适应度函数值收敛。算法停止时，最小适应度函数值对应的染色体就是修复资源分配模型的最优解，即最佳资源分配策略。

# 5.4 案 例 分 析

为了验证模型的有效性，本节使用由 7 类基础设施组成的关联系统进行案例研究，案例数据来自美国经济分析局网站。

## 5.4.1 数据和参数假设

美国经济分析局提供了行业间的投入和产出数据，可用于生成近500个行业部门的关联矩阵[229]。本节考虑了能源和运输基础设施系统之间的关联关系，选择了7类基础设施系统，表5.1中列出了各系统的名称和简写。数据来自2011年美国国家行业间的投入和产出数据。各类基础设施系统的日均性能数据（以货币单位表示）如表5.2所示。

表 5.1 基础设施系统名称及其简写

| 简写 | 名称 |
|------|------|
| OGE | 石油和燃气开采（oil and gas extraction） |
| EPG | 发电、输电和配电（electric power generation, transmission, and distribution） |
| NGD | 天然气分配（natural gas distribution） |
| WSS | 水、污水和其他系统（water, sewage and other systems） |
| ART | 空运、铁路、水路和卡车运输（air, rail, water and truck transportation） |
| TGT | 地面客运（transit and ground passenger transportation） |
| STS | 风景名胜运输及运输支持活动（scenic transportation and support activities for transportation） |

表 5.2 基础设施系统日均性能（单位：万美元）

| 系统 | OGE | EPG | NGD | WSS | ART | TGT | STS | 外部需求 | 性能输出 |
|------|------|------|------|------|------|------|------|---------|---------|
| OGE | 128.5 | 248.9 | 323.7 | 0 | 0 | 16 | 0 | 295.7 | 1012.8 |
| EPG | 75.9 | 172.5 | 320 | 15.6 | 79.8 | 26.4 | 28.7 | 411.5 | 1130.4 |
| NGD | 207.8 | 179 | 38 | 226.6 | 78.4 | 13.8 | 91.4 | 511 | 1346 |
| WSS | 44.4 | 107.9 | 80.1 | 18.2 | 33 | 29.5 | 10.1 | 379.1 | 702.3 |

| 系统 | OGE | EPG | NGD | WSS | ART | TGT | STS | 外部需求 | 性能输出 |
|---|---|---|---|---|---|---|---|---|---|
| ART | 50.2 | 80.7 | 40.7 | 26.1 | 250.1 | 44 | 149.2 | 163.9 | 804.9 |
| TGT | 0 | 14.5 | 6.7 | 12.8 | 19.2 | 0 | 222.4 | 227.7 | 503.3 |
| STS | 48.1 | 220.3 | 47.8 | 6 | 226 | 14.6 | 202.5 | 655.7 | 1421 |
| 增值 | 457.9 | 106.6 | 489 | 397 | 118.4 | 359 | 716.7 | | |
| 性能输入 | 1012.8 | 1130.4 | 1346 | 702.3 | 804.9 | 503.3 | 1421 | | |

表5.1中，部分基础设施系统是由多个基础设施行业组成的，如基础设施系统ART包括航空运输、铁路运输、水上运输和卡车运输。表5.2中的数字表示从系统到系统，以及从系统到用户的系统性能值。在行业间的投入和产出数据中，基础设施系统的总性能输出分为对产业部门的输出和对最终用户的输出。表5.2中，行数据表示基础设施系统性能输出的分布，系统间的值是根据实际数据设置的。每行中"性能输出"的值与行业间投入和产出数据中基础设施系统的总性能输出成比例。表5.2中的数据是通过式（5.22）计算的。

$$性能输出 = \left( \frac{所选基础设施系统的输出}{全部产业部门的输出} \right) \times 总性能输出 \qquad （5.22）$$

表5.2中，每行"外部需求"的值表示特定基础设施系统对最终用户的性能输出，其值等于系统的总性能输出与对所选系统输出和的差。表5.2列中的条目表示基础设施系统的性能输入的分布。也就是说，每一列都表示所选系统中某类基础设施系统的性能输入。基于经济学的视角，每个基础设施系统的总性能输入和总性能输出是相等的[237]。"增值"行代表基础设施系统增加的经济价值，包括员工成本和税金等。每列中"增值"的值定义为该系统的性能输入与所选系统对其输入的总和的差。

表5.2中，基础设施系统间的性能关联由一个7×7的矩阵表示。将性能关联矩阵的每个元素除以对应列的元素的和，可得到矩阵A。式（5.10）中，$A^*$是一个归一化关联矩阵，其中的元素表示系统间故障程度的关联关系。根据文献[229]，矩阵$A^*$可以通过式（5.23）导出：

$$A^* = \left\{ a_{ij}^* = a_{ij} \left( \frac{j列输出}{i列输出} \right) \right\} \qquad （5.23）$$

其中，$a_{ij}$表示矩阵A中的元素；$i$和$j$列的输出表示基础设施系统$i$和$j$的性能输出，如表5.2中数据所示。

假设基础设施系统OGE、EPG和NGD在$t=0$时刻受到破坏性事件的直接影响。为最大限度地提高关联基础设施系统的韧性，政府决策者拟将修复资源分配给上述3个受直接影响的基础设施系统。表5.3为模型中的相关参数。

表 5.3　模型参数

| 项目 | OGE | EPG | NGD | WSS | ART | TGT | STS |
|---|---|---|---|---|---|---|---|
| 初始不可操作性 $q_\phi(0)$ | 0.3 | 0.1 | 0.2 | 0 | 0 | 0 | 0 |
| 基本修复能力 $h_\phi$ | 0.1 | 0.1 | 0.15 | 0.1 | 0.1 | 0.1 | 0.1 |
| 成本效益参数 $u_\phi$/每万美元 | $1\times10^{-4}$ | $1.5\times10^{-4}$ | $2\times10^{-4}$ | 0 | 0 | 0 | 0 |
| 期望性能 $\alpha_\phi$/万美元 | 1012.8 | 1130.4 | 1346 | 702.3 | 804.9 | 503.3 | 1421 |

表5.3中，基本修复能力的取值参考已有研究[173]，大多数行业基本修复能力参数的取值属于区间[0.01, 0.3]。大规模破坏性事件下，基础设施系统需要较多的修复资源，因此成本效益参数 $u_\phi$ 的取值应较小。根据产业部门的投资回报率，Mackenzie等[173]估计了将资源分配给部分行业的有效性，指出每万美元对基础设施系统的成本效益参数最多不超过$8\times10^{-4}$。基于以上研究，本节假设修复资源仅分配给直接受影响的基础设施系统。这些基础设施系统的成本效益参数是通过假设给出的，而其他系统的成本效益参数则设置为0。各类基础设施系统的期望性能水平等同于其以货币单位表示的性能输出（表5.2）。

### 5.4.2　仿真结果

由于基础设施系统的性能输出优先考虑用户需求，故式（5.10）中$c^*(t)=0$。将式（5.10）写成离散形式，将 $K = \mathrm{diag}(k_1,\cdots,k_N)$ 和$A^*$的表达式代入方程，则关联基础设施系统故障程度向量$q(t)$的递归公式如下：

$$q(t+1) = (I-K)\times q(t) + K\times A^* \times q(t)，\quad q(0) = (0.3, 0.1, 0.2, 0, 0, 0, 0)^{\mathrm{T}} \quad （5.24）$$

其中，时间步设为1天。根据式（5.24），在没有来自政府的修复资源的情况下，破坏性事件发生后基础设施系统故障程度的变化如图5.2所示。

图5.2中，对直接受影响的基础设施系统，基础设施系统OGE和NGD的故障程度随时间的增加而减少，这是因为它们自身具备基本修复能力。但是，基础设施系统EPG的故障程度则是先增大后减小。这是因为基础设施系统OGE和NGD受到更大的直接影响，基础设施系统EPG因受到基础设施系统OGE和NGD的间接影响，故障程度先增大后减小。同时，由于关联关系，其他4类基础设施系统也受到类似的间接影响。它们的故障程度也是先增大后减小，但这些基础设施系统的故障程度都相对较小，均小于0.04。大约80个时间步后，每个基础设施系统的故障程度都小于0.01，因此可将80天设置为最大的快速性$T^*$。根据式（5.4），在无政府修复资源的情况下，关联基础设施系统的韧性为0.9663。

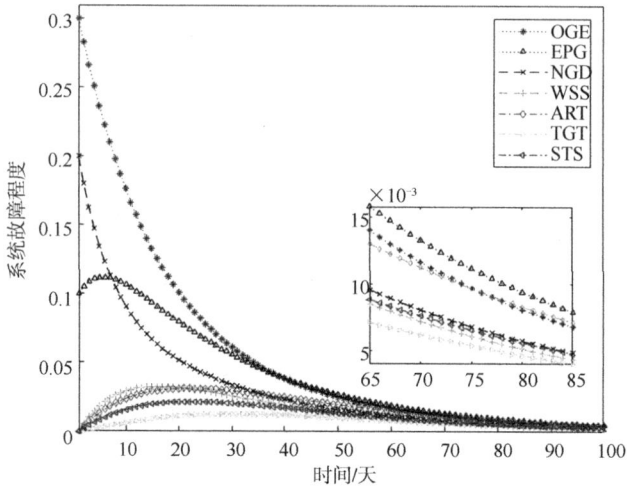

图5.2  基础设施系统故障程度的变化

在考虑来自政府的修复资源的情况下，通过求解构建的修复资源分配模型，图5.3展示了资源预算从0到10 000万美元时，关联基础设施系统韧性的变化曲线。由图5.3可见，系统韧性随着预算的增加而提升，韧性从预算为0时的0.9663增加到预算为10 000万美元时的0.99以上。但是，系统韧性的提升随修复资源预算的增加呈现出边际效益递减的趋势。图5.4展示了不同资源预算下关联基础设施系统的总损失，可以看出总性能损失随着预算的增加而减少。另外，研究过程中还分析了关联基础设施系统性能损失和修复资源预算之和的变化。当修复资源预算增加时，两者的总和先减少后增加。这说明，若将修复资源预算和事件所导致的性能损失

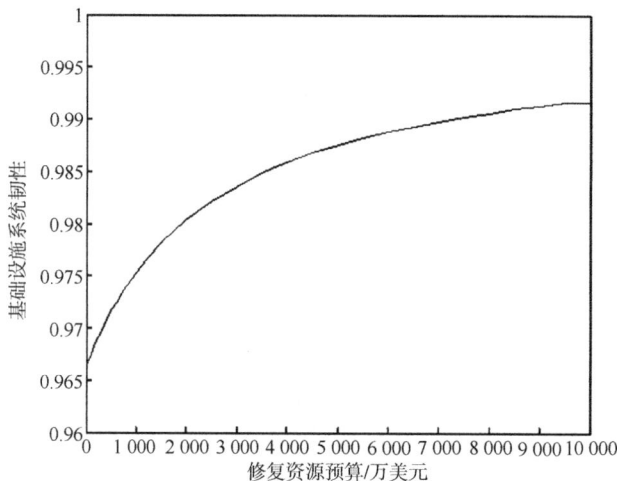

图5.3  不同预算下的系统韧性

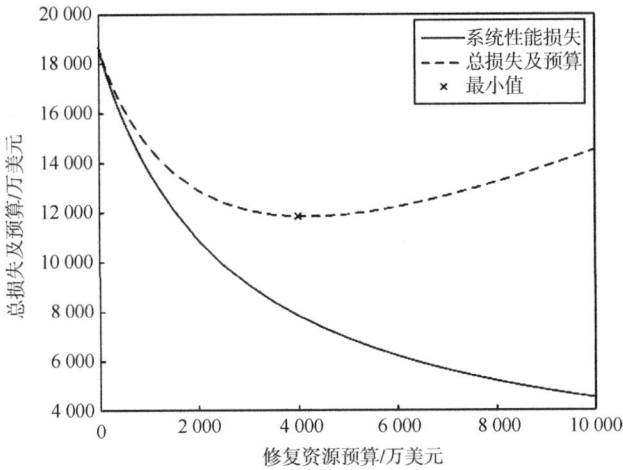

图5.4　资源预算

看作整体，则资源预算存在一个最优值，可使得修复成本和系统损失的总和最小。在此案例中，最佳预算为4046万美元，相应的基础设施系统的韧性为0.9861，性能损失和资源预算的和为12 110.93万美元。

下面研究不同修复资源预算下的资源分配策略。表5.4展示了在资源预算为100万美元、500万美元、1000万美元、5000万美元和10 000万美元时，修复资源的最佳分配策略。

表 5.4　不同资源预算下修复资源的最佳分配策略

| 基础设施系统 | 分配给各类基础设施系统的资源 | | | | |
| --- | --- | --- | --- | --- | --- |
| OGE | 0.262 | 2.267 | 4.652 | 20.838 | 41.805 |
| EPG | 0 | 0 | 1.38 | 12.215 | 24.03 |
| NGD | 0.738 | 2.833 | 3.968 | 16.947 | 34.165 |
| 总预算/万美元 | 100 | 500 | 1 000 | 5 000 | 10 000 |
| 韧性 | 0.967 6 | 0.971 7 | 0.975 3 | 0.987 5 | 0.991 6 |

表5.4中，若资源预算较少，如100万或500万美元，则不会向基础设施系统EPG分配任何资源，更大比例的资源分配给了基础设施系统NGD。在仿真中，如果资源预算低于650万美元，则分配给基础设施系统EPG的资源始终为0；当预算少于550万美元时，基础设施系统NGD将获得最大的资源份额。若资源预算较多，如1000万美元、5000万美元或10 000万美元，决策者应将最大份额的预算分配给基础设施系统OGE，同时分配给基础设施系统EPG的资源份额保持最小。不同预算水平下的最佳资源分配策略由表5.3中的参数值和矩阵$A^*$确定。表5.4中的结果显示，成本效益参数$u_\phi$在资源分配中起主要作用。更大的成本效

益参数使资源对系统的修复更加有效。因此，基础设施系统OGE需要最大的资源份额。基础设施系统EPG的成本效益参数位于中间，但基础设施系统EPG的初始故障程度最小，因此分配给基础设施系统EPG的资源比给其他基础设施系统的少。若资源预算较大，则初始故障程度的值在资源分配中起主要作用，因此基础设施系统的资源份额从大到小的排名始终是OGE、NGD和EPG。另外，当预算从5000万美元增加到10 000万美元时，基础设施系统的韧性值变化较小，原因是修复资源量对系统韧性提升的作用效果具有边际效益递减的特征。

### 5.4.3    敏感性分析

通过参数敏感性分析，可以深入了解这些参数如何影响最佳资源分配策略。下面先分析最佳资源分配策略对基础设施系统EPG的初始故障程度的敏感性。前面的仿真结果显示，由于基础设施系统EPG的初始故障程度最小，因此不论资源预算为多少，分配给基础设施系统EPG的资源份额都最小。敏感性分析可以揭示，如果基础设施系统EPG的初始故障程度发生变化，该建议是否仍然有效。本小节测试了资源预算分别为400万美元和4000万美元时的结果。图5.5显示了初始故障程度的取值范围从0到0.5时基础设施系统EPG的资源份额。基础设施系统OGE和NGD的初始故障程度不变，仍为0.3和0.2。

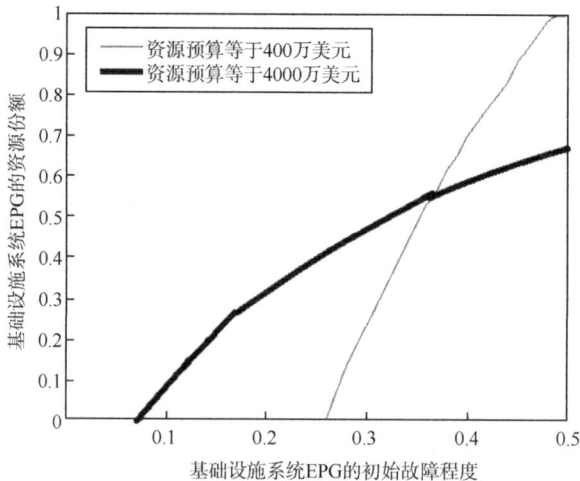

图5.5    不同初始故障程度下基础设施系统EPG的资源份额

图5.5显示，在两种不同的资源预算下，为了最大限度地提高基础设施系统的韧性，如果基础设施系统EPG的初始故障程度较小，则两种预算下基础设施系统EPG的资源份额都为0。若基础设施系统EPG的初始故障程度较小，则在较小的资

源预算下，初始故障程度在资源分配中的作用不那么显著，这与表5.4的结果相同。但是，若初始故障程度足够大，则在预算较小的条件下，基础设施系统EPG所占的资源份额会增加得更快。图5.5中，当预算为400万美元，且初始故障程度接近0.5时，基础设施系统EPG的资源份额可达到1。相比之下，在初始故障程度相同的情况下，若资源预算为4000万美元，则基础设施系统EPG的资源份额仅占0.66。也就是说，为了最大限度地提高关联基础设施系统的韧性，若某个系统的初始故障程度较小，且资源预算较小，则该系统获得的资源份额也较小；但是，若该系统的初始故障程度足够大，则即使资源预算较小，该系统也将获得较大的资源份额。

　　之前仿真分析得到的一个重要结果是，若资源预算较小，则成本效益参数在资源分配中起主要作用。但是，对初始故障程度的敏感性分析表明，初始故障程度对于资源分配也很重要。敏感性分析可以揭示这两个参数对最佳资源分配策略的影响。假设资源预算为400万美元，基于构建的模型，图5.6是分配给基础设施系统EPG的资源量的等高线图，其中成本效益参数$u_2$的取值范围是从0到$5\times10^{-4}$，初始故障程度的取值范围是从0到0.5。

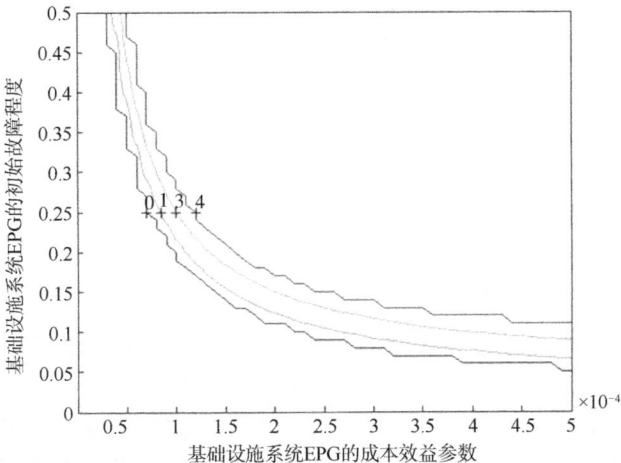

图5.6　分配给基础设施系统EPG的资源量的等高线图（资源预算为400万美元）

　　图5.6中，以关联基础设施系统韧性最大化为目标，若基础设施系统EPG的初始故障程度或成本效益参数$u_2$增加，则分配给基础设施系统EPG的资源量将增加。但是，当初始故障程度小于0.05时，即使选择$5\times10^{-4}$作为成本效益参数，分配给基础设施系统EPG的资源量仍然为0。此结果与表5.4的结果相似，由于基础设施系统EPG的初始故障程度较小，因此其总是获得最小的资源量。同样，若成本效益参数小于$0.5\times10^{-4}$，则无论初始故障程度为何值，分配给基础设施系统EPG的资源量始终为0。比较两个参数对修复资源分配策略的影响，在图5.6中，

如果初始故障程度大于等于0.2，则分配给基础设施系统EPG的资源量对其成本效益参数非常敏感。随着成本效益参数从$1\times10^{-4}$增加到$1.5\times10^{-4}$，分配给基础设施系统EPG的资源量将从0增加到4。这意味着，对于具有较高初始故障程度的基础设施系统，最佳资源分配策略对于成本效益参数的值更加敏感。通过类似的分析可以发现，当成本效益参数较大时，最佳资源分配策略对初始故障程度的敏感性会降低。总之，最佳资源分配策略对成本效益参数的敏感性与各系统的初始故障程度密切相关。

## 5.5 本 章 小 结

本章提出了一种优化模型，可帮助决策者确定有效的基础设施系统间的修复资源分配策略，以最大化关联基础设施系统的韧性。基于该模型，本章通过案例分析得到了一些决策建议。首先，尽管较高的资源预算可以提高关联基础设施系统韧性，但是随着资源预算的增加，其对韧性提升的边际效益递减。对特定破坏性事件，资源预算存在一个最优值，它可以使特定破坏性事件下关联基础设施系统的修复成本和性能损失之和最小。其次，在破坏性事件下，若资源预算额发生变化，则关联基础设施系统中各系统的资源份额也将发生变化。最后，在相同的资源预算下，基础设施系统的资源份额对其初始故障程度和成本效益参数敏感，且其对一个参数的敏感度与另一个参数的取值紧密相关。

本章也有一些局限性。首先，部分研究结论依赖于建模假设，如系统分配到的资源与其修复能力间的对数关系；用于描述基础设施系统间的相互作用过程的DIIM等。尽管这些假设在一定程度上说明了基础设施系统的特征，但是由于现实中基础设施系统的复杂性，仍需探索这些假设的有效性。其次，本章未考虑其他因素对资源分配的影响，如基础设施系统的关联结构特征等。后续研究可结合实证分析验证本章中部分假设的有效性，以及多种其他因素对修复资源分配策略的影响。

# 第6章 基于韧性提升的关联基础设施系统修复资源两阶段分配策略

为了降低大规模自然灾害对关键基础设施系统的影响，中央或地方政府可通过向基础设施管理部门提供实物或资金等修复资源的方式，帮助恢复受损的基础设施系统的性能。通常情况下，修复资源预算有限，有效的资源分配策略可提高基础设施系统的恢复效率。部分学者已针对修复资源分配问题展开研究。为了最大限度地减少灾难造成的总损失，Mackenzie等[173]开发了一个静态模型和一个动态决策模型以促进基础设施系统的恢复。通过系统脆弱性分析，Zhang等[169]开发了一种资源分配模型，以在发生破坏性事件后快速恢复关联基础设施系统中的关键组分。为了最大化关联基础架构系统的韧性，Zhang等[174]提出了一种混合整数规划模型以确定关联基础设施系统的修复资源分配策略。

在已有的基础设施系统间修复资源分配问题的研究中，修复资源分配目标多保持不变。这些目标包括：最大化系统韧性、最小化修复成本与系统损失，以及最小化修复时间等。实际上，从政府决策者的角度，修复资源分配目标多取决于事件的紧急程度，并且在基础设施系统恢复过程中是可变的。具体来说，在破坏性事件刚发生时，受损基础设施系统的性能会急剧下降。为了增强这些系统的韧性并满足用户的基本需求，修复资源分配的目标是尽快将基础设施系统的性能恢复到可以满足用户基本需求的水平。在此阶段，最小化基础设施系统的恢复时间是资源分配决策的主要目标。进一步，当系统性能可以满足用户的基本需求后，系统修复资源分配的目标将会改变。后续基础设施系统修复过程中，总损失最小化更为重要。在修复资源预算有限的条件下，此阶段应调整基础设施系统间修复资源的分配策略。

基于此，本章提出了一个关联基础设施系统修复资源两阶段分配模型，该模型可决定基础设施系统在不同恢复阶段的最佳修复资源分配策略。本章的主要贡献包括以下三点。第一，应用动态韧性度量评估修复资源在各时刻对系统恢复的作用效果。第二，结合系统恢复速度和系统性能损失，建立了修复资源两阶段分配模型。第一阶段旨在恢复基础设施系统的动态韧性，以快速满足用户的基本需求；第二阶段旨在最大限度地减少第一阶段后系统恢复过程中的总损失。第三，通过案例分析，论证了模型的有效性。该模型可帮助政府决策者结合基础设施系统的恢复过程，确定各阶段有效的修复资源分配策略。

# 6.1 模型构建

## 6.1.1 韧性度量

为评估修复资源在各时刻对系统恢复的作用效果，下面使用动态韧性指标作为基础设施系统的韧性度量。由图6.1可见，在不同的修复策略下，系统的恢复过程存在差异。期望系统性能水平 $P_0$ 与实际性能曲线 $P(t)$ 之间的区域可表示系统在时间区间 $[t_0, t]$ 内的累计性能损失，表示为式（6.1）的形式：

$$\rho(t) = \int_{t_0}^{t} [P_0 - P(t)]\mathrm{d}t, \quad t \in [t_0, t_1] \tag{6.1}$$

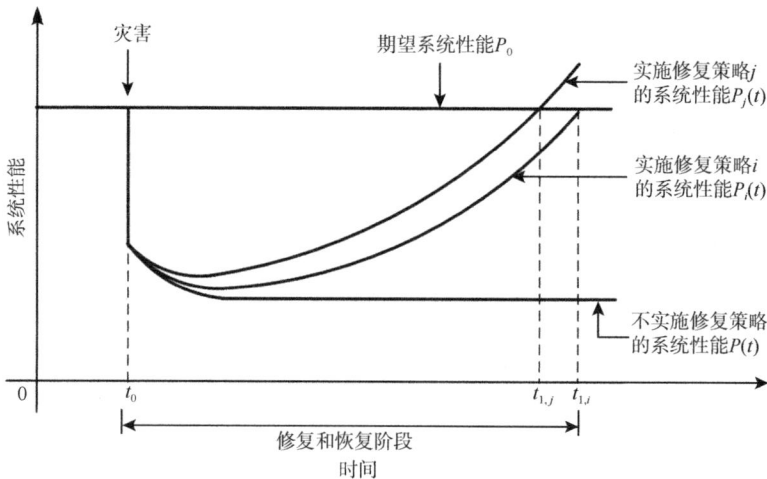

图6.1 灾害后基础设施系统的典型性能

基于系统的累计性能损失，动态韧性评估指标如式（6.2）所示：

$$r(t) = 1 - \frac{\rho(t)}{P_0 \times (t - t_0)}, \quad t \in [t_0, t_1] \tag{6.2}$$

动态韧性 $r(t)$ 的值介于0和1之间，在基础设施系统恢复过程中随时间 $t$ 变化。

区别于第 5 章所使用的系统韧性评估方法（对于特定事件韧性值是固定的）。动态韧性 $r(t)$ 的值随时间变化，可用来评估系统恢复过程中修复资源在各时刻对基础设施系统恢复的作用效果。

如式（6.2）所示，基础设施系统的动态韧性取决于系统性能损失 $\rho(t)$。通常，不同基础设施系统的性能用不同的计量单位表示，如立方米表示供水量，千瓦表示输电能力。DIIM 提供了一种以相同形式表达不同基础设施系统的性能损失的方法（参见第 5 章）。DIIM 关注破坏性事件引起的扰动导致的系统故障，其后果用经济损失和故障程度（即相比于理想状态，系统性能下降的百分比）来衡量。式（6.1）中的 $\rho(t)$ 可以表示为

$$\rho(t) = \alpha \int_{t_0}^{t} q(t)\mathrm{d}t, \ t \in [t_0, t_1] \tag{6.3}$$

其中，$\alpha$ 表示以货币单位衡量的系统性能的期望水平；$q(t)$ 表示系统在时刻 $t$ 的故障程度。

假设破坏性事件发生的时刻是 $t = 0$，结合式（6.2）和式（6.3），基础设施系统的动态韧性的表达式如式（6.4）所示。

$$r(t) = 1 - \frac{\int_{0}^{t} q(t)\mathrm{d}t}{t}, \ t \in [0, t_1] \tag{6.4}$$

### 6.1.2　基础设施系统关联关系模型

关联基础设施系统在地理和功能上存在关联关系。研究基础设施系统的性能变化或设计修复计划时，关联关系分析是必不可少的。在本章中，为了把握系统级别的基础设施系统的关联性，与第 5 章类似，仍使用 DIIM 描述关联基础设施系统的恢复过程。

对 $N$ 类基础设施系统，用向量 $q(t) = (q_1(t), q_2(t), \cdots, q_N(t))^{\mathrm{T}}$ 表示 $t$ 时刻的系统性能故障，可表示为以下形式：

$$q(t) = \mathrm{e}^{-K(I-A)t} q(0) \tag{6.5}$$

其中，$q(0)$ 表示 $t = 0$ 时刻基础设施系统的初始故障；$A$ 表示归一化的关联矩阵；矩阵 $K = \mathrm{diag}(k_1, \cdots, k_N)$（其中 $k_i$ 表示基础设施 $i$ 的修复效率）用于衡量系统恢复并达到所需性能水平的能力。根据相关研究，$k_i$ 可以表示为

$$k_i = h_i + \ln(1 + u_i g_i) \tag{6.6}$$

其中，$h_i$ 表示基础设施 $i$ 的基本修复能力；$u_i > 0$ 表示成本效益参数，该参数描述了给基础设施 $i$ 分配资源对修复效率的作用；$g_i$ 表示分配给基础设施 $i$ 的修复资源。式（6.6）所示的函数对变量 $g_i$ 严格递增，且边际效益递减。

### 6.1.3　资源分配模型

从政府决策者的角度，应先快速修复受损基础设施满足用户的基本需求，再寻求损失最小的策略。下面构建两阶段规划模型，求解提升关联基础设施系统韧性的修复资源两阶段分配策略。模型中，依据关联基础设施系统的动态韧性值，将决策过程分为两个阶段。

在第一阶段，破坏性事件发生后，由于修复资源预算有限，为了尽快满足用户的基本需求，修复资源分配的目标是使基础设施系统的动态韧性尽快恢复到可以满足用户基本需求的水平。资源分配模型如下：

$$\min_{g_{1,i}, i=1,2,\cdots,N} T_1^* = \max\{T_{1,1},\cdots,T_{1,i},\cdots,T_{1,N}\} \tag{6.7}$$

s.t.

$$K = \mathrm{diag}(h_i + \ln(1+\mu_i g_{1,i})), \quad i=1,2,\cdots,N \tag{6.8}$$

$$q(t) = \mathrm{e}^{K(1-A)t} q(0) \tag{6.9}$$

$$g_{1,i} \geqslant 0 \tag{6.10}$$

$$\sum_{i=1}^{N} g_{1,i} \leqslant G \tag{6.11}$$

$$r_i(T_{1,i}-1) > \delta_i \geqslant r_i(T_{1,i}), \quad i=1,2,\cdots,N \tag{6.12}$$

式（6.7）是模型的目标函数，以最小化集合 $\{T_{1,1},\cdots,T_{1,i},\cdots,T_{1,N}\}$ 中元素的最大值为目标，其中 $T_{1,i}$ 表示在资源分配策略下基础设施 $i$ 的动态韧性恢复到基本水平的时间。式（6.8）～式（6.12）是约束。其中，式（6.8）中的 $K$ 是对角矩阵，表示 $N$ 类基础设施系统的修复能力。基础设施 $i$ 的修复能力是基础设施管理者的基本修复能力（ $h_i$ ）和从分配的修复资源获得的修复能力[ $\ln(1+\mu_i g_{1,i})$ ]的总和。基于基础设施系统间的关联关系，式（6.9）表示各类基础设施系统在时刻 $t$ 的故障程度。式（6.10）确保分配给每个基础设施系统的资源量是非负的。式（6.11）确保分配给所有基础设施系统的修复资源的总量不超过资源预算 $G$ 。式（6.12）是定义 $T_{1,i}$ ，其中 $r_i(t)$ 表示基础设施 $i$ 在时刻 $t$ 的动态韧性；$\delta_i$ 表示基础设施系统 $i$ 可以满足用户基本需求的动态韧性值。

在第二阶段，用户的基本需求被满足后，修复资源分配的目标是使后续修复过程中基础设施系统的总损失最小。

$$\min_{g_1,\cdots,g_N} \sum_{i=1}^{N} \alpha_i \int_{T_1^*}^{T_{2,i}} q_i(t)\mathrm{d}t + \gamma \sum_{i=1}^{N} g_{1,2}(T_{2,i}-T_1^*) \tag{6.13}$$

s.t.

$$g_{2,i} = g_{1,i} - \rho_i \geqslant 0, \quad i = 1, 2, \cdots, N \tag{6.14}$$

$$\sum_{i=1}^{N} (g_{1,i} - \rho_i) \leqslant G \tag{6.15}$$

$$K = \mathrm{diag}(h_i + \ln(1 + \mu_i g_{1,2})), \quad i = 1, 2, \cdots, N \tag{6.16}$$

$$q(t) = \mathrm{e}^{K(1-A)(t-T_1^*)} q(T_1^*), \quad t \geqslant T_1^* \tag{6.17}$$

$$r_i(T_{2,i} - 1) > \delta_i \geqslant r_i(T_{2,i}), \quad i = 1, 2, \cdots, N \tag{6.18}$$

式（6.13）为第一阶段基础设施系统修复过程中的总损失。第一项表示基础设施系统的经济损失，它是从DIIM获得的；第二项表示修复资源的使用成本，其中 $T_{2,i}$ 表示基础设施 $i$ 的动态韧性恢复到期望水平的时间，$\gamma$ 表示单位修复资源在单位时间的使用成本，$g_{1,2}$ 表示在第二阶段分配给基础设施 $i$ 的修复资源。式（6.14）确保在第二阶段分配给每个基础设施系统的修复资源为非负数。$\rho_i$ 表示与第一阶段分配给基础设施 $i$ 的资源量相比，第二阶段分配给基础设施 $i$ 的修复资源的调整量。式（6.15）确保分配给所有基础设施系统的修复资源的总量不超过资源预算 $G$。式（6.16）表示第二阶段基础设施系统的修复能力矩阵。式（6.17）表示在 $t > T_1^*$ 时各类基础设施系统的故障程度。$T_1^*$ 由第一阶段目标函数的值确定，是第二阶段的开始时间。式（6.18）中的 $T_{2,i}$ 表示基础设施的动态韧性恢复到期望水平的时间。

## 6.2　模型求解方法

在第5章，启发式算法已用于解决资源分配问题[238]。本章仍使用遗传算法求解两阶段规划模型。

对于第一阶段的模型，可通过以下步骤搜索资源分配模型的最优解［式（6.7）～式（6.12）］。

步骤1：代码设计。基于式（6.19）所示的约束，用染色体向量 $e = (e_1, e_2, \cdots, e_N)^{\mathrm{T}}$ 表示资源分配策略：

$$\begin{cases} \sum_{i=1}^{N} e_i \leqslant 1 \\ e_i \geqslant 0 \end{cases} \tag{6.19}$$

考虑到个体的多样性，初始染色体种群根据约束条件随机生成。

步骤2：计算染色体的适应度函数值。

第一，将式（6.8）、式（6.9）和式（6.12）变换为离散形式，见式（6.20）、式（6.21）和式（6.22）。式（6.22）将式（6.12）中的 $r_i(t)$ 表示为 $q_i(t)$ 的函数。

$$K(\text{e}\times G) = \text{diag}(h_i + \ln(1 + u_i e_i G)), \quad i = 1, 2, \cdots, N \tag{6.20}$$

$$q(t+1) = q(t) - K(\text{e}\times G)[I - A] \times q(t) \tag{6.21}$$

$$1 - \frac{\sum\limits_{t=0}^{T_{1,i}-1} q_i(t)}{T_{1,i} - 1} > \delta_i \geq 1 - \frac{\sum\limits_{t=0}^{T_{1,i}} q_i(t)}{T_{1,i}}, \quad i = 1, 2, \cdots, N \tag{6.22}$$

第二，计算基础设施系统在各时刻的故障程度。向量 $q(t, \text{e}\times G)$ 的元素是结合式（6.20）和式（6.21）的递归公式及初始故障向量 $q(0)$ 计算的。若 $q_i(t)$ 满足式（6.22），则 $T_{1,i} = t$。

第三，计算适应度函数值

$$T_1^* = \max\{T_{1,1}, \cdots, T_{1,i}, \cdots, T_{1,N}\} \tag{6.23}$$

每个染色体的适应度函数值指在一个资源分配策略下基础设施系统的动态韧性恢复到基本水平的时间。对于不满足约束条件式（6.10）和式（6.11）的染色体，使用一个足够大的数值 $H$ 作为不可行解的惩罚函数值。

步骤3：将轮盘赌、两点交叉和随机变异分别作为遗传算法中选择、交叉和变异的策略。经过上述步骤，可根据每一代的适应度函数值选择优良染色体。依据连续两代之间最佳适应度函数值的收敛性，确定算法的停止法则。当算法停止时，最小适应度函数值对应的染色体即第一阶段资源分配模型的最优解。

对于第二阶段的模型，每个资源分配策略仍以染色体向量的形式表示，求解方法中的步骤1和步骤3与第一阶段相同。步骤2中，第一，将式（6.17）和式（6.18）变换为离散形式，见式（6.24）和式（6.25）。

$$q(t+1) = q(t) - K(\text{e}\times G)[I - A] \times q(T_1^*), \quad t \geq T_1^* \tag{6.24}$$

$$1 - \frac{\sum\limits_{t=0}^{T_1^*} q_i(t) + \sum\limits_{t=T_1^*}^{T_{2,i}-1} q_i(t)}{T_{2,i} - 1} > \varepsilon \geq 1 - \frac{\sum\limits_{t=0}^{T_1^*} q_i(t) + \sum\limits_{t=T_1^*}^{T_{2,i}} q_i(t)}{T_{2,i}}, \quad i = 1, 2, \cdots, N \tag{6.25}$$

第二，在 $T_1^*$ 之后的每个时间步计算基础设施系统的故障程度。对于 $t \geq T_1^*$，向量 $q(t, \text{e}\times G)$ 的元素是结合式（6.24）的递归公式及初始故障向量 $q(T_1^*)$ 计算的。若向量中的元素 $q_i(t)$ 满足式（6.25），则令 $T_{2,i} = t$。

第三，计算适应度函数值

$$Q = \sum_{i=1}^{N} \alpha_i \sum_{T_1^*}^{T_{2,i}} q_i(t) + \gamma \sum_{i=1}^{N} e_i(T_{2,i} - T_1^*) \tag{6.26}$$

每个染色体的适应度函数值就是第一阶段之后系统恢复过程中的总损失。

当使用上述方法求解构建的两阶段模型时，每一代的染色体数量设置为 $100 \times N$，其中 $N$ 表示基础设施系统的数量。

# 6.3 案 例 分 析

为验证模型的有效性，下面仍使用美国经济分析局提供的国家行业间的投入和产出数据进行案例分析，数据和参数详见5.4.1节。另外，为评估关联基础设施系统的动态韧性，将动态韧性的基本水平设置为0.85，将动态韧性的期望水平设置为0.95，并将每万美元修复资源的单位时间使用成本设为100美元。

## 6.3.1 数值分析结果

假设OGE、EPG和NGD等3个基础设施系统受到破坏性事件的影响，这3个系统的初始故障程度分别设为0.4、0.3和0.2，其他系统不会受到事件的直接影响。仿真中，时间步设置为1天。在没有来自政府的修复资源的情况下，破坏性事件发生后基础设施系统动态韧性的变化如图6.2所示。

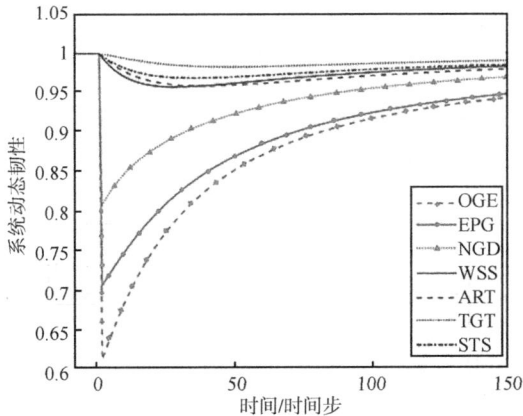

图6.2 无修复资源分配时基础设施系统动态韧性的变化

如图6.2所示，破坏性事件发生后，直接受影响的基础设施系统的动态韧性急剧下降，并且下降的幅度与初始故障程度成正比。由于基础设施系统自身具备基本修复能力，因此这些系统的动态韧性值随时间逐步增大。100个时间步后，这些系统的动态韧性值都恢复到大于0.9的水平。由于关联关系，其他基础设施系统被破坏性事件间接影响，它们的动态韧性也先减小后增大。但是，与受直接影响的系统相比，其韧性波动相对较小。在恢复过程中，受间接影响的系统的最小动态韧性始终大于0.95。这意味着破坏性事件对受间接影响的系统的负面影响并不严重。在大约100个时间步后，受间接影响的系统的动态韧性值都恢复到大于0.98的水平。正常情况下，只有受直接影响的基础设施系统需要政府分配修复资源来进行系统恢复，因为受间接影响的基础设施系统仅在功能上因关联关系而受到破坏。因此，在以下研究中，修复资源仅分配给受直接影响的基础设施系统。

为了进行比较，下面分析不同修复资源分配策略下关联基础设施系统的动态韧性。这里使用三种策略进行仿真：①由两阶段模型得到的修复资源分配策略（策略1）；②以关联基础设施系统恢复时间最小化为目标得到的修复资源分配策略（策略2）；③以关联基础设施系统总损失最小为目标得到的修复资源分配策略（策略3）。假设修复资源预算为10 000美元，不同策略下关联基础设施系统动态韧性的变化如图6.3所示。具体分配策略和系统总损失如表6.1所示。

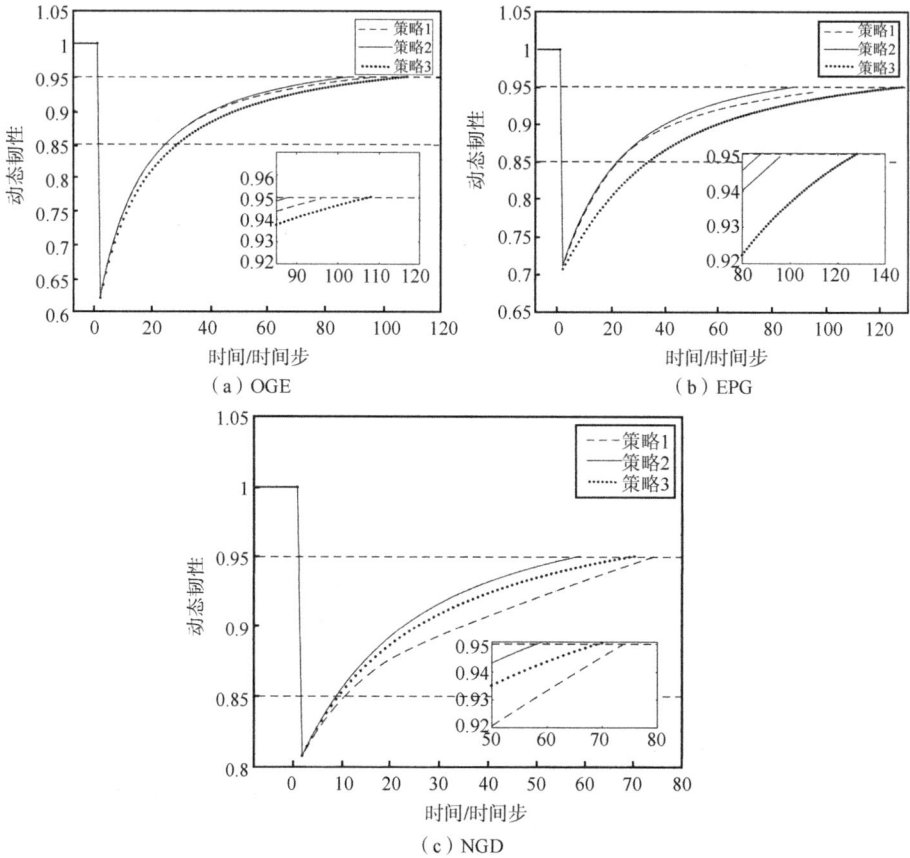

图6.3  不同策略下关联基础设施系统动态韧性的变化

**表6.1　三类资源分配策略和系统总损失**

| 项目 | 策略1（第一阶段） | 策略1（第二阶段） | 策略2 | 策略3 |
|---|---|---|---|---|
| 分配给 OGE 的资源/万美元 | 4 185 | 1 546 | 2 332 | 1 327 |
| 分配给 EPG 的资源/万美元 | 5 815 | 1 835 | 7 029 | 2 011 |
| 分配给 NGD 的资源/万美元 | 0 | 533 | 639 | 430 |
| 总分配资源/万美元 | 10 000 | 3 914 | 10 000 | 3 768 |
| 总损失/万美元 | 12 818 | 11 804 | 26 665 | 22 836 |
| 恢复时间/时间步 | 18 | 78 | 88 | 128 |

图6.3中，不同资源分配策略下，每类基础设施系统的动态韧性恢复到基本水平或期望水平的时间是不同的。对基础设施系统OGE，在三类策略下，其动态韧性恢复到基本水平的时间分别为24个时间步、25个时间步和29个时间步。但是，经过18个时间步后，策略1对应的动态韧性曲线的斜率变小，这说明该策略下动态韧性的恢复速度降低。相比之下，策略2和策略3对应的动态韧性曲线的斜率变化不大。三种策略下，基础设施系统OGE的动态韧性恢复到期望水平的时间分别为96个时间步、88个时间步和108个时间步。策略2下的恢复时间最短。表6.1中的数据可以解释这种现象。策略1的第一个目标是使基础设施系统的动态韧性迅速恢复到基本水平。达到此目标后，重新分配修复资源，以降低后续修复过程中的总损失。表6.1中，在策略1下，分配给基础设施系统OGE的资源在第一阶段为4185万美元，在第二阶段为1546万美元。在策略2下，分配给基础设施系统OGE的资源始终为2332万美元，比策略1的第二阶段要多。因此，策略2下的总恢复时间最短。三种策略下，基础设施系统EPG的恢复过程与基础设施系统OGE的恢复过程相似。

但是，三种策略下，基础设施系统NGD的恢复过程显然不同于其他两类基础设施系统。在策略2下，基础设施系统NGD的动态韧性恢复到基本水平和期望水平的时间均最短。此外，其在策略1下的恢复时间始终是最长的。从表6.1中可见，由于基础设施系统NGD的初始故障程度最小，因此要满足策略1的第一个目标，在策略1的第一阶段，所有修复资源都分配给基础设施系统OGE和EPG，没有分配给基础设施系统NGD任何资源。因此，基础设施系统NGD的动态韧性恢复到基本水平的时间最长。在策略1的第二阶段，一些资源分配给基础设施系统NGD。但是，资源量仍然少于策略2下分配给该系统的资源；在策略1下，基础设施系统NGD的动态韧性恢复到期望水平所需的时间是最长的。

表6.1中，三种策略下，基础设施系统的总恢复时间分别为96个时间步、88个时间步和128个时间步，而总损失分别为24 600万美元、26 600万美元和22 800万美元。与策略2相比，策略1下基础设施系统的恢复时间长了8个时间步，但总损失却

低了20 43万美元。此外，前面的分析表明，策略1下，基础设施系统OGE和EPG的动态韧性恢复到基本水平的时间都比在策略2下的时间短。

与策略3相比，策略1下基础设施系统的恢复速度更快，要短32个时间步；而两种策略下基础设施系统的总损失相近，相差仅1786万美元。总体而言，从满足用户需求和最大限度减少总损失的角度来看，由构建的两阶段模型得出的策略1是决策者的更好选择。

基础设施系统OGE的初始故障程度为0.4，是三个基础设施系统中最大的。但在不同的策略下，分配给基础设施系统EPG的资源量都多于分配给基础设施系统OGE的资源量。这可能是由成本–效益参数的值决定的，对基础设施系统EPG，该值为0.015，比基础设施系统OGE要大。如果将资源分配给基础设施系统EPG，资源对基础设施系统动态韧性的恢复更有效。但是，尽管基础设施系统NGD的成本–效益参数最高，但分配给该系统的资源量始终最少。这是因为与其他两个系统相比，该基础设施系统的初始故障程度相对较小。

### 6.3.2　敏感性分析

案例分析得到的数值结果取决于部分参数的取值，如每万美元的修复资源在1个时间步的使用成本 $\gamma$ 的取值为100美元。下面通过敏感性分析探究该参数如何影响案例分析的结果。将参数 $\gamma$ 的取值设为0.1万～5万美元。对于不同的 $\gamma$ 值，三种资源分配策略下基础设施系统的恢复时间和总损失如图6.4所示。

图6.4（a）中，策略1下，基础设施系统的最短恢复时间为92个时间步，这是在 $\gamma$ 值为0.001时获得的。随着 $\gamma$ 的增加，恢复时间也会增加。当 $\gamma$ 大于0.035时，恢复时间停止增加，并保持121个时间步不变。这说明当 $\gamma \leqslant 0.35$ 时，若修复资源的使用成本增加，则分配给三类基础设施系统的资源总量减少。该结果与策略1的第二个目标一致，该目标是将第二阶段的总损失降到最低。当 $\gamma > 0.35$ 时，为了平衡基础设施系统的总损失和修复资源的使用成本，资源分配策略不会随 $\gamma$ 值的变化而变化，基础设施系统的恢复时间保持不变，为121个时间步。另外，总损失随着 $\gamma$ 值的增加而持续增加，从19 200万美元增加到37 500万美元。当 $\gamma > 0.35$ 时，尽管基础设施系统的恢复时间保持恒定，但由于修复资源的使用成本增加，总损失仍随 $\gamma$ 值的增加而增加。

图6.4（b）中，策略2下的目标是最大限度地缩短基础设施系统的恢复时间，因此在制定该策略时不会考虑总损失，并且基础设施系统的恢复时间为88个时间步，对不同的 $\gamma$ 值均保持不变。但总损失随着 $\gamma$ 值的增加而迅速增加，从19 200万美元增加到64 300万美元。对相同的 $\gamma$ 值，策略2下的总损失要比策略1下的总损失

大得多。当 $\gamma=0.05$ 时，两个策略之间的差额即为26 800万美元。

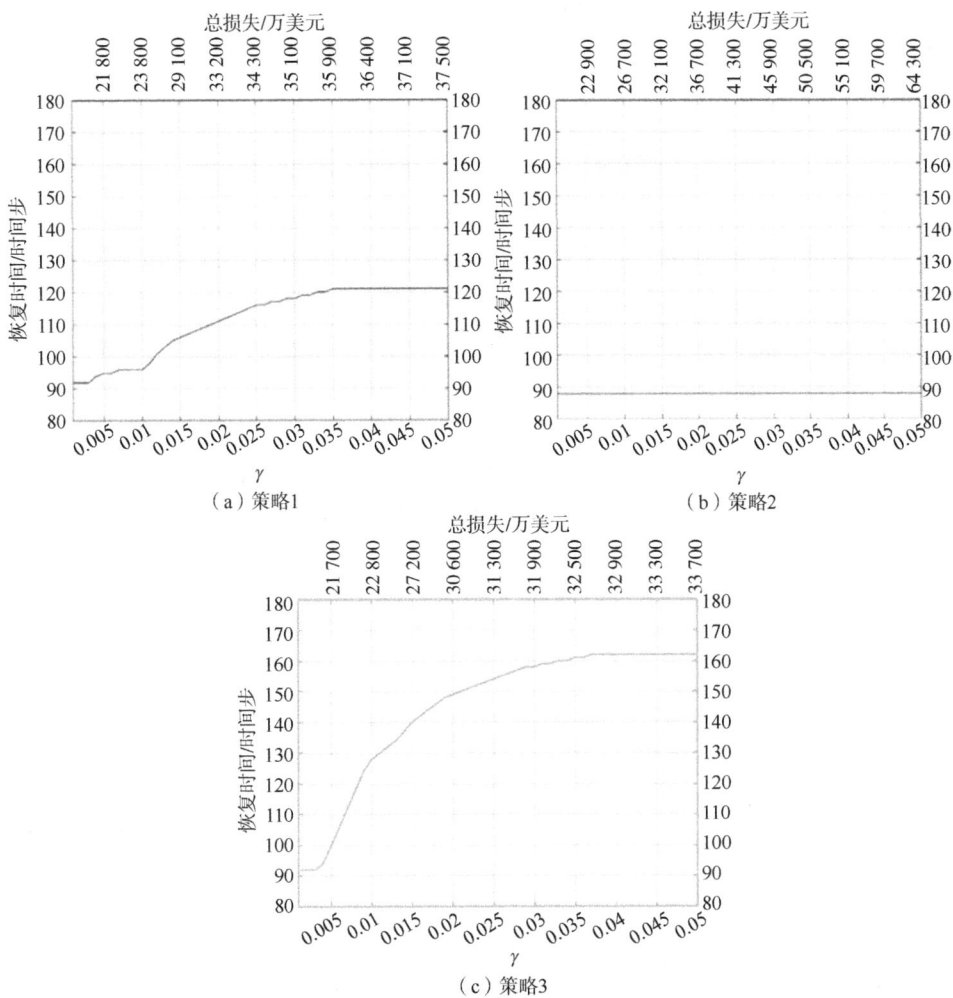

（a）策略1

（b）策略2

（c）策略3

图6.4　三种策略下关联基础设施系统的恢复时间和总损失随 $\gamma$ 值的变化

图6.4（c）中，策略3下基础设施系统的恢复时间随 $\gamma$ 的变化与策略1下的变化相似。但对于相同的 $\gamma$，策略3下的恢复时间明显比策略1下的更长。当 $\gamma \geqslant 0.01$ 时，两者间的差值通常超过30个时间步。但是，策略3下的总损失要小于策略1下的总损失，两者之差通常小于4000万美元。

对比图6.4（a）、图6.4（b）和图6.4（c）可见，当 $\gamma \leqslant 0.004$ 时，三种策略下的恢复时间和总损失彼此接近，大多数修复资源都分配给基础设施系统以进行修复。当 $\gamma > 0.004$ 时，三种策略下关联基础设施系统的恢复时间和总损失的差异都随着 $\gamma$ 的增加而更加显著。策略2下的恢复时间始终是最短的，策略3下的总损失始终是最小的。但是，策略1在满足用户基本需求和减少总损失之间取得了平衡。在大多数情况下，对于相同的 $\gamma$ 值，策略1下的恢复时间接近策略2下的恢复时间，总损失接近策略3下的总损失。

## 6.4　本　章　小　结

在有限的修复资源预算下，优化系统间的修复资源分配策略可提高关联基础设施系统的灾后恢复效率，并减少灾害造成的损失。从政府决策者的角度，本章提出了一个两阶段的修复资源分配模型。第一阶段的目标是快速恢复基础设施系统的动态韧性，以满足用户的基本需求。第二阶段的目标是最小化第一阶段之后恢复过程中的系统总损失。两阶段资源分配模型的目标在基础设施系统的修复过程中并不相同，这平衡了基础设施系统的恢复时间和灾害造成的总损失。案例分析的结果表明，本章提出的模型可帮助决策者更好地了解资源分配策略变化的影响，并在灾难发生后帮助其做出明智的决策。

# 第7章　关联基础设施系统多灾韧性评估

多数国家和地区都位于多灾风险区，因此基础设施系统对多重灾害韧性的研究具有重要的实用价值[239]。例如，1964年美国阿拉斯加的威廉王子湾地区遭受了地震、山体滑坡和海啸等连续灾害[240]；1991年皮纳图博山火山喷发并引发了菲律宾地震；2005年卡特里娜飓风和随后的洪水严重破坏了美国新奥尔良市；2011年日本地震、海啸和洪水灾害的影响至今仍在。多重灾害韧性或多灾风险通常可利用历史数据对比或汇总单个灾害损失来度量[241, 242]。国家级的多灾风险评估仿真分析平台主要有美国的HAZUS-MH、新西兰的RiskScape等[243, 244]，它们多将单个灾害视为独立事件，分析地震、海啸、洪涝、飓风、风暴潮等自然灾害的风险[245]，很少考虑灾害的时空关联[246]。近年来，部分研究认识到了多灾过程、风险因素、系统脆弱性等交互作用对多灾韧性的影响[247, 248]，试图解释多灾关联机理或规律[249]。其中，一类研究针对具体空间区域，利用历史灾害数据来把握已发生灾害之间的关联关系[250]；另一类研究则针对具体灾害，解析多灾因果链[247]。

基于灾害情景的基础设施系统韧性评估模型通常采用确定性分析方法，将多重灾害视为事件序列，并假设后一事件发生时基础设施系统已从前一事件中恢复。多重灾害持续时间指从第一个灾害发生到最后一个灾害结束。多重灾害韧性分析时间指从第一个灾害发生到基础设施系统从最后一个灾害中恢复，韧性可依据基础设施系统性能的动态变化过程来评估，可用单个灾害韧性的函数来表示。美国联邦紧急事务管理局开发的HAZUS-MH软件平台可以分析飓风、地震和洪水等灾害的风险[251]。HAZUS-MH假设"飓风和后续洪水的风险至少是两者风险的较大者，且不高于两灾风险的总和"，用$W + FW \times F$来表示飓风和后续洪水的组合风险。其中，$W$表示飓风风险，$F$表示洪水风险。Tran等[252]定义单个灾害包括一次中断和后续的修复行为，用每个灾害韧性的指数加权平均值来表示多次连续中断韧性。Zobel和Khansa[118]扩展了韧性三角形的概念，用$1 - \sum(1 - R_i)$来度量连续多灾韧性，其中$R_i$是第$i$个灾害的韧性。Zhao等[253]利用单灾损失的加权总和来衡量多灾韧性。

从降低风险的角度来看，多灾事件可以用特定区域内多个单灾的联合概率分布来表示[254]。多个独立、同时发生的灾害的韧性常用特定时间段内的单灾韧性和联合重现频率来评估。Ouyang等[132]假设每个灾害相互独立，并用其重现期和平均持续时间来构建单个灾害发生概率的泊松分布函数。特定区域每年的多灾韧性期望用加权求和单灾韧性来计算。Zhou等[255]将多灾定义为多灾事件下多条道路的同时中断，且每条道路的中断用二项分布来描述，多条道路的中断用泊松分布来描述，并运用蒙特卡罗方法和启发式算法研究了香港路网在多次随机故障和故意攻击下的鲁棒性。Thacker等[256]用多元随机场表示连续空间灾害，用超越概率表示给定年份灾害的发生概率，基础设施的损坏概率用其脆弱性和灾害发生概率来度量，他们研究了英格兰和威尔士电网的洪水风险。目前，罕见的极端事件无法利用标准概率方法来预测，因为这类事件极易导致远超历史灾害的损失，从而使基于灾害分布的方法受到质疑[257]。此外，这类方法也没有考虑多灾对基础设施系统影响的关联性。

综上所述，现有的多灾韧性研究存在四个局限。第一，现有研究假设灾害瞬时发生，没有考虑灾害的持续时间，这使得对基础设施系统破坏状态的评估不准确。尽管与灾害的持续时间相比，基础设施损坏发生的时间非常短，但是基于灾害情景的方法假设灾害持续时间没有重叠将多灾描述为连续灾害，基于灾害分布的方法假设灾害持续时间完全重叠将多灾描述为同现灾害，忽略了现实中三个或更多灾害持续时间存在部分重叠情景下基础设施受损状态的复杂建模。这种忽略对于小规模的基础设施网络韧性分析影响不大，但是对于大规模基础设施网络的影响很大。例如，大规模的电力网络空间分布较广，位于海边的部分设施较早地遭受飓风袭击，并在不久后同时遭受后续风暴潮的破坏。设施在遭受飓风后未恢复又遭受风暴潮时的鲁棒性与同时遭受这两类灾害时的鲁棒性，或遭受飓风恢复后又遭受风暴潮时的鲁棒性不同。第二，现有研究忽略了多灾的空间关系。由于城市或区域基础设施空间分布广泛，多种灾害的时间关系不足以完整描述灾害的分布和其对基础设施的影响。同时，多种灾害的分布在空间上具有明显的特点，并且部分具有较强的空间关联性。因此，关联基础设施系统的多灾韧性评估必须考虑灾害的空间关系。第三，现有的韧性评估指标通常是静态的、独立的。多类灾害具有持续时间长、空间覆盖广等特点，有必要进行动态的、空间的关联基础设施性能分析。韧性动态评估方法应该包括：多重灾害模型、单一基础设施系统性能动态评估模型、灾后修复策略过程，以及关联基础设施系统整体性能指标等。第四，现有研究通常将多灾韧性表示为多个单灾韧性的函数，未能区分多灾与单灾对基础设施的影响。原因有三：①多灾对基础设施的破坏程度不能用单一灾害的脆弱性来度量；②基础设施系统间的关联关系使得系统内和系统间出现级联故障，多灾的时空分布与基础设施破坏的时空分布不对称；③多灾情景下基础设施修复策略的目标是提高关联基础设施系统的整体韧性，实施时可能受到单个灾害破坏的限制。

为了解决上述四个问题，本章建立了情景导向的多灾时空影响分析框架，提出了一个新方法来评估关联基础设施系统的多灾韧性。该方法包括多灾时空关系解析及其对单个基础设施的作用分析、单一基础设施系统的运行机制和关联基础设施的相互作用，以及韧性最大化的灾后联合修复策略模型。

# 7.1　关联基础设施系统多灾韧性度量

## 7.1.1　关联基础设施系统多层网络模型

电力、供水、燃气等基础设施系统的功能相互关联，共同构成一个"系统之系统"，即关联基础设施系统。其中，单一基础设施系统可用网络模型来描述，关联基础设施系统可建模为网络的网络或多层网络（图7.1）[258]。其中，单层网络表示单一基础设施系统[259]，如电力网络、供水网络或燃气网络等，并以相同的方法构建[260]。节点表示功能源点和传输设施，如电力网络$G^E$的发电厂和变电站，供水网络$G^W$的自来水厂和泵站，燃气网络$G^G$的压缩站和储存设施。边表示功能传输设施，如电网$G^E$的输电线、供水网络$G^W$的水管、燃气网络$G^G$的管道。单层网络的节点和边共同构成单一基础设施系统；跨层网络之间的边表示不同类型基础设施系统之间的功能传输。

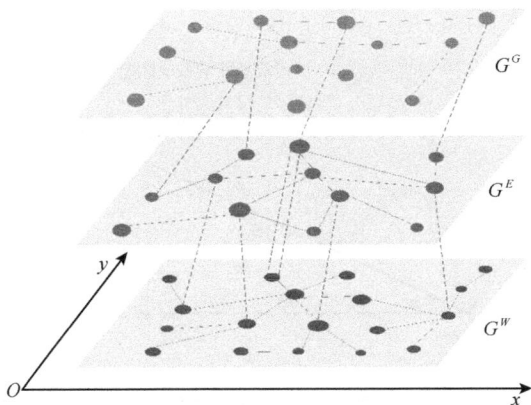

图7.1　关联基础设施系统的多层网络模型示意

位于相同区域的基础设施极易同时遭受灾害的影响，并直接影响相应基础设施系统的功能[256]。因此，基础设施的地理位置也应纳入多层网络模型，常用二维欧几里得坐标来表示。综上所述，关联基础设施多层网络中节点的坐标有3个数值$(\varphi, x, y)$，其中 $\varphi$ 表示基础设施的类型，$(x, y)$ 表示节点的地理位置。多层网络中的边由其两个端点表示，分为两种类型：①两个端点的 $\varphi$ 值相同，为单层基础设施网络内部；②两个端点的 $\varphi$ 不同，为跨层网络的连接。边的传输能力，可以代表其重要程度，用其粗细来表示。

### 7.1.2 确定性单灾韧性动态度量

基础设施系统韧性被定义为"系统适应不断变化的外部环境条件，抵御灾害并快速恢复的能力"，包括"灾害发生后系统能够维持和修复的能力"[148]。Simonovic 和 Peck[230]提出的确定性灾害韧性动态评估指标，将韧性量化为从灾害发生至 $T$ 时刻系统实际性能的变化曲线（图7.2的实线）积分与系统预期性能的变化曲线（图7.2中上侧的虚线）积分的比值，即式（7.1）：

$$r^{A_i}(T) = \frac{\int_{t_{A_i}^O}^{T} \mathrm{SP}_{A_i}(t)\mathrm{d}t}{\int_{t_{A_i}^O}^{T} \mathrm{SP}_0(t)\mathrm{d}t} = \frac{\int_{t_{A_i}^O}^{T} (\mathrm{SP}_0(t) - \mathrm{SL}_{A_i}(t))\mathrm{d}t}{\int_{t_{A_i}^O}^{T} \mathrm{SP}_0(t)\mathrm{d}t} = 1 - \frac{\int_{t_{A_i}^O}^{T} \mathrm{SL}_{A_i}(t)\mathrm{d}t}{\int_{t_{A_i}^O}^{T} \mathrm{SP}_0(t)\mathrm{d}t} \quad （7.1）$$

其中，$r^A(T)$ 表示灾害 $A_i$ 发生后基础设施系统在 $T$ 时刻的韧性；$\mathrm{SP}_{A_i}(t)$ 表示灾害 $A_i$ 发生后基础设施系统的实际性能变化函数；$\mathrm{SP}_0(t)$ 表示没有灾害发生时基础设施系统的预期性能变化函数；$\mathrm{SL}_{A_i}(t)$ 表示灾害 $A_i$ 发生后基础设施系统的性能下降函数；$t_{A_i}^O$ 表示灾害 $A_i$ 的发生时间。

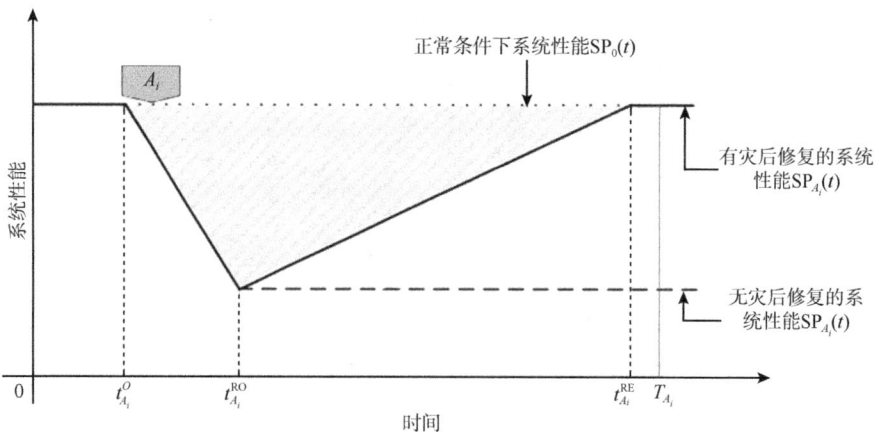

图7.2　单个灾害情景中时间基础设施系统性能的变化过程

单灾 $A_i$ 发生后特定时间 $T_{A_i}$ 的静态韧性可用式（7.2）来计算：

$$r^{A_i}(T_{A_i}) = \frac{\int_{t_{A_i}^O}^{T_{A_i}} \mathrm{SP}_{A_i}(t)\mathrm{d}t}{\int_{t_{A_i}^O}^{T_{A_i}} \mathrm{SP}_0(t)\mathrm{d}t} = \frac{\int_{t_{A_i}^O}^{T_{A_i}} (\mathrm{SP}_0(t) - \mathrm{SL}_{A_i}(t))\mathrm{d}t}{\int_{t_{A_i}^O}^{T_{A_i}} \mathrm{SP}_0(t)\mathrm{d}t} = 1 - \frac{\int_{t_{A_i}^O}^{T_{A_i}} \mathrm{SL}_{A_i}(t)\mathrm{d}t}{\int_{t_{A_i}^O}^{T_{A_i}} \mathrm{SP}_0(t)\mathrm{d}t} \quad （7.2）$$

其中，$\int_{t_{A_i}^O}^{T_{A_i}} \mathrm{SL}_{A_i}(t)\mathrm{d}t$ 表示系统性能损失三角的面积（图7.2的阴影区域）；$\int_{t_{A_i}^O}^{T_{A_i}} \mathrm{SP}_0(t)\mathrm{d}t$ 表示系统预期性能矩形的面积[261, 262]。关联基础设施多层网络性能常用最大连接块的规模[263]、正常运行节点的比例[170]、边的传输效率[264]、服务客户的数量[265]等来统一度量。

图7.2中，箭头 $A_i$ 的宽度表示灾害的持续时间。基础设施系统性能的变化分为灾难预防、破坏和传播、演化和修复等三个阶段[266]。

## 7.1.3　概率多灾韧性度量

多灾指多个灾害同时或依次连续发生，如暴雨、雷暴同时灾害，飓风、洪水连续灾害等[267]。由于不同的灾害对基础设施的破坏形式或影响程度不同，因而多灾事件普遍引发关联基础设施系统性能的复杂变化，所造成的损失是单灾时空影响的动态非线性叠加。从空间维度来看，与两灾袭击不同区域相比，两灾袭击相同区域对基础设施系统造成的损失更大。从时间维度来看，多灾共现和连续发生所引发的损失不同，见图7.3。即使多灾连续发生，发生的时间间隔长短也会影响基础设施的受损状态，进而影响系统性能的变化。

如图7.3（a）所示，多灾情景下基础设施系统的性能变化需要划分为多个阶段，每个阶段系统性能的变化过程与单灾情景下不同。原因在于前一灾害对基础设施的破坏将增加后一灾害下基础设施的脆弱性。例如，飓风发生后，建筑物的屋顶受损，其在后续遭遇暴雨时的可用性大幅降低。同时，基础设施之间相互关联，将进一步降低系统整体的鲁棒性。如图7.3（b）所示，与图7.3（a）相比，$A_1$ 和 $A_2$ 同时发生对关联基础设施系统造成的破坏大于两灾连续发生造成的破坏。

基于此，可利用多灾情景下关联基础设施系统性能的动态变化过程，拓展得到多灾韧性度量方法，见式（7.3）。

$$r^{A_1, \cdots, A_m}(T_A) = \frac{\int_{t_{A_1}^O}^{T_A} \mathrm{SP}(t)\mathrm{d}t}{\int_{t_{A_1}^O}^{T_A} \mathrm{SP}_0(t)\mathrm{d}t} = 1 - \frac{\sum_{i=1}^{m} \int_{t_{A_i}^O}^{t_{A_i}^{E^*}} \mathrm{SL}(t)\mathrm{d}t}{\int_{t_{A_1}^O}^{T_A} \mathrm{SP}_0(t)\mathrm{d}t} \quad （7.3）$$

其中，$r^{A_1, \cdots, A_m}(T_A)$ 表示关联基础设施系统在 $T_A$ 时刻的多灾韧性；$A = \{A_1, \cdots, A_m\}$

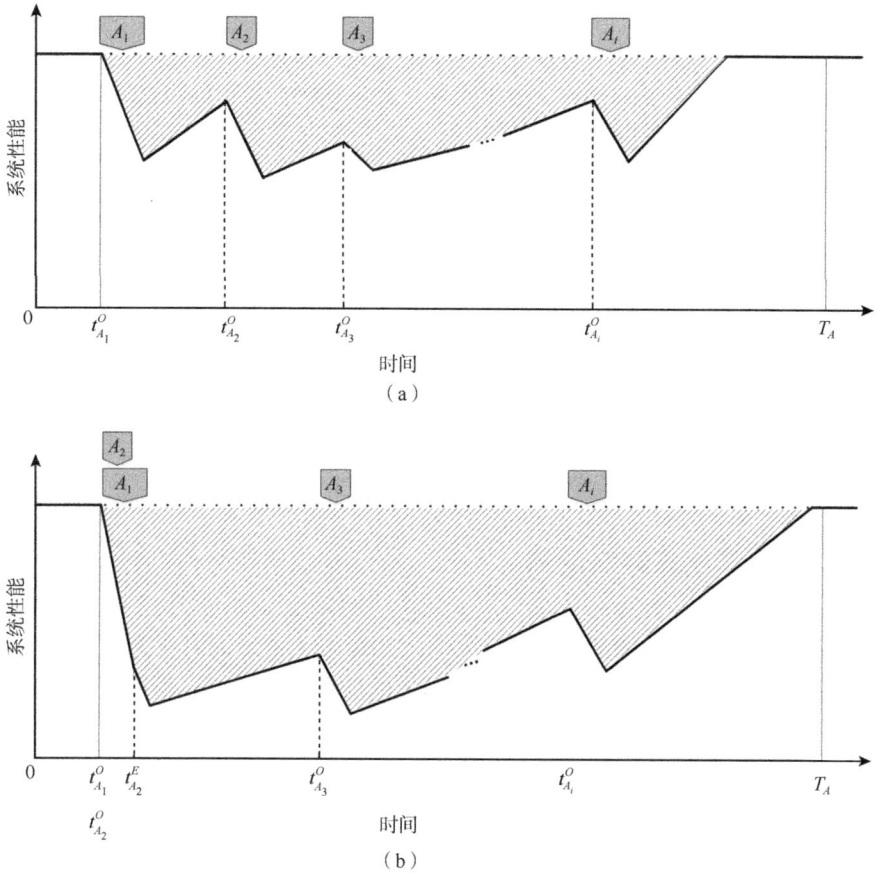

图7.3    多灾情景下基础设施系统性能变化过程示意图

（ $m \geq 2$ ）是多灾事件，下角标表示灾害发生的顺序；$t_{A_i}^{E*} = \min\{t_{A_i}^{RE}, t_{A_{i+1}}^{O}\}$ 表示多灾事件发生后系统性能变化过程的阶段划分时刻，$t_{A_i}^{RE}$ 表示系统从灾害 $A_i$ 和之前灾害中恢复的时刻，$t_{A_{i+1}}^{O}$ 表示后续灾害 $A_{i+1}$ 的发生时刻。

基础设施在任意灾害情景中的状态是随机的。因此，关联基础设施网络的性能（ $SP(t)$ ）也是随机的。于是，多灾韧性可用系统性能的期望来计算，见式（7.4）：

$$r^{A_1, \cdots, A_m}(T_A) = 1 - \frac{\sum_{i=1}^{m} \int_{t_{A_i}^{O}}^{t_{A_i}^{E*}} E(SL(t))\mathrm{d}t}{\int_{t_{A_1}^{O}}^{T} E(SP_0(t))\mathrm{d}t} = 1 - \frac{\sum_{i=1}^{m} \int_{t_{A_i}^{O}}^{t_{A_i}^{E*}} \frac{\sum_{u=1}^{N} P_u(t)I_u}{N} \mathrm{d}t}{\int_{t_{A_1}^{O}}^{T} \frac{\sum_{u=1}^{N} (1-P_u^{E}(t))I_u}{N} \mathrm{d}t} \qquad (7.4)$$

其中，$E(\mathrm{SP}_0(t))$ 表示关联基础设施网络实际性能的期望；$E(\mathrm{SL}(t))$ 表示关联基础设施网络系统损失的期望；$N$ 表示关联基础设施网络的规模；$P_u$ 表示第 $u$ 个基础设施的损坏概率；$P_u^E$ 表示第 $u$ 个基础设施的预期损坏概率，正常情况下 $P_u^E$ 为零；$I_u$ 表示第 $u$ 个基础设施的重要性。

根据式（7.4），$P_u(t)$ 是多灾韧性评估的关键，由灾害直接影响、单一基础设施系统的运行机制，以及基础设施的关联关系决定。首先，灾害直接影响指灾害对单个基础设施造成物理损坏的程度和概率。在结构工程领域，单个灾害的强度与 $P_u(t)$ 之间的关系通常用脆性曲线表示，如飓风峰值风速与变电器损坏概率的关系。根据 HAZUS-MH 划分的结构类型，设施或组分的破坏状态分为无损坏、轻微损坏、中度损坏、严重损坏和完全损坏等五种。现有研究通常以中度损坏程度下基础设施的脆弱性曲线来评估设施的损坏概率。其次，对于单一基础设施系统，常用网络拓扑、网络流等方法来分析基础设施受损对单层网络内其他节点和边的功能的影响。非灾害物理破坏导致的功能损失的状态，称为基础设施的功能损坏。最后，跨层网络的连接边将单层网络的物理损坏和功能损坏在多层网络中传播，从而引发其他层网络中设施的功能损坏。此外，灾后的设施修复行为将改变设施的物理破坏状态，并引发功能损坏设施的恢复。

## 7.2 关联基础设施系统多灾韧性评估方法

### 7.2.1 评估框架

综合考虑多灾对基础设施的直接破坏、单一基础设施系统的运行机制、关联基础设施系统的相互作用，以及灾后恢复策略，本章提出了关联基础设施系统多灾韧性评估方法，评估框架见图7.4。

图7.4所示的关联基础设施系统多灾韧性评估框架包括三部分。第一部分为多灾时空关系建模，建立多灾情景，把握灾害对基础设施系统的直接破坏结果。第二部分为明晰单一基础设施的运行机制，建立关联基础设施系统的关联关系模型，分析关联基础设施系统性能的演化过程。第三部分以关联基础设施系统韧性最大化为目标，考虑修复资源限制，建立灾后基础设施修复模型，得出受损设施修复序列。最后，利用上述概率性关联基础设施系统的韧性动态度量指标可得多灾韧性。

图7.4中各部分所用的研究方法目前已获得相关研究和工具的支持。多灾韧性分析依赖具体多灾情景，需要综合基础设施的脆弱性曲线来分析特定多灾时空关系对基础设施状态的影响。网络模型提供了关联基础设施系统建模和系统性能分

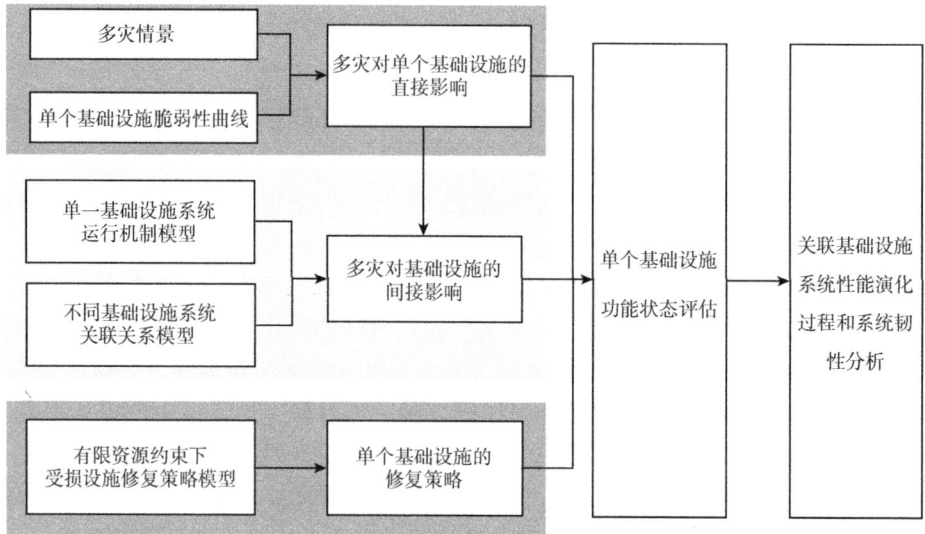

图7.4  关联基础设施系统多灾韧性评估框架

析的方法。基础设施、灾害的空间属性也可以通过空间网络模型进行表达。同时，灾害风险分析的常用工具如GIS（geographic information system，地理信息系统）等也可处理空间数据，为关联基础设施系统韧性分析提供必要的技术支持[268]。灾后修复策略常用规划模型来建模求解。

## 7.2.2  多灾时空关系及直接影响

目前描述多灾时空关系的模型主要分两类，一类为评估特定灾害链发生的可能性；另一类为依据两个灾害的逻辑关联构建灾害关联矩阵。针对多灾对关联基础设施系统的作用，有必要对系统间的时间和空间关系进行深入解析，这样才能得出式（7.4）中的单个基础设施的损坏概率（$P_u$）。

1. 多灾的时间关系解析

不考虑灾害的空间关系，依据单灾的发生时刻，多灾时间关系主要有同时发生和连续发生两类。若灾害持续时间较长，则会导致基础设施结构破坏，为了考虑单个灾害的持续时间，现将单个灾害的发生时刻和结束时刻作为其时间维度的两个指标，进一步解析多灾的时间关系。需要注意的是，互斥灾害永远不会同时发生，不需要考虑这种关系。

给定一个多灾事件 $A$ ，其中 $m$ 个灾害 $\{A_1, A_2, \cdots, A_i, \cdots, A_m\}$ 发生在相同区域，$A_i$ 指第 $i$ 个发生的灾害，$t_{A_i}^O$ 和 $t_{A_i}^E$ 指 $A_i$ 开始的时刻和结束的时刻，$t_{A_i}^{RE}$ 指基础设施系

统从 $A_i$ 及其之前的灾害破坏中恢复的时刻。

多灾的时间关系可分为三类：①多灾同时发生且同时结束，即对于任何 $A_i$（$i \in [1,m]$），都有 $t_{A_i}^O = t_{A_{i+1}}^O$，且 $t_{A_i}^E = t_{A_{i+1}}^E$。②多灾连续发生，后续灾害在前一灾害结束后发生，但此时基础设施系统尚未完全恢复，即对于任何 $A_i$（$i \in [1,m]$），都有 $t_{A_i}^E < t_{A_j}^O < t_{A_i}^E + t_{A_i}^{RE}$。③多灾部分重合，存在灾害 $A_i, A_j$（$i,j \in [1,m], i \neq j$）$[t_{A_i}^O, t_{A_i}^E] \bigcap [t_{A_{i+1}}^O, t_{A_{i+1}}^E] \neq \varnothing$，且 $[t_{A_j}^O, t_{A_j}^E] \bigcap [t_{A_{j+1}}^O, t_{A_{j+1}}^E] = \varnothing$。

于是，多灾对单个基础设施的影响也可分为三类：多灾联合影响、多灾条件影响和混合影响。现仅考虑两个灾害 $A_i$ 和 $A_j$（$i,j \in [1,m]$，$i \neq j$）来说明具有不同时间关系的两灾对单个基础设施的作用。

类型1：灾害 $A_i$ 和 $A_j$ 同时发生且同时结束，$t_{A_i}^O = t_{A_j}^O$，且 $t_{A_i}^E = t_{A_j}^E$，如图7.5（a）所示。单个基础设施受到两个灾害的联合作用。

类型2：灾害 $A_i$ 和 $A_j$ 独立接连发生，$t_{A_i}^E < t_{A_j}^O < t_{A_i}^E + t_{A_i}^{RE}$，如图7.5（b）所示。单个基础设施在 $[t_{A_i}^O, t_{A_j}^O]$ 期间受到 $A_i$ 的单独影响，在 $[t_{A_j}^O, t_{A_j}^E]$ 期间尚未恢复即受到灾害 $A_i$ 发生之后 $A_j$ 的影响。

类型3：灾害 $A_i$ 和 $A_j$ 的持续时间部分重合，表现为图7.5（c）~图7.5（e）的三种可能。在图7.5（c）所示的情景中，单个基础设施在 $[t_{A_i}^O, t_{A_i}^E]$ 期间受到两个灾害的共同作用，在 $[t_{A_i}^E, t_{A_j}^E]$ 期间受到两灾破坏后 $A_j$ 的长期作用。在图7.5（d）和7.5（e）所示的情景中，单个基础设施在 $[t_{A_i}^O, t_{A_j}^O]$ 期间受到 $A_i$ 的单独作用，在重合期间受到以 $A_i$ 破坏为条件的两个灾害的共同作用，并在后续受到以两灾破坏为条件的单个灾害的作用。

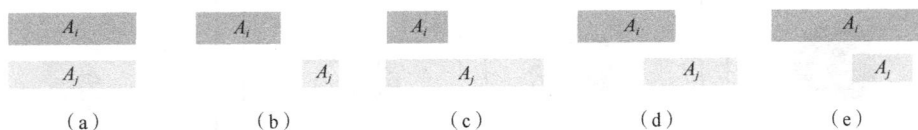

|     (a)     |     (b)     |     (c)     |     (d)     |     (e)     |

图7.5　两个灾害的时间（浅灰色和深灰色矩形表示两个灾害及其持续时间）

若多灾事件包括 $m$ 个灾害，理论上任意两个灾害间可能有三种发生时间关系的组合。依据灾害发生机理，$m$ 个灾害同时发生的概率极低，出现后两个类型的概率较高。

2. 多灾的空间关系解析

具体灾害通常影响特定区域，并随时间演变。基础设施的空间分布分散且不均匀，即使类型和级别相同，影响区域不同的灾害所造成的损失也存在很大差异。灾害影响的空间特征已受到部分学者的关注，灾害影响范围的重叠程度是分析多灾空间关系的重要指标。

给定一个多灾事件 $A$，其中 $m$ 个灾害 $\{A_1, A_2, \cdots, A_i, \cdots, A_m\}$ 发生在相同区域，$A_i$ 指第 $i$ 个灾害，$s_{A_i}$ 指 $A_i$ 在某一时刻的影响区域。在具体区域范围内，依据灾害影响范围的重叠程度，多灾的空间关系可分为三类：①多个灾害的空间影响范围全部重叠，即对于任何 $A_i$（ $i \in [1,m]$ ），$s_{A_i} = s_{A_{i+1}}$。②多个灾害的空间影响范围部分重叠，即对于任何 $A_i$（ $i \in [1,m]$ ），$s_{A_i} \neq s_{A_{i+1}}$ 且 $s_{A_i} \bigcap s_{A_{i+1}} \neq \varnothing$。通常次生灾害的影响范围小于主要灾害，如地震的影响范围大于次生火灾的影响范围。③多个灾害的空间影响范围没有重叠，即对于任何 $A_i$（ $i \in [1,m]$ ）$s_{A_i} \bigcap s_{A_{i+1}} = \varnothing$。

于是，多灾对单个基础设施的影响也可分为多灾联合影响和单灾独立影响。现仅考虑两个灾害 $A_i$ 和 $A_j$（ $i, j \in [1,m]$，$i \neq j$ ），来展示这三类多灾空间关系及其对单个基础设施的作用。

类型1：$A_i$ 和 $A_j$ 的影响范围完全重叠，即 $s_{A_i} = s_{A_j}$，则单个基础设施受到这两个灾害的联合作用，如图 7.6（a）所示。

类型2：$A_i$ 和 $A_j$ 的影响范围部分重叠，即 $s_{A_i} \neq s_{A_j}$ 且 $s_{A_i} \bigcap s_{A_j} \neq \varnothing$，则在非重叠区域内单个基础设施分别受到 $A_i$ 或 $A_j$ 的作用，在重叠区域内基础设施受到 $A_i$ 和 $A_j$ 的联合作用，如图7.6（b）和图7.6（c）所示。

类型3：$A_i$ 和 $A_j$ 的影响范围没有重叠，即 $s_{A_i} \bigcap s_{A_j} = \varnothing$，则两个受灾区域的基础设施分别受到 $A_i$ 或 $A_j$ 的作用，如图7.6（d）所示。

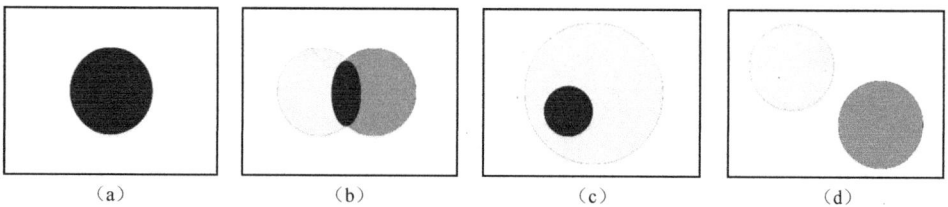

（a）　　　　　　　（b）　　　　　　　（c）　　　　　　　（d）

图7.6　两个灾害的空间关系（浅灰色和中度灰色圆表示两个不同灾害及其覆盖范围；深灰色的交叉部分表示两个灾害都覆盖的范围）

若多灾事件包括 $m$ 个灾害，理论上任意两个灾害间可能有三种空间关系组合。根据过去的多次灾害事件，如2005年卡特里娜飓风和2011年东北太平洋沿岸地震，多灾影响区域部分重叠的情况更加普遍。

### 3. 多灾时空关系矩阵

综合考虑灾害的时间和空间关系，建立多灾对基础设施影响的分析框架，即多灾影响矩阵图，见图7.7。考虑到基础设施系统的空间分布比较分散，单个基础设施可能在不同时间受到不同灾害的影响。

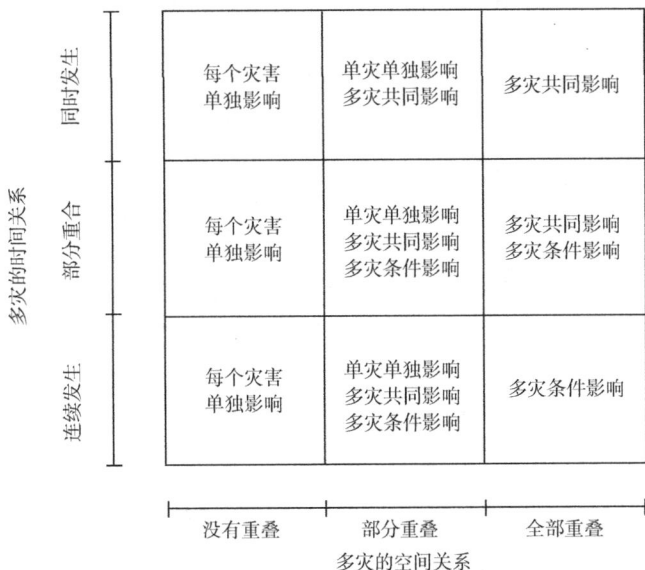

图7.7　多灾的时空关系及其对基础设施的影响

灾害的类型和强度不同，时间和空间尺度差异较大，持续时间从几秒（地震）到几天（洪水）甚至数月（干旱），影响区域面积从几平方米（雷暴）到数亿平方千米（海啸）。但是，基础设施的破坏过程持续时间较短，多灾韧性分析在综合考虑涉及灾害的时空特征的基础上，应该更加关注灾害的时空关系，以明确基础设施的破坏状态。同时，多数基础设施的修复时间以小时为单位[269]，因此多灾情景下关联基础设施系统的状态分析以小时为单位比较合适。由于基础设施的分部门分区域运行规则，设施空间分布与行政区划一致，因而可根据所研究基础设施系统的内容来确定空间尺度。

### 4. 多灾对单个基础设施的直接影响

单个基础设施的破坏状态及破坏状态的发生概率依赖于其遭遇的灾害的类型和级别，并受地区的地质和地形情况，以及基础设施结构类型的影响。通常用脆弱性函数（脆弱性曲线）描述[270]基础设施在不同灾害强度下的受损概率[271]。这些脆弱性函数（脆弱性曲线）是土木工程类研究的结果。例如，飓风灾害下变电站的脆弱性曲线是电气工程的研究成果[170]，洪水灾害下的水电脆弱性曲线是水利工程的研究成果[272]。单个基础设施在多个灾害下的破坏状态可用相关脆弱性曲线的组合来量化。

综合考虑多灾事件 $A$ 中 $m$ 个灾害 $A_1, A_2, \cdots, A_i, \cdots, A_m$ 的时空关系，关联基础设施网络中第 $u$ 个基础设施在具体时刻仅遭受部分灾害的影响，这些灾害用 $A^U$ 来表示（ $A^U \subseteq A$ ）。 $P_u^{\text{direct}}(t)$ 指多灾事件 $A$ 发生后在 $t$ 时刻第 $u$ 个基础设施被灾害直接破坏的概率。针对第 $u$ 个基础设施（空间固定），根据已发生灾害的开始和结束时间，将 $[0,t]$ 时间段划分为若干阶段，各阶段单个基础设施受到的多灾影响有三类，即图7.7的最后一列。因此，在多灾 $A(A^U)$ 的作用下， $P_u^{\text{direct}}(t_{A_i}^O)$ 、 $P_u^{\text{direct}}(t_{A_i}^E)$ 的计算方法见式（7.5）与式（7.6）：

$$
P_u^{\text{direct}}(t_{A_i}^O) = \begin{cases}
P_u^{\text{direct}}(A_{i-1} A_i), & t_{A_{i-1}}^O = t_{A_i}^O \text{ 和 } t_{A_{i-1}}^E = t_{A_i}^E \\
A_{i-1} 、 A_i \text{的时间关系属于图7.5(a)} \\
P_u^{\text{direct}}(A_{i-1} A_i), & t_{A_{i-1}}^O = t_{A_i}^O \text{ 和 } t_{A_{i-1}}^E < t_{A_i}^E \\
A_{i-1} 、 A_i \text{的时间关系属于图7.5(c)} \\
P_u^{\text{direct}}(A_i \mid A_{i-1}), & t_{A_{i-1}}^O < t_{A_i}^O \text{ 和 } t_{A_{i-1}}^E < t_{A_i}^E \\
A_{i-1} 、 A_i \text{的时间关系属于图7.5(d)} \\
P_u^{\text{direct}}(A_i \mid A_{i-1}), & t_{A_{i-1}}^O < t_{A_i}^O \text{ 和 } t_{A_{i-1}}^E > t_{A_i}^E \\
A_{i-1} 、 A_i \text{的时间关系属于图7.5(e)} \\
P_u^{\text{direct}}(A_i \mid A_{i-1}), & t_{A_{i-1}}^O < t_{A_i}^O < t_{A_{i-1}}^E + t_{A_i}^* \\
A_{i-1} 、 A_i \text{的时间关系属于图7.5(b)}
\end{cases} \quad (7.5)
$$

$$
P_u^{\text{direct}}(t_{A_i}^E) = \begin{cases}
P_u^{\text{direct}}(A_{i-1} A_i), & t_{A_{i-1}}^O = t_{A_i}^O \text{ 和 } t_{A_{i-1}}^E = t_{A_i}^E \\
A_{i-1} 、 A_i \text{的时间关系属于图7.5(a)} \\
P_u^{\text{direct}}(A_i \mid A_{i-1} A_i), & t_{A_{i-1}}^O = t_{A_i}^O \text{ 和 } t_{A_{i-1}}^E < t_{A_i}^E \\
A_{i-1} 、 A_i \text{的时间关系属于图7.5(c)} \\
P_u^{\text{direct}}(A_i \mid A_{i-1} A_i), & t_{A_{i-1}}^O < t_{A_i}^O \text{ 和 } t_{A_{i-1}}^E < t_{A_i}^E \\
A_{i-1} 、 A_i \text{的时间关系属于图7.5(d)} \\
P_u^{\text{direct}}(A_{i-1} A_i \mid A_{i-1}), & t_{A_{i-1}}^O < t_{A_i}^O \text{ 和 } t_{A_{i-1}}^E > t_{A_i}^E \\
A_{i-1} 、 A_i \text{的时间关系属于图7.5(e)} \\
P_u^{\text{direct}}(A_i \mid A_{i-1}), & t_{A_{i-1}}^O < t_{A_i}^O < t_{A_{i-1}}^E + t_{A_i}^* \\
A_{i-1} 、 A_i \text{的时间关系属于图7.5(b)}
\end{cases} \quad (7.6)
$$

其中， $P_u^{\text{direct}}(A_i)$ 表示第 $u$ 个基础设施受到超过特定阈值（如洪水淹没深度、飓风的

风速、地震峰值地面加速度等）的单一灾害后的损坏概率，通常与特定灾害下基础设施的设计标准相关，由相应灾害的脆弱性函数（脆弱性曲线）可知；$P_u^{\text{direct}}(A_{i-1}A_i)$ 表示第 $u$ 个基础设施同时遭受 $A_{i-1}$ 和 $A_i$ 时的损坏概率；$P_u^{\text{direct}}(A_i|A_{i-1})$ 表示第 $u$ 个基础设施遭受 $A_{i-1}$ 后未恢复且再遭受 $A_i$ 后的损坏概率。由此可见，遭遇 $A^U$ 的第 $u$ 个基础设施在 $t$ 时刻的损坏概率可以概括为

$$P_u^{\text{direct}}(t) = P_u^{\text{direct}}\left(\prod_{k(t)} A_i \mid \prod_{k(t^-)} A_i\right) \tag{7.7}$$

其中，$k(t)$ 表示 $t$ 时刻第 $u$ 个基础设施遭受的灾害的集合；$k(t^-)$ 表示 $t$ 时刻之前第 $u$ 个基础设施遭受的灾害的集合。需要注意的是，式（7.5）～式（7.7）只针对单个基础设施受到灾害的直接影响，未考虑单一基础设施网络内部和关联基础设施网络之间的失效传播，以及灾后修复策略的影响。

### 7.2.3　关联关系对基础设施系统的间接影响

单一基础设施系统，即单层基础设施网络内部根据系统运行机制构成整体。关联基础设施系统，即多层基础设施网络通过跨层网络间的相互关联而相互依赖。单个基础设施的破坏极易导致系统内和系统间的失效传播，致使未受灾害直接破坏的基础设施功能失效，甚至导致整个关联基础设施系统崩溃[49]。在分析关联基础设施系统韧性时需要同时考虑两种间接影响，即单层网络内和跨层网络间的失效传播。

**1. 单一系统的故障传播**

不同类型的基础设施系统具有不同的运行规则，从而具有不同的故障传播机制[191]。例如，常用于描述电网故障传播过程的Motter-Lai（ML）模型[273]和ORNL-Pserc-Alaska（OPA）模型[274]，通信系统的基于路由器模型[275]，以及燃气网络的流模型[207]等。

**2. 关联系统的相互作用**

不同基础设施系统在物理、信息、地理和逻辑等方面存在关联关系。网络是目前用于关联基础设施系统建模的重要工具，基于拓扑和基于流的两类方法常用于分析跨层网络间的相互作用[15]。通常，单一基础设施系统和关联基础设施系统的故障传播可以采用现有模型进行建模，也可以适当修改部分参数或规则来构建多层基础设施网络的失效传播模型。

### 7.2.4  关联基础设施系统的灾后修复模型

灾后快速恢复是系统韧性的关键特征，即图7.2和图7.3中系统性能曲线的上升段。这也是目前关联基础设施系统韧性研究的前沿热点问题。现有研究侧重灾后修复的不同目标，尝试构建相应模型以寻求受损设施的最优修复策略，从而得到受损设施的修复序列和相应的资源分配策略。例如，飓风后如何快速恢复电力供应[276]，不同运行机制模型下电力系统的韧性最大化策略[162]，实现系统性能最大化与成本最小化的通信系统最优策略[277]，分布式网络中资源效率最大化的策略[278, 279]，以及侧重单层基础设施网络性能恢复的联合修复策略[170]等。

依据前文多灾韧性的定义和度量，关联基础设施系统的修复目标是在选定的时间段内实现整体韧性最大化，并且考虑可用修复资源和时间的限制，建模如下：

$$\max r^{A_1,\cdots,A_m}(t^*) \tag{7.8a}$$

$$\text{s.t.} \begin{cases} \sum_u \mathrm{RN}_u(t) \leqslant C_{\mathrm{RN}}(t) \\ \sum_u \mathrm{TN}_u(t) \leqslant C_{\mathrm{TN}}(t) \end{cases} \tag{7.8b}$$

其中，$r^{A_1,\cdots,A_m}(t^*)$ 表示关联基础设施系统在 $[t_{A_1}^O, t^*]$ 期间遭遇多灾事件 $A$ 的预期韧性值，$t^*$ 表示韧性评估的具体时刻，$t_{A_1}^O$ 表示第一个灾害 $A_1$ 的开始时间；$\mathrm{RN}_u(t)$ 表示 $t$（$t<t^*$）时刻修复第 $u$ 个基础设施所需的资源；$C_{\mathrm{RN}}(t)$ 是 $t$（$t<t^*$）时刻可用资源的总数；$\mathrm{TN}_u(t)$ 表示 $t$（$t<t^*$）时刻修复第 $u$ 个基础设施所需的时间；$C_{\mathrm{TN}}(t)$ 表示 $t$（$t<t^*$）时刻的可用时间长度，可设定为 $t^* - t$。

由于单一基础设施系统内部和跨系统的关联关系的作用是非线性的，常规算法难以求解上述规划模型，因此可尝试用启发式算法求解。

# 7.3  算  例

本节利用一个两层基础设施网络算例来说明多灾韧性评估方法的应用。

### 7.3.1  电力–燃气关联基础设施网络建模

图7.8展示了一个简单的电力–燃气关联基础设施网络。下层网络中的节点和边代表电力网络中的设施，包括发电厂、变电站、配电站和输电线路。电力传输通过输电线路从发电厂到变电站再到配电站。上层网络中的节点和边代表燃气网络

中的设施，包括气源厂、调压站、储配站和输气管道。燃气传输通过输气管道从气源厂到调压站再到储配站。为了简化分析，电力网络和燃气网络的关联仅考虑发电厂依靠燃气供应、气源厂以电力为动力，即图7.8中两条连接跨层网络的边。同时，假设电力和燃气的需求固定，将研究区域平均分为9个方格，每个方格最多设置1个电力设施和1个燃气设施。

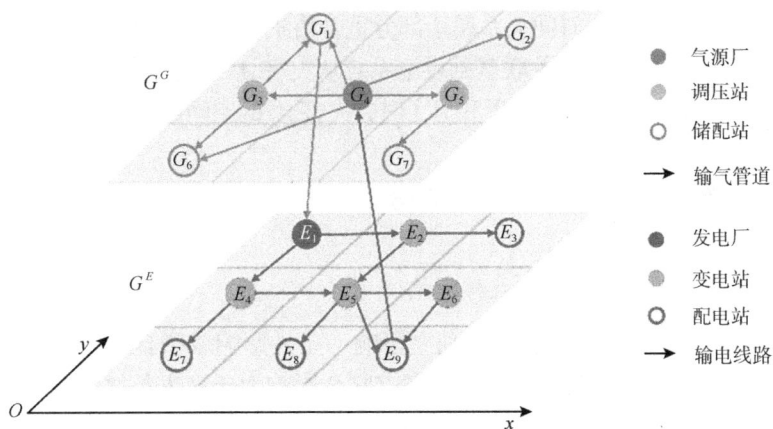

图7.8　电力–燃气关联基础设施网络

## 7.3.2　多灾情景设置

假设两个灾害 $A_1$、$A_2$ 的级别和持续时间不变。灾害 $A_1$ 在 $t=0$ 时发生，持续时间为两个时间单位，空间覆盖所有方格。根据上述多灾时空关系分析，两灾可能存在三类时间关系，即完全重合、部分重合和不重合。同时，两灾可能存在三类空间关系，即完全重叠、部分重叠和不重叠。由于空间不重叠的两灾不会对基础设施造成直接的联合作用或条件作用，因此仅考虑三类时间关系和两类空间关系组合的多灾情景，可得表7.1所列的六个多灾情景。

表 7.1　多灾情景设置

| 情景 | 时间关系 | 空间关系 | $A_1$ | $A_2$ |
|---|---|---|---|---|
| I | 完全重合 | 完全重叠 | | $t=0$ 时发生，持续 2 个时间单位，空间覆盖 9 个方格 |
| II | 完全重合 | 部分重叠 | $t=0$ 时发生持续 2 个时间单位空间覆盖 9 个方格 | $t=0$ 时发生，持续 2 个时间单位，空间覆盖小于 9 个方格 |
| III | 部分重合 | 完全重叠 | | $t=1$ 时发生，持续 2 个时间单位，空间覆盖 9 个方格 |
| IV | 部分重合 | 部分重叠 | | $t=1$ 时发生，持续 2 个时间单位，空间覆盖小于 9 个方格 |

续表

| 情景 | 时间关系 | 空间关系 | $A_1$ | $A_2$ |
|---|---|---|---|---|
| V | 不重合 | 完全重叠 | | $t=2$ 之后发生，持续 2 个时间单位，空间覆盖 9 个方格 |
| VI | 不重合 | 部分重叠 | | $t=2$ 之后发生，持续 2 个时间单位，空间覆盖小于 9 个方格 |

本算例假设，两灾的时间关系属于部分重合情景（情景 III 和 IV）时，灾害 $A_2$ 的发生时间为 $t=1$，或不晚于关联基础设施系统从灾害 $A_1$ 中完全恢复，两灾的空间关系属于部分重叠情景（情景 II、IV 和 VI）时，灾害 $A_2$ 的空间影响范围为 1～8 个方格。

### 7.3.3 单个基础设施受损状态分析

1. 多灾对单个基础设施的直接影响

多灾对单个基础设施可能产生独立影响、条件影响或联合影响。单个基础设施灾后遭到破坏的概率为 $P(A_i)$。假设多灾联合影响大于多灾条件影响大于单灾独立影响，设置多灾不同影响下的设施损坏概率，具体数据见表 7.2。

表 7.2 单个基础设施的直接损坏概率

| 单个基础设施 | 单灾独立影响 | | 两灾条件影响 | 两灾联合影响 |
|---|---|---|---|---|
| | $P(A_1)$ | $P(A_2)$ | $P(A_2 \mid A_1)$ | $P(A_1A_2)$ |
| $E_1$ | 0.20 | 0.10 | 0.25 | 0.35 |
| $E_2 \sim E_9$ | 0.40 | 0.20 | 0.65 | 0.70 |
| $G_4$ | 0.10 | 0.20 | 0.25 | 0.40 |
| $G_1 \sim G_3$、$G_5 \sim G_7$ | 0.30 | 0.35 | 0.50 | 0.60 |

2. 关联关系对基础设施系统的间接影响

针对单层网络，依据电力网络和燃气网络的传输机制，电力和燃气都通过输送线路（输电线路或输气管道）从源节点（发电厂或气源厂），经传输节点（变电站或调压站），到配送节点（配电站或储配站）。下级节点的服务水平由其自身的损坏概率和上级关联路径的破坏状态来决定。例如，配电站 $E_3$ 功能正常的概率（$FP_{E_3}$）为 $(1-P_{E_1}) \times (1-P_{E_2}) \times (1-P_{E_3})$，其损坏概率（$P_{E_3}$）为 $1-(1-P_{E_1}) \times (1-P_{E_2}) \times (1-P_{E_3})$。

针对关联网络，可用基于拓扑的方法构建电力和燃气网络的相互作用机制。首先，发电厂（$E_1$）由其最近的燃气储配站（$G_1$）通过燃气运输管道提供原料。其次，气源厂（$G_4$）由其最近的配电站（$E_9$）通过输电线路提供动力。再次，任意运输路径的上级节点或线路发生故障，下级节点将无法工作。最后，虽然缓冲常用于应急准备，可以使得基础设施系统间的关联放松，但算例中并不作考虑。

### 7.3.4　资源有限条件下受损设施修复策略

利用7.2.4节的关联基础设施系统韧性优化模型制定受损设施修复策略必须先明确三个问题。第一，受损设施的修复目标。算例中将电力–燃气关联基础设施网络韧性最大化作为修复目标。第二，可用修复资源的类型和数量。虽然现实中设施修复会用到不同类型的资源，如材料、设备、机械、劳动力等，但是这些资源都可用资金进行统一计算，并且假设可用资源的总数不变，每个时间单位都有10个单位的修复资源，即 $C_{RN}(t)=10$。第三，修复单个受损设施所需的资源和时间。虽然修复不同基础设施所需的资源和时间不同，但为了突出多灾时空关系对基础设施的影响，算例中假设修复单个受损设施所需的修复资源数量与其损坏概率 $P_u$ 成正比。例如，$P_{E_1}(A_1)=0.2$，则修复 $E_1$ 需要2个单位的修复资源。所有受损设施的修复时间固定为1个时间单位，即 $TN_u=1$。考虑到模型的复杂性，采用Zhang等[211]提出的遗传算法来求解。

### 7.3.5　电力–燃气关联基础设施系统韧性评估

从最终用户的角度来看，系统性能通过预期服务水平来度量，表示为所有配送节点正常工作的概率的加权和，即

$$\begin{aligned} SP(t) &= \frac{(FP_{E_3}(t)+FP_{E_7}(t)+FP_{E_8}(t)+FP_{E_9}(t))+(FP_{G_1}(t)+FP_{G_2}(t)+FP_{G_6}(t)+FP_{G_7}(t))}{8} \\ &= 1 - \frac{(P_{E_3}(t)+P_{E_7}(t)+P_{E_8}(t)+P_{E_9}(t))+(P_{G_1}(t)+P_{G_2}(t)+P_{G_6}(t)+P_{G_7}(t))}{8} \end{aligned} \tag{7.9}$$

依据上述系统韧性评价指标和模拟分析，可得六个灾害情景下电力–燃气关联基础设施系统的韧性。

在多灾情景 I 中，$A_1$ 和 $A_2$ 同时影响所有方格，所有基础设施都受到两个灾害的联合影响。设施修复从 $t=3$ 开始，电力–燃气关联基础设施系统的韧性为0.569。

在多灾情景 II 中，$A_1$ 和 $A_2$ 同时发生，空间重叠2~8个方格（7个子情景）。其中，每个子情景都有多种空间重叠的可能，如 $A_2$ 覆盖3个方格有 $C_9^3$ 种可能。图7.9展示了每个子情景的韧性分布。由图7.9可见，韧性值随着两灾覆盖方格重叠数的增加而降低。根据四分位差和极差可知，系统韧性值随着两灾覆盖方格重叠数的

增加，先分散后集中。

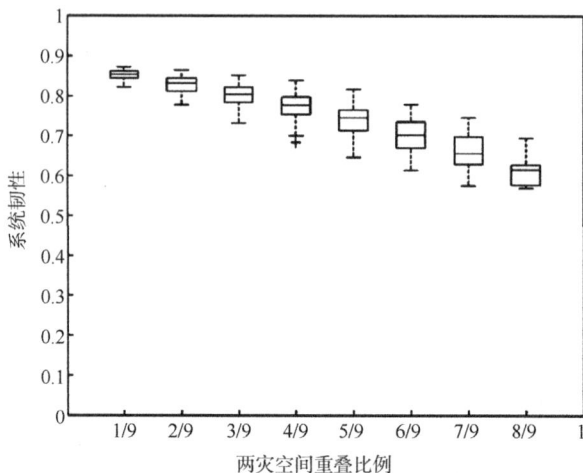

图7.9　多灾情景Ⅱ中电力–燃气关联基础设施网络的韧性

在多灾情景Ⅲ中，$A_1$ 和 $A_2$ 先后发生，并有1个时间单位的重合，所有基础设施都受到 $A_1$ 的独立影响、$A_1$ 和 $A_2$ 的条件影响。设施修复从 $t = 4$ 开始，电力–燃气关联基础设施系统的韧性为0.610。

在多灾情景Ⅳ中，$A_1$ 和 $A_2$ 先后发生，并有1个时间单位的重合，空间重叠2～8个方格（7个子情景）。与多灾情景Ⅱ类似，每个子情景包括多种可能。图7.10展示了每个子情景的韧性分布。由图7.10可见，在多灾时间部分重合的条件下，韧性值随着两灾覆盖方格重叠数的增加而降低。根据四分位差和极差可知，系统韧性值随着两灾覆盖方格重叠数的增加，先分散后集中。与多灾情景Ⅱ相比，多灾情

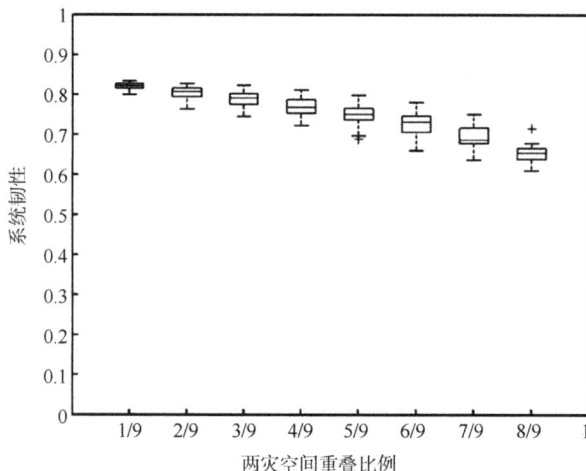

图7.10　多灾情景Ⅳ中电力–燃气关联基础设施网络的韧性

景Ⅳ系统韧性变化的幅度较小。

在多灾情景Ⅴ中，$A_1$ 和 $A_2$ 先后发生，且没有时间重合，$A_2$ 可以发生在 $t \geqslant 3$ 的任意时刻。遭受 $A_1$ 影响后受损基础设施需要6个时间单位才可完全恢复，当 $A_2$ 分别发生在 $t = 3, 4, 5, 6, 7, 8, 9$ 时，电力–燃气关联基础设施系统的韧性分别为0.630、0.687、0.713、0.741、0.765、0.791和0.793。可见，随着两灾发生时间间隔的增加，系统韧性缓慢增加。这主要是因为两灾间隔期间受损设施修复策略的实施。

在多灾情景Ⅵ中，$A_1$ 和 $A_2$ 先后发生，且没有时间重合，$A_2$ 可以发生在 $t \geqslant 3$ 的任意时刻，两灾发生的时间间隔为2～8个时间单位，空间重叠为2～8个方格。于是，多灾情景Ⅵ包括49个子情景（两灾有49组时间和空间关系组合）。对于每个子情景，存在多种可能。图7.11展示了每个子情景韧性均值的分布。

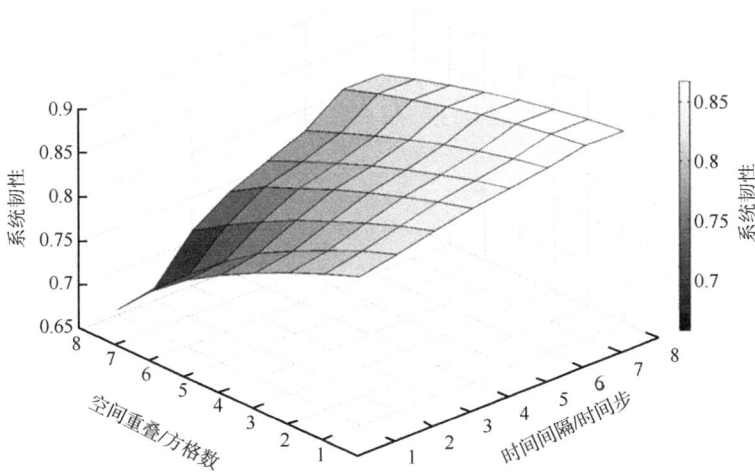

图7.11　多灾情景Ⅵ中电力–燃气关联基础设施网络的韧性

图7.11显示，关联基础设施系统的韧性也会随着多灾时空关系的变化而变化。两灾的时间重合和空间重叠度越高，两灾的耦合作用越大，系统韧性值越小。反之，两灾的时间重合和空间重叠度越低，两灾的耦合作用越小，系统韧性值越大。在两灾时间间隔为8个时间单位且空间重叠为1个方格的子情景中，系统韧性值最大。需要注意的是，尽管不同情景中求解修复策略的模型是一样的，但求得的修复策略并不相同。

# 7.4　本　章　小　结

本章利用网络理论、规划建模和模拟分析，集成了多灾时空关系、单一基础设施运行机制、关联基础设施相互作用，以及受损设施修复策略模型，由此提出了一个基于概率的关联基础设施系统多灾韧性评估方法，并通过电力-燃气关联基础设施系统的算例分析，得到了多灾时空关系对系统韧性影响显著的结论。

　　此方法对多灾时空关系的解析从基础设施物理受损的角度，通过建立多灾时空关系矩阵来把握多灾对基础设施的时空组合作用，从而进行系统韧性时空特征分析。这种方法不仅可以用于单一基础设施系统的多灾韧性评估，也可以用于关联基础设施系统的多灾韧性评估，为灾后联合应对策略提供决策支持。然而，基础设施的损坏概率取决于灾害的类型和程度，以及它们的脆弱性和关联性。目前，关于多灾作用下基础设施脆弱性的研究较少，仅少数研究聚焦两个特定灾害情景中建筑物的破坏规律。

　　多灾时空关系、基础设施关联作用和受损设施修复策略是关联基础设施系统韧性评估的关键要素。现实中的基础设施系统更加复杂，关联基础设施系统的相互作用需要考虑不同基础设施系统运行的时空尺度，以及不同灾害的时空尺度。本章提供了一个分析框架和集成方法，将在未来研究中得到深化和拓展。

# 第8章 基于案例的连续灾害下关联基础设施系统韧性评估

多数国家和地区都面临着多种自然灾害的威胁，这些灾害可能连续发生。例如，1964年美国阿拉斯加威廉王子湾地区先是遭遇了地震，随后又发生了山体滑坡和海啸[241]；1991年菲律宾皮纳图博火山爆发引发了地震；2005年新奥尔良在卡特里娜飓风和随后的洪灾中被摧毁；2011年日本东北地区的地震、洪水和海啸。因此，基础设施系统对连续灾害的韧性评估方法具有很高的实用价值。区别于系统对单一灾害韧性的研究，基础设施系统对连续灾害韧性的研究需结合特定情景、特定地点、特定范围。将连续灾害对功能和结构上相互关联的基础设施系统的叠加影响映射到系统性能的变化上并进行评估[280]。

目前关于连续灾害对基础设施网络韧性的影响的研究较少，仅少量研究与此主题相关，且明显缺乏关于连续危害的损害评估和（或）每个危害的影响分离的研究（如地震后海啸或仅地震）。本章基于案例对连续灾害下关联基础设施系统的韧性展开研究，具体内容包括：第一，提出了一种描述连续灾害和基础设施系统关联关系的方法；第二，评估和量化了连续灾害下关联基础设施网络的韧性；第三，结合GTA能源基础设施系统案例，验证了所提出方法的实用性。

## 8.1 连续灾害下基础设施系统韧性评估方法

### 8.1.1 单一灾害下系统韧性度量

基础设施系统韧性指系统抵御自然灾害、蓄意攻击等事件的影响，并从中快速恢复的能力。本章将Simonovic[281]提出的时空动态韧性度量方法应用于关联基础设施系统在连续灾害下的韧性问题分析。如图8.1所示，该度量方法将系统韧性量化为系统期望性能曲线（图8.1中的点虚线）覆盖区域与实际性能曲线（图8.1中的实线或短线）覆盖区域的比值，数学形式如下：

$$r^{A_i}(t) = \frac{\int_{t_{A_i}^O}^{t} \mathrm{SP}_{A_i}(t)\mathrm{d}t}{\int_{t_{A_i}^O}^{t} \mathrm{SP}_0(t)\mathrm{d}t} = \frac{\int_{t_{A_i}^O}^{t} (\mathrm{SP}_0(t) - \mathrm{SL}_{A_i}(t))\mathrm{d}t}{\int_{t_{A_i}^O}^{t} \mathrm{SP}_0(t)\mathrm{d}t} = 1 - \frac{\int_{t_{A_i}^O}^{t} \mathrm{SL}_{A_i}(t)\mathrm{d}t}{\int_{t_{A_i}^O}^{t} \mathrm{SP}_0(t)\mathrm{d}t} \quad (8.1)$$

其中，$r^{A_i}(t)$ 表示基础设施系统在时间 $t$ 上对灾害 $A_i$ 的韧性；$\mathrm{SP}_{A_i}(t)$ 表示多层基础设施网络的实际性能；$\mathrm{SP}_0(t)$ 表示多层基础设施网络的期望性能；$\mathrm{SL}_{A_i}(t)$ 表示多层基础设施网络的系统性能损失；$t_{A_i}^O$ 表示灾害 $A_i$ 发生的时间。多层基础设施网络的性能指关联基础设施系统的服务水平，常用统一的指标来描述。例如，存活节点的比例[132]，边/连接的运转率[265]、最大联通组分[264]的大小、系统服务的客户数量[266]等。

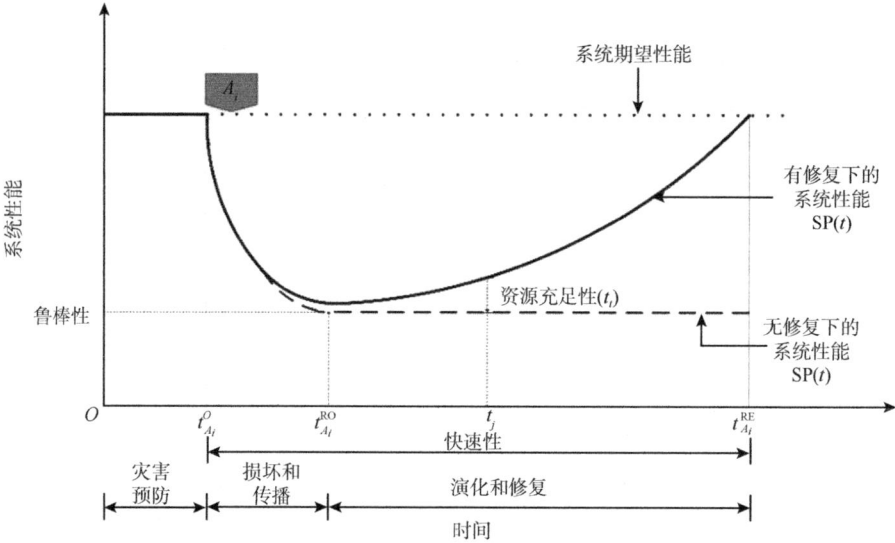

图8.1  单一灾害下基础设施系统的性能曲线

图8.1中，箭头$A_i$的宽度代表灾害持续的时间。基础设施系统性能的动态变化过程可分为灾难预防、破坏和传播、演化和修复等三个阶段[227]。基于多学科地震工程研究中心得出的韧性模型[114]，系统韧性是关于系统性能和系统适应能力的函数。系统适应能力决定了图8.1中系统性能曲线的形状，可用图的四个特性来描述：鲁棒性、冗余性、资源充足性和快速性。鲁棒性是指系统在给定的干扰下维持其自身性能水平的能力，即系统受到干扰后的最低性能水平。它可通过多重干扰后最少运行的元素数量与网络中元素总数的比值进行计算。冗余性由图8.1中下降段

的斜率来表示，描述了系统运行中可替代的功能和设计（如存在的并行传输线）。由此可见冗余性和鲁棒性之间存在紧密的功能联系。资源充足性是指实施响应策略，使系统从特定干扰中恢复的能力，由图8.1中系统性能曲线上升段的斜率表示。它是灾后修复策略的函数，可以通过有和没有修复策略时的系统性能之差来计算。快速性可通过基础设施系统性能恢复到正常水平所需的时间来衡量。需要注意的是，所使用的系统性能指标应基于研究重点和可用数据提出。

## 8.1.2 连续灾害下系统韧性度量

多灾指不同种类或级别的灾害同时发生，或者连续发生的现象，通常具有极强的破坏力。例如，干旱期间的洪水，伴随飓风而来的山体滑坡和洪水[247]等。由于灾害强度、衰退期、影响过程和前后关系具有不确定性，多灾可能会对基础设施系统产生复杂的影响，与单一灾害所造成的威胁具有较大差异[260]。多灾下的基础设施系统韧性是单灾对基础设施系统时空影响的动态非线性叠加。

连续性是多灾间常见的时间关系。相关研究中，多假设某一灾害发生后，待系统性能恢复到正常水平之后，下一灾害才发生，即图8.1中下一个灾害的发生时刻在 $t_{A_i}^{RE}$（系统性能恢复到正常水平的时刻）之后。上述情景中，连续灾害下的基础设施系统韧性可基于不同时间段下系统对单一灾害的韧性来计算[240]。然而，现实中，在下一个灾害发生之前，通常没有足够的时间和资源使基础设施系统从上一个灾害的影响中完全恢复。一个灾害对基础设施系统的影响极易提升系统对后续灾害的脆弱性，从而放大后续灾害对基础设施系统造成的影响。例如，一次地震可能会削弱桥梁的灾害抵抗能力，若在后续灾害发生之前未完成有效修复，则桥梁在下一次地震发生时更容易倒塌。在这种情况下，因无法按计划完成前期灾害对基础设施系统损坏的修复，导致系统在后续灾害中更容易被破坏。因此，基础设施系统在连续灾害下的韧性不是系统在单一灾害下韧性的整合，而是多个灾害综合作用于系统的结果。后续灾害可能发生在系统性能的破坏和传播阶段或演化和修复阶段。因此，只有考虑灾害间的交互关系对基础设施系统的影响，才能有效评估系统在连续灾害下的韧性。

若后一灾害发生在前一灾害后系统性能的破坏和传播阶段，则系统将同时或依次受到两个灾害的影响而无法及时修复。两灾害的交互作用下，单一基础设施系统的性能变化过程较复杂，如飓风和地震的同时或相继作用下，桥梁的脆弱性曲线的变化。若考虑基础设施系统间的关联关系，基础设施系统的性能变化将更加复杂，如图8.2所示。基础设施系统对并发灾害的鲁棒性明显低于系统对单一灾害的鲁棒性。在可用修复资源相同的条件下，系统的资源充足性和快速性也不同于单一灾害下的情况。

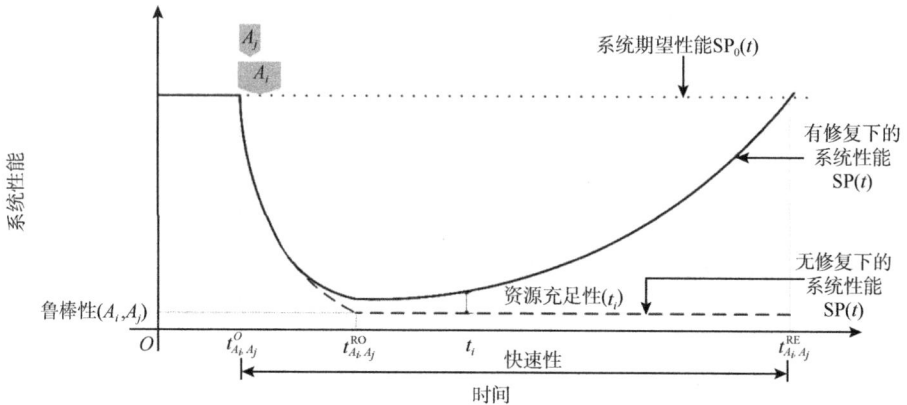

图8.2  并发灾害下基础设施系统的性能曲线

若后一灾害发生在前一灾害系统性能的演化和修复阶段，则基础设施系统将依次受到两个灾害的影响，并且仅能进行部分修复。基础设施系统的性能变化可以分为两个阶段，如图8.3所示。每个阶段中系统性能变化曲线的形状与单一灾害下系统性能变化曲线的形状差异很大。

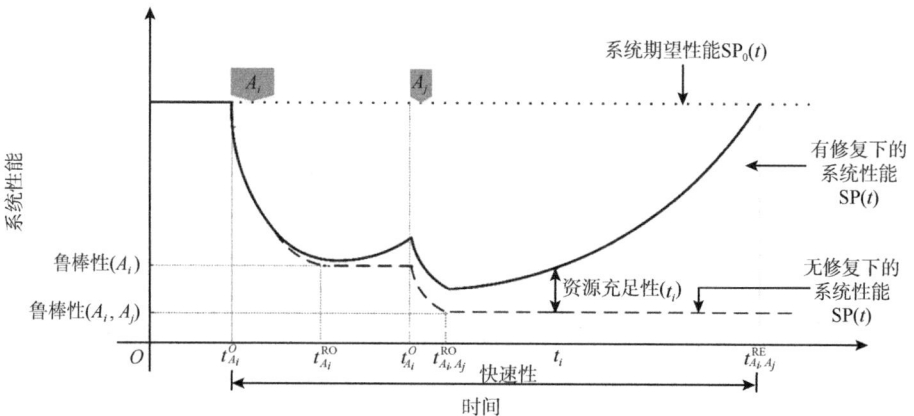

图8.3  连续灾害下基础设施系统的性能曲线

根据式（8.1）的系统韧性度量方法与图8.2和图8.3所示的并发和连续灾害下基础设施系统的性能曲线，连续灾害下的系统韧性可表示为

$$r^{A_1,\cdots,A_m}(T) = \frac{\int_{t_{A_1}^O}^T \mathrm{SP}(t)\mathrm{d}t}{\int_{t_{A_1}^O}^T \mathrm{SP}_0(t)\mathrm{d}t} = \frac{\sum_{i=1}^m \int_{t_{A_i}^O}^{t_{A_i}^*} \mathrm{SP}(t)\mathrm{d}t}{\int_{t_{A_1}^O}^T \mathrm{SP}_0(t)\mathrm{d}t} = 1 - \frac{\sum_{i=1}^m \int_{t_{A_i}^O}^{t_{A_i}^*} \mathrm{SL}(t)\mathrm{d}t}{\int_{t_{A_1}^O}^T \mathrm{SP}_0(t)\mathrm{d}t} \qquad (8.2)$$

其中， $r^{A_1,\cdots,A_m}(T)$ 表示 $T$ 时刻关联基础设施系统对连续灾害的韧性。灾害用 $A_1,\cdots,A_m$（ $m \geqslant 2$ ）来表示，其中下标表示灾害的发生顺序。 $t_{A_i}^O$ 表示灾害 $A_i$ 的发生时间， $t_{A_i}^* = \min\{t_{A_i}^{RE}, t_{A_{i+1}}, T\}$ 。随着SP($t$)趋近于1， $T$ 趋近于无穷大，韧性 $r^{A_1,\cdots,A_m}(T)$ 将趋近于1。

　　基础设施系统组分对灾害的脆弱性函数中，系统组分的状态变化具有一定的随机性[267]，因此，关联基础设施系统的实际性能（SP($t$)）和性能损失（SL($t$)）也具有随机性。这种情况下，可将连续灾害下关联基础设施系统的韧性表示为一个期望值，将式（8.2）改为以下形式：

$$r^{A_1,\cdots,A_m}(T) = \frac{\sum_{i=1}^{m}\int_{t_{A_i}^O}^{t_{A_i}^*} E(SP(t))dt}{\int_{t_{A_1}^O}^{T} E(SP_0(t))dt} = 1 - \frac{\sum_{i=1}^{m}\int_{t_{A_i}^O}^{t_{A_i}^*} E(SL(t))dt}{\int_{t_{A_1}^O}^{T} E(SP_0(t))dt} = 1 - \frac{\sum_{i=1}^{m}\int_{t_{A_i}^O}^{t_{A_i}^*} \dfrac{\sum_{u=1}^{N} P_u(t)}{N}dt}{\int_{t_{A_1}^O}^{T} \dfrac{\sum_{u=1}^{N}(1-P_u^E(t))}{N}dt} \quad (8.3)$$

其中， $E(SP(t))$ 表示关联基础设施系统实际性能的期望值； $E(SP_0(t))$ 表示关联基础设施系统期望性能的期望值； $E(SL(t))$ 表示关联基础设施系统期望损失的期望值； $N$ 表示关联基础设施系统包含的系统数量； $P_u$ 表示第 $u$ 个基础设施组分的受损概率； $P_u^E$ 表示第 $u$ 个基础设施组分的受损概率的期望值，无灾害发生时它始终为0。相应地，连续灾害下系统韧性的特征（如鲁棒性、资源充足性、快速性等）也取相应的期望值。

　　现实中，基础设施系统通常配有备用设施[282]。因此，基础设施系统的功能损失与物理损失多存在差异[269]。一般情况下，使用选取的指标（ $I_u$ ）来判断基础设施组分的功能重要性，进而分析系统对灾害的功能韧性。例如，系统组分服务的人口数量、支持的工业产值等都可以作为组分重要性的指标[271]。因此，连续灾害下关联基础设施系统的功能性韧性可表示为

$$r_F^{A_1,\cdots,A_m}(T) = \frac{\sum_{i=1}^{m}\int_{t_{A_i}^O}^{t_{A_i}^*} E(SP(t))dt}{\int_{t_{A_1}^O}^{T} E(SP_0(t))dt} = 1 - \frac{\sum_{i=1}^{m}\int_{t_{A_i}^O}^{t_{A_i}^*} E(SL(t))dt}{\int_{t_{A_1}^O}^{T} E(SP_0(t))dt} = 1 - \frac{\sum_{i=1}^{m}\int_{t_{A_i}^O}^{t_{A_i}^*} \dfrac{\sum_{u=1}^{N} P_u(t)I_u}{N}dt}{\int_{t_{A_1}^O}^{T} \dfrac{\sum_{u=1}^{N}(1-P_u^E(t))I_u}{N}dt} \quad (8.4)$$

　　鲁棒性、资源充足性和快速性等系统韧性特征也随着基础设施组分的功能重要性的变化而变化。

### 8.1.3　连续灾害下系统韧性评估方法

结合式（8.3）或式（8.4）所示的系统韧性度量，本小节将构建连续灾害下关联基础设施系统韧性评估的方法。方法实施包括以下三个步骤：第一，利用GIS处理单一和关联基础设施系统的空间数据，将关联基础设施系统建模为多层网络。第二，连续灾害直接影响建模。基于统计数据，明确基础设施组分对不同灾害的脆性曲线，以评估单一灾害的直接影响。多种灾害对基础设施系统的综合影响需要根据时空关系立方体对关系进行时间和空间分解[283]，通过归纳概括构建多重灾害关系分析框架。第三，基于灾害的直接影响，应用蒙特卡罗模拟评估基础设施系统关联性导致的间接影响，计算系统的时空韧性。以电力、燃气传输、石油传输等能源基础设施为例，该方法的框架和实施过程见图8.4。

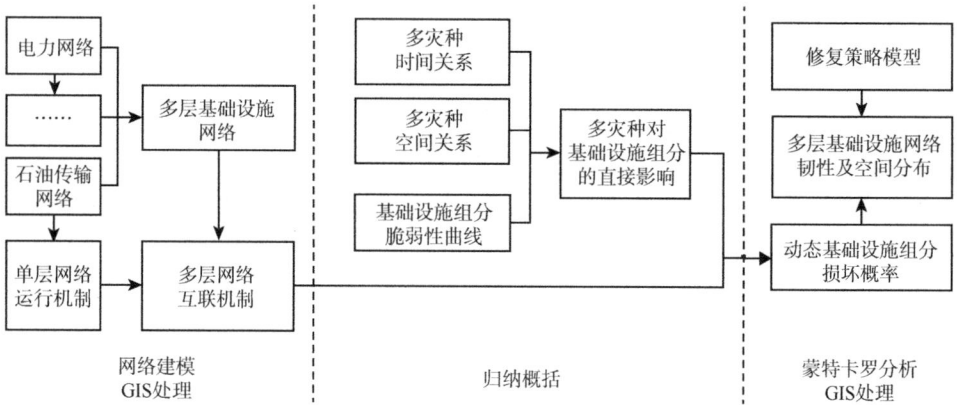

图8.4　连续灾害下关联基础设施系统韧性的评估框架

在本章后续的内容中，基于GTA能源基础设施系统，对图8.4所示的韧性评估框架的使用进行了详细说明。首先，利用网络理论和GIS对GTA的电力、天然气和石油传输网络进行建模，包括其运行机制和基于拓扑的关联机制。其次，对连续飓风和洪水情景进行建模，尤其是它们的时空关系。结合该系统分别遭受飓风和洪水时每种类型基础设施的损失概率函数，可估算基础设施组分的直接损失概率。最后，应用联合修复策略和所有上述模型，通过蒙特卡罗仿真分析GTA关联基础设施系统的韧性。

## 8.2　多层关联基础设施网络

本节将介绍GTA能源基础设施系统的多层关联网络模型。研究中使用的所有数据均为基础设施运行商提供的公开数据。

### 8.2.1　GTA 能源基础设施空间网络

GTA是加拿大人口最多的都会区，其辖区包括多伦多市中心和四个周边地区区城市：达勒姆（Durham）、哈尔顿（Halton）、皮尔（Peel）和约克（York）。本节使用GTA的电力、燃气和石油传输网络来验证所提出的方法。

GTA电力网络是指GTA的大功率电力系统，包括发电厂、输电站和输电线。该地区有三类发电厂——核电站、燃气电站和太阳能电站，以及500千伏、230千伏和115千伏三种不同电压的输电线。这里不考虑GTA热电厂，因为它的容量只有90兆瓦，其主要用途是为多伦多皮尔逊国际机场提供电力支持。GTA没有天然气或石油生产设施。因此，天然气和石油的传输网络仅包含传输设施：压缩机站、仪表站、泵站和管道。表8.1为GTA能源基础设施系统的信息。

**表 8.1　GTA 能源基础设施系统的信息**

| 基础设施系统 | | 数量/个 |
|---|---|---|
| 电力网络 | | |
| 发电厂 | 核电站 | 2 |
| | 燃气电站 | 6 |
| 输电站 | 500 千伏 | 4 |
| | 230 千伏 | 43 |
| | 115 千伏 | 26 |
| 输电线 | 500 千伏 | 13 |
| | 230 千伏 | 64 |
| | 115 千伏 | 30 |
| 天然气输送网络 | | |
| 压缩机站 | | 2 |
| 调压计量站 | | 15 |
| 流水线 | | 22 |
| 石油输送网络 | | |
| 泵站 | | 4 |
| 调压计量站 | | 1 |
| 流水线 | | 6 |

### 8.2.2　基础设施系统关联关系模型

各类基础设施系统均由众多分布式组分组成。几个组分的损坏或自然/人为灾难造成的局部影响可能导致整个系统出现故障。此外，少数组分的故障可能会传播到其他基础设施系统。因此，在分析基础设施系统的韧性和风险时，需要考虑系统级联失效的影响。针对三层GTA能源基础设施网络，需要考虑两种关联关系：网络内和网络间故障传播机制。网络内部的关联性通常被建模为一种基础设施类型的运行机制。例如，电网故障传播的ML模型，燃气系统的管道流动模型等。网络间的关联关系关注不同基础设施间的物理和功能关联，常用方法包括基于拓扑或基于流的方法[15]。

GTA能源基础设施系统中有三种类型的基础设施系统：电力、天然气和石油输送网络。对于电力网络，ML模型是一种常见的分析级联故障的方法。模型中，节点被分为发电机$N_G$（发电厂）和负载$N_L$（变电站）。所有节点间通过边相互连接，边代表输电线。每个变电站节点的负载定义为从发电厂到变电站且经过该变电站节点的最有效的路径的数量[284]。每个变电站节点$u$的特征包括初始负载$L_u(0)$，实际负载$L_u(t)$和最大负载$C_u = L_u(0) \times \mathrm{tp}$，其中常数tp是耐受系数。路径效率$e_{uv}(t)$是连接节点$u$和节点$v$的所有路径的效率的最大值，代表相对链路容量。根据相关研究，将每条边的效率初始化为1。假定电流在任意一对发电厂节点和变电站节点之间都是通过最有效的路径流动。节点所连接的边的故障会导致功率在网络中重新分配，这反映在最有效路径的变化及每个节点负载的变化上。若某些节点超载，则会导致与该节点连接的边的传输效率下降。

$$e_{uv}(t+1) = \begin{cases} e_{uv}(0), & \text{其他} \\ e_{uv}(0)\min\left(\dfrac{L_u(0)}{L_u(t)}, \dfrac{L_v(0)}{L_v(t)}\right), & L_u(0) < L_u(t) \leqslant C_u \\ 0, & L_u(t) > C_u \end{cases} \quad (8.5)$$

若某一变电站的路径效率等于0，则该变电站将发生故障。发生故障的变电站会导致其他变电站节点的路径效率发生改变，并且会改变网络中的输电路径。当节点的状态逐步稳定时，此迭代过程将收敛。假设网络中每个变电站节点的最大负载是相同的，则电力网络的性能$P(t)$可通过可用变电站节点的比例来计算。此处将tp设置为2[285]。

天然气和石油传输网络的规模较小，因此可使用基于拓扑的模型对它们的内部关系进行建模。本章假设天然气是从压缩机站传输到调压计量站，石油是从泵站传输到调压计量站。

使用网络模型对三类基础设施系统网络间的关联关系进行建模。燃气发电厂需要燃气输入才能保持正常运行，所有天然气和石油节点都需要电力输入才能保持正常运行。考虑的网络都受限于主要的传输系统，此处对其定义如下：①燃气发电厂由最近的燃气调压计量站通过输气管道提供支持；②天然气和石油节点由最近的变电站通过输电线供电；③考虑应急准备措施，引入备用设施，以使基础设施间的关联关系不过于紧密。每个燃气发电厂都有燃气储备作为备用设施。天然气和石油传输网络的压缩机站、泵站和调压计量站都有备用电源。备用设施的能力用支撑对应节点正常运行的时间来衡量，假设都等于1个时间步（2小时）。若备用设施支撑节点发生故障或连接的边损坏，则这些节点将无法正常运行。

### 8.2.3　基础设施系统物理和功能韧性度量

基础设施系统的性能可从多个方面进行衡量。为分析基础设施系统的动态演化过程，本章将分别评估关联基础设施系统的物理和功能韧性，即式（8.4）中的 $I_u$ 会有所不同。对于物理韧性，多层基础设施网络中每个节点的 $I_u$ 均结合其容量进行计算。然后，系统物理性能可表示为正常运行节点所占比例加权和的期望值。例如，电力网络中各变电站的权重可依据它们的电压计算。

对功能韧性，用服务的客户数量作为关联基础设施网络中每个节点的 $I_u$。然后，系统功能性能可表示为系统受损时不受影响的人口数量的期望值。考虑到容量大于500千伏的变电站通常充当枢纽变电站的角色，因此使用泰森多边形方法（图8.5）将GTA的人口分配给区域内115千伏和230千伏的变电站。泰森多边形定

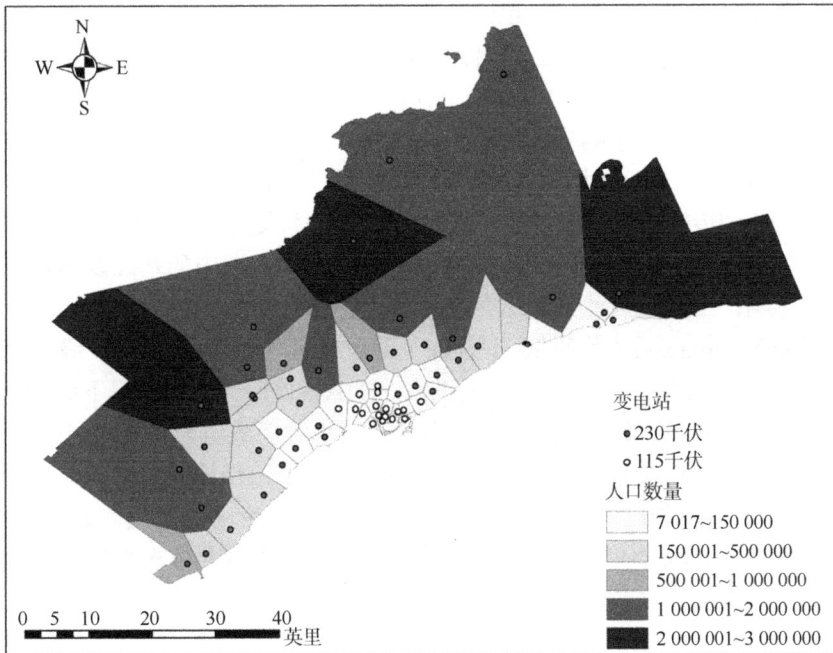

图8.5　GTA电力网络中各变电站服务的人口数
1英里=1.609 344千米

义了一组点中每一个点的影响区域，因此每个多边形都可以视为一个变电站的服务区域。GTA人口数据使用的是2011年加拿大人口普查公开数据[286]。

# 8.3　连续灾害及其影响

本节将描述用于GTA案例研究的连续飓风和洪水灾害情景。

## 8.3.1　连续飓风和洪水情景

研究使用的连续飓风和洪水情景是根据1954年10月15日飓风黑兹尔的记录建模生成的，当时GTA在飓风之后又发生了洪水。飓风黑兹尔的路径数据从NOAA GeoPlatform下载。有关飓风、风暴潮和洪水造成的影响的信息来自政府网站的报告"Hurricane Hazel: 60th anniversary and environment and climate change Canada"。

加拿大灾难数据库[287]的记录显示，飓风黑兹尔及随后的洪水共造成81人丧生，1896个家庭无家可归。风暴带来的创纪录的降雨无法渗透到地面，这是由于前一个月高于平均水平的降雨量已经使土壤饱和。大部分雨水从地表滑入河流和小溪，并迅速将它们填满，甚至超出其容量。90%的降水直接从土地流到河流中，使水位上升了6~8米[288]。

飓风和洪水的综合影响导致的这场灾难将作为本章实证研究的案例。根据历史记录，飓风持续了24小时，并伴有降雨，随后发生了洪水。这意味着洪水发生在飓风的破坏和传播阶段，或演变和修复阶段，具体取决于修复工作的开始时间。由于整个GTA区域都受到了飓风的影响，而只有河水流域内的基础设施系统受到了洪水的影响，因此这两种灾害的影响区域在空间上重叠。

根据Saffir-Simpson（萨菲尔-辛普森）飓风等级[289]，通常只有三级以上的飓风（风速高于110英里/小时）才会引发洪水。GTA案例研究中包括以下假设：①飓风黑兹尔为三级飓风，风速达120英里/小时，24小时后减弱为40英里/小时；②飓风路径与从ArcGIS网络资源中检索到的飓风黑兹尔的路径相同；③距飓风路径50公里的区域[290]受到相同风速的飓风的影响；④GTA受影响的区域被划分为4个与飓风路径垂直的区域（依据飓风发生时间的不同），从南到北依次受到攻击。图8.6显示了飓风和洪水影响区域的空间分布。

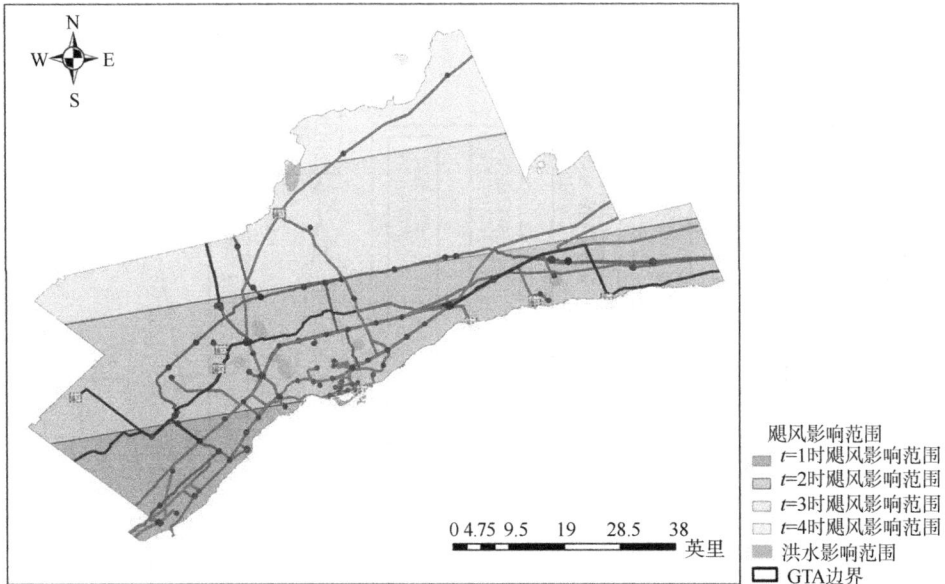

图8.6　飓风和洪水对GTA的影响

　　根据美国国家气象局阿拉斯加–太平洋河流预报中心对洪水的分类，飓风黑兹尔之后发生的洪水被归类为重大洪水灾害。由于GTA被许多河流和小溪分隔开，因此受洪水影响的基础设施系统也是沿河流和小溪分布的。根据GTA的洪泛平原地图[291]及GTA的洪灾脆弱地区群[292]，受影响最大的地区的洪水深度超过了10英尺①。结合记录中飓风黑兹尔造成的影响、飓风发生的时间和与飓风路径的距离，可以识别出如图8.6所示的洪水区域。只有有限数量的基础设施系统组分受到了洪水的直接影响（两个发电厂、六个输电变电站、一条海底输电线和一条海底输气管道）。

　　飓风和洪水对GTA三层能源网络的影响分为三个部分：飓风和洪水造成的直接损失，网络内部连接导致的间接损失，以及网络间关联关系导致的间接损失。对单个基础设施组分造成的直接影响的计算方式将在8.3.2节和8.3.3节阐述。结合直接影响，我们利用8.2.2节介绍的单个网络运行模型，对网络内部关联性造成的系统内部间接影响进行了分析，并进一步使用关联网络模型，分析了网络间关联关系造成的基础设施系统间的间接影响。飓风和洪水对GTA三层能源网络的动态影响分析过程如图8.7所示。

---

　　① 1英尺=3.048×10⁻¹米。

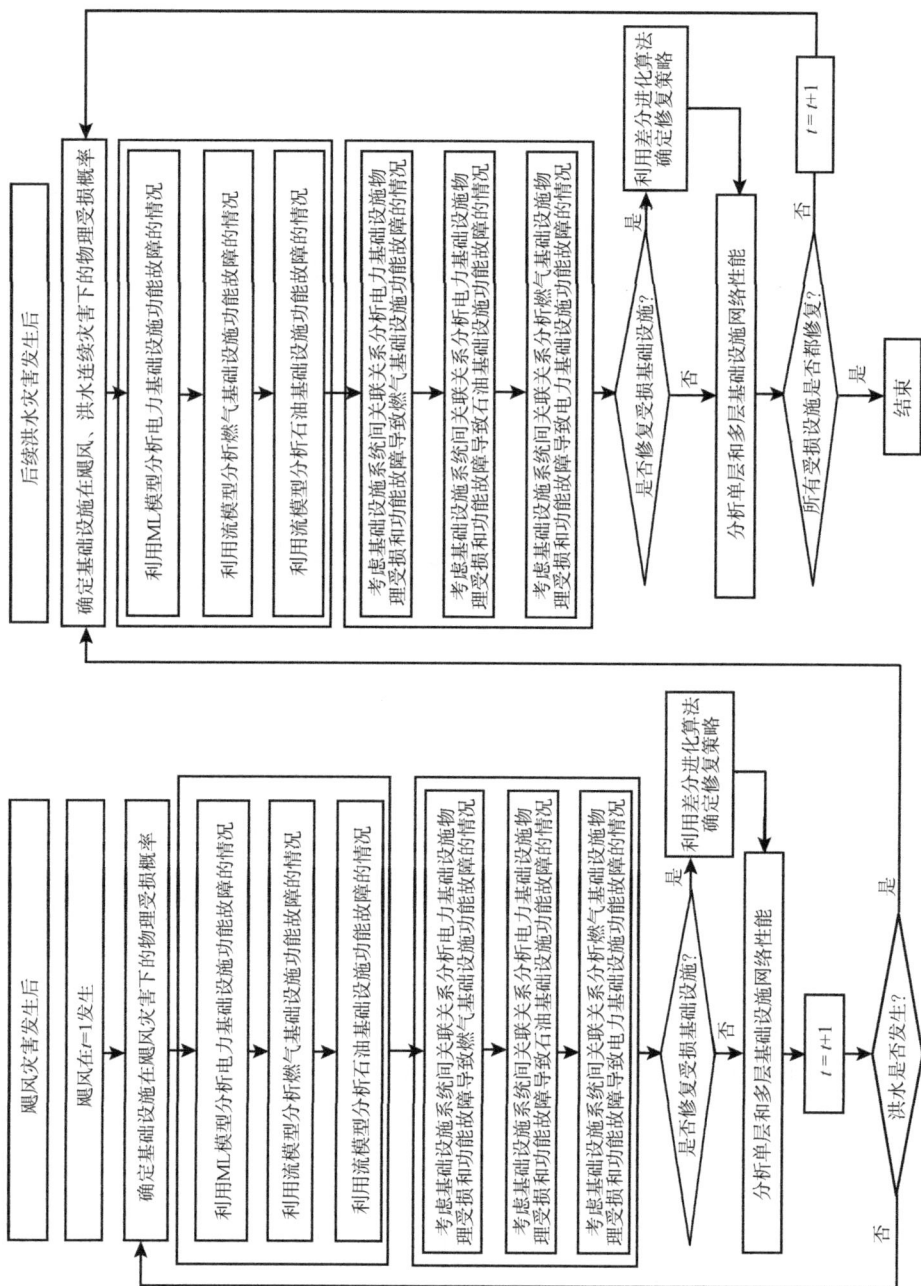

图8.7 飓风和洪水灾害下GTA基础设施系统韧性分析仿真过程

## 8.3.2 单一灾害对基础设施系统的影响

单一灾害下基础设施组分直接故障的概率可通过其在不同灾害下的脆弱性模型来计算。飓风和洪水灾害下各类基础设施系统组分的脆弱性数据来源于已发表的论文、报告和HAZUS-MH平台[293]。

在考虑飓风和电网的情况下，电网中的发电厂对飓风的破坏大多不敏感，因此可不考虑其脆弱性。对变电站和输电线脆弱性的估算是依照Ouyang和Duenãs-Osorio[221]的工作进行的。可以用对数正态脆弱性曲线来表示变电站的损坏概率。这些曲线给出了在阵风速度（$w_s$）给定的情况下设施损坏的可能性，同时考虑了变电站的局部地形和结构特征。脆弱性曲线函数的一般形式如下[289]：

$$P_{\text{trans\_sub},u,l}\left(D \geqslant d_{ul} \mid W_s = x_u\right) = \int_0^{x_u} \frac{1}{\sqrt{2\pi}\sigma_{ul}w} \exp\left(\frac{-\left(\ln w - \mu_{ul}\right)^2}{2\sigma^2}\right) \mathrm{d}w \quad （8.6）$$

曲线函数表示第$u$个变电站处于不同损坏等级状态的概率。$l$表示基础设施系统组分的损坏等级，取值可以是低、中、高、整体损坏。本章选择中等损坏水平，即 $P_{\text{trans\_sub},u,l}$ 表示在给定变电站现场风速 $x_u$ 的情况下，第$u$个变电站中等损坏的概率，可通过变电站附近地形的脆弱性曲线计算得出。参数 $\mu_{ul}$ 和 $\sigma$ 表示相关脆弱性曲线的对数平均值和标准差。每种类型的建模地形和建筑类型的脆弱性曲线均来自HAZUS-MH的技术报告[294]。

电力网络中输电线由传输支撑结构、导体和各种硬件组成。根据设计要求[294]，输电线在风荷载下的脆弱性主要取决于塔架的故障情况。一条输电线上的塔架数可通过线长除以两个相邻塔架之间的平均跨度来计算，该平均跨度根据区域效用数据设置为0.30千米。根据Quanta Technology[294]的研究，可通过给定风速 $x_u$ 下的指数函数来估算第$u$个传输支撑结构的失效概率，形式如下：

$$P_{\text{trans\_tower},u}\left(W_s = x_u\right) = \min\{2\times 10^{-7} e^{0.0834x_u}, 1\} \quad （8.7）$$

对遭受飓风袭击的天然气系统而言，地下管线大多不受风灾侵害，因此仅需考虑天然气节点故障。压缩机站、泵站和调压计量站的损坏概率也使用式（8.7）计算。

风暴潮可能会破坏地下电缆和管道。第$u$个地下电缆或管道的损坏概率可以通过衡量飓风和洪水严重程度的函数来估算[295]，形式如下：

$$P_{\text{under\_line},u} = [a + b(H-S)] \times I(H-S) \quad （8.8）$$

其中，$P_{\text{under\_line},u}$ 表示在给定的飓风和风暴潮级别下，第$u$个地下设施的损坏概率；$H$表示飓风类别（1~5）；$S$表示风暴潮类别（1~5）。$a$和$b$是调整参数，由于所分析的基础设施类型是电缆，因此这两个参数的取值分别为0.08和0.28。$I(H-S)$ 是一项指标函数，表示该区域是否受飓风影响，若 $H - S \geqslant 0$，则等于1；否则为0。

洪水对电力网络的影响方面，可认为电力传输支撑结构对洪水是安全的，并且模型中仅考虑电力节点故障。对于天然气和石油网络，洪水可能会影响各种组分。HAZUS-MH[295]提供了在洪水冲击下特定区域基础设施的损坏概率。与飓风数据一样，基础设施损坏概率与洪水深度之间的关系的数据来自美国。洪水深度为10英尺时的损坏概率是：发电厂 0.30，变电站 0.15，燃气和石油传输网络的压缩机、泵站和调压计量站 0.40。

### 8.3.3　连续灾害对基础设施系统的影响

前文讨论的损害概率函数是针对单独灾害如飓风或洪水而言的。基于这两种灾害的时间和空间关系，它们对基础设施的影响并不是独立的。基础设施的损坏概率应根据其位置和灾害发生时间来计算。

在$t=1$到$t=12$期间，飓风影响了整个GTA，除地下管线外，所有基础设施都依概率 $P_u^t(H)$ 被损坏，概率可以通过式（8.6）和式（8.7）计算得出。

从$t=13$开始，洪水开始影响GTA的河流和溪流地区。这些地区的基础设施会受到洪水的直接影响。仅受洪水直接影响的基础设施（海底管道）的损坏概率 $P_u^t(F)$ 可以根据式（8.8）计算。其他被洪水影响的基础设施的损坏概率可依据式（8.9）来计算：

$$P_u^t(F \mid H) = P_u^t(F) + \eta(1 - P_u^t(F))P_u^t(H) \qquad (8.9)$$

其中，$\eta$ 表示修复参数，取值为0或1。由于飓风在$t=1$时出现，因此可能需要一些时间来修复被飓风破坏的基础设施组分。在资源有限的情况下，部分被飓风破坏的基础设施组分可能会得到修复，对该类基础设施组分，$\eta = 0$，其在洪水冲击下的损坏概率为 $P_u^t(F)$。对受飓风和洪水影响且无法修复的其他基础设施组分，$\eta = 1$。此外，图8.6中泛洪区之外的基础设施由于地理位置不在洪水的影响范围内，因此不会受到洪水的破坏。

# 8.4　连续灾害下关联基础设施系统韧性仿真

### 8.4.1　关联基础设施系统的联合修复模型

基础设施系统受到干扰后其性能能够恢复到最初水平是系统韧性的关键特征，如图 8.1、图 8.2、图 8.3 中系统性能曲线的上升段所示。已经有很多学者研究了基础设施系统的修复过程。相关研究多基于不同的优化目标构建修复策略模型，以求解基础设施系统的灾后修复策略。例如，最大限度地减少飓风冲击下电力系统的修复时间[296]，在不同的运行模式下最大化电力系统的韧性[191]，最大化性能并最小化电力系统的修复成本[117]，最大化空间分布网络中的资源效率[280]等。修复资源有限的条件下，修复策略旨在确定系统受损组分的维修顺序。

本章修复策略模型的目标是在特定的时段内最大化关联基础设施网络的韧性，形式如下：

$$\max r^{A_1,\cdots,A_n}(t^*) \tag{8.10a}$$

$$\text{s.t.}\begin{cases} \sum_u \text{RN}_u(t) \leqslant C_{\text{RN}}(t) \\ \sum_u \text{TN}_u(t) \leqslant C_{\text{TN}}(t) \end{cases} \tag{8.10b}$$

其中，$r^{A_1,\cdots,A_n}(t^*)$ 表示多灾害 $A_1,\cdots,A_n$（$n \geqslant 2$）在 $[t_{A_1}^O, t^*]$ 内的系统韧性值，$t^*$ 表示进行韧性评估的特定时间，$t_{A_1}^O$ 表示第一个灾害 $A_1$ 的开始时间；$\text{RN}_u(t)$ 表示在 $t$（$t<t^*$）时刻修复第 $u$ 个基础设施组分所需的物理资源；$C_{\text{RN}}(t)$ 表示 $t$（$t<t^*$）时刻可用的物理资源；$\text{TN}_u(t)$ 表示在 $t$（$t<t^*$）时刻修复被损坏的第 $u$ 个基础设施组分所需的时间；$C_{\text{TN}}(t)$ 表示在 $t$ 时刻可用的总时间，可以写作 $t^*-t$。

基础设施系统修复模型[式（8.10a）和式（8.10b）]很难用标准方法求解，因为灾害对基础设施系统的动态空间影响及故障在网络内部和网络之间的传播是非线性的，且具有很高的复杂性。借鉴相关研究[297]，本章应用遗传算法来求解基础设施系统故障组分的修复顺序。

### 8.4.2　连续灾害下关联基础设施系统韧性仿真分析

考虑到基础设施系统级联故障的复杂性，本章使用蒙特卡罗模拟进行关联基础设施系统仿真分析[272]。由于灾害可能发生在不同的时间，因此可将仿真过程分为几个阶段，以整合组分损坏概率计算和级联故障影响。每个阶段都始于一个灾害的发生，包括灾害直接影响、网络内故障传播、网络间故障传播，如图8.7所示。基于此，仿真过程分为两个阶段。第一阶段着重分析飓风影响下基础设施网络的性能；第二阶段进一步分析洪水对基础设施系统的影响。

仿真中，将电、气和油的输送时间设置为1个时间步。基础设施组分配备的备用设施的服务时间有限，其作用是延迟组分故障所造成的关联影响。这里将备用设施的服务时间设置为1个时间步。为确定基础设施系统中受损组分的修复顺序，修复模型中包括以下假设：①修复工作从组分受损的时刻或之后开始；②受损组分的修复工作可以在1个时间步内完成；③资源有限的条件下，1个时间步最多可修复2个受损组分。当飓风发生在$t=1$时，距离洪水的发生还有11个时间步。风速减弱到特定阈值以下后，即可开始修复工作，假定此时刻为$t=8$。因此，在仿真中将使用从不同时刻开始的两种修复策略。一种是分为两个阶段的策略，即从$t=8$修复到$t=12$，然后在洪灾结束后从$t=18$再开始修复；另一种是单阶段策略，即在两种灾害都结束后从$t=18$开始修复。所得的结果是100次仿真的平均值。

## 8.5　GTA 能源基础设施系统的物理韧性

图 8.8 展示了不同灾害情景下关联基础设施系统的动态物理韧性，可见，与静态韧性不同，动态韧性随灾害发生、基础设施交互作用和基础设施修复而非线性波动。遭受多重灾害的单层和多层基础设施网络的物理韧性不等于单一灾害韧性之和。尽管遭受相同的连续飓风和洪水灾害，但是由于修复开始的时间不同，单层和多层基础设施网络的物理韧性也有明显差别。通常，修复开始得越早，系统的韧性就越高。根据图 8.8，采取中间修复策略 $pr^{H-8,F-19}$ 的基础设施系统的韧性始终大于中途没有进行修复 $pr^{H,F-19}$ 的系统的韧性。中间修复不仅会影响对应修复时间（从 $t=8$ 到 $t=12$）内的系统韧性，而且会影响后续的系统韧性（$t=12$ 之后）。这是基础设施系统间关联关系的积极作用。修复后基础设施组分的损坏概率会下降，并导致从属基础设施组分的损坏概率下降。两种修复策略带来的差异在电力网络中更为明显。

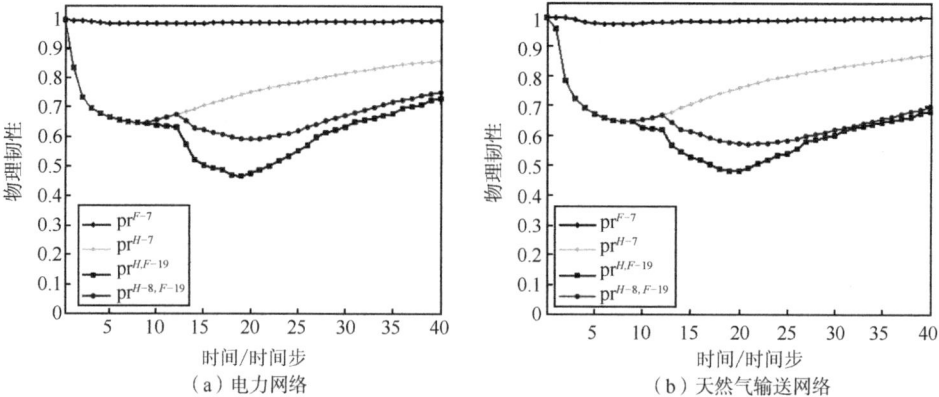

（a）电力网络　　　（b）天然气输送网络

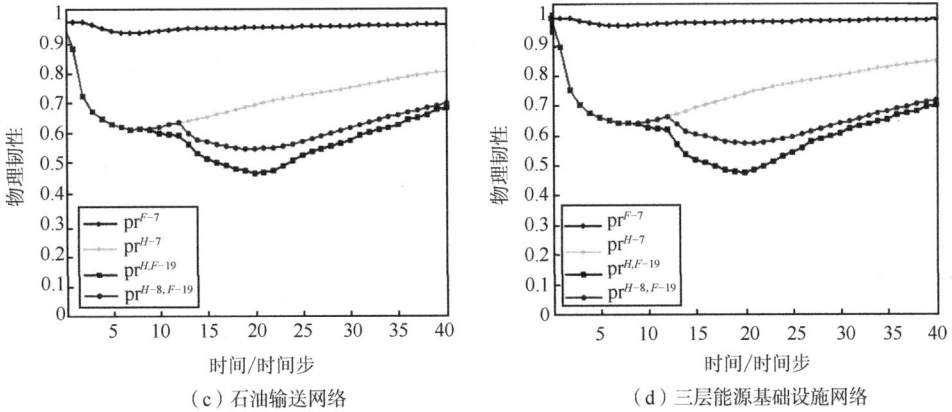

（c）石油输送网络　　　　　　　　　（d）三层能源基础设施网络

图8.8　GTA三层基础设施网络的动态物理韧性

pr 表示 GTA 三层能源基础设施网络的物理韧性；$pr^{F-7}$ 表示洪水下 GTA 三层能源基础设施网络的物理韧性，采取从 $t=7$ 开始的一阶段修复策略；$pr^{H-7}$ 表示飓风下 GTA 三层能源基础设施网络的物理韧性，采取从 $t=7$ 开始的一阶段修复策略；$pr^{H,F-19}$ 表示连续飓风和洪水下 GTA 三层能源基础设施网络的物理韧性，采取从 $t=19$ 开始的一阶段修复策略；$pr^{H-8,F-19}$ 表示连续飓风和洪水下 GTA 三层能源基础设施网络的物理韧性，采取分别从 $t=8$ 和 $t=19$ 开始的两阶段修复策略

# 8.6　GTA 能源基础设施系统的功能韧性

GTA三层基础设施网络的功能韧性等于变电站服务的人口数与总服务人口数之比。系统功能韧性代表多层基础设施网络的服务恢复能力。由于电力对人们的日常生活极为重要，因此本章选择GTA电力网络动态功能韧性来代表整个基础设施系统的功能韧性。基于变电站的损坏概率及其服务的人口数量，图8.9展示了基础设施系统的功能韧性。

由图8.9可见，功能韧性始终大于对应情况下的物理韧性，且在飓风和洪水灾害发生后有明显的降低。对此现象有两种可能的解释，第一种可能发电厂和变电站之间存在多个冗余路径。因此，部分组分发生物理故障后不会造成功能损失，而每个基础设施组分的修复都可能降低几个关联组分的损坏概率。基础设施组分间的关联性会加强这两种效果。第二种可能是人口和变电站分布不均。虽然将变电站容量用作计算系统韧性的权重，但它们服务的人口通常不与其容量成正比。

在连续飓风和洪水情景下，与电力网络的物理韧性相反，在采取中途修复策略的$t=6$之前，以及采取中途不进行修复策略的$t=12$之前，电力网络的功能韧性 $fr^{H,F}$ 和 $fr^{H,(R),F}$ 始终小于单个飓风和洪灾韧性的总和（ $fr^{H} + fr^{F} - 1$ ）。

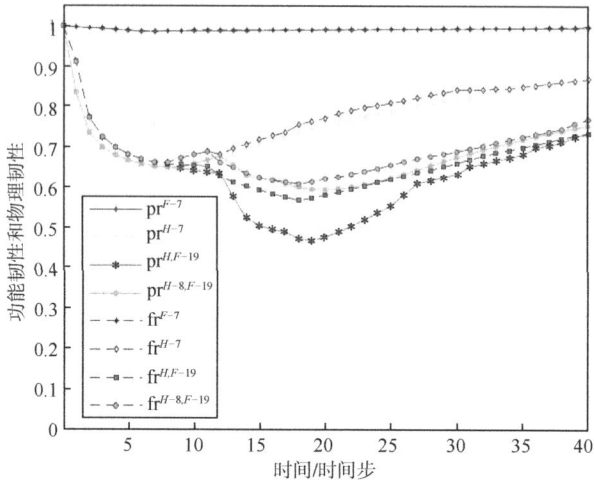

图8.9  GTA电力网络的动态功能韧性和物理韧性

fr 表示 GTA 电力网络的功能韧性；pr 表示 GTA 电力网络的物理韧性；$fr^{F-7}$ 表示洪水下 GTA 电力网络的功能韧性，采用从 $t=7$ 开始的一阶段修复策略；$pr^{F-7}$ 表示洪水下 GTA 电力网络的物理韧性，采用从 $t=7$ 开始的一阶段修复策略；$fr^{H-7}$ 表示飓风下 GTA 电力网络的功能韧性，采用从 $t=7$ 开始的一阶段修复策略；$pr^{H-7}$ 表示飓风下 GTA 电力网络的物理韧性，采用从 $t=7$ 开始的一阶段修复策略；$fr^{H,F-19}$ 表示连续飓风和洪水下 GTA 电力网络的功能韧性，采用从 $t=19$ 开始的一阶段修复策略；$pr^{H,F-19}$ 表示连续飓风和洪水下 GTA 电力网络的物理韧性，采用从 $t=19$ 开始的一阶段修复策略；$fr^{H-8,F-19}$ 表示连续飓风和洪水下 GTA 电力网络的功能韧性，采用两阶段修复策略，其起始时间分别为 $t=8$ 和 $t=19$；$pr^{H-8,F-19}$ 表示连续飓风和洪水下 GTA 电力网络的物理韧性，采用两阶段修复策略，起始时间分别为 $t=8$ 和 $t=19$

修复策略作用在系统功能韧性方面更为明显。比较连续飓风和洪水侵袭下不进行中间修复和进行中间修复的功能韧性可以发现，后者总是比前者大。同样，连续灾害下系统功能韧性间的差异也大于相应的物理韧性间的差异。

# 8.7  讨  论

连续灾害对关联基础设施系统韧性的时空影响是一个复杂的过程，取决于基础设施系统间的关联关系、灾害间的交互关系和多样化的修复策略等，本节将分析上述因素对基础设施系统韧性的影响。

## 8.7.1  单一灾害的边际影响

单一灾害对基础设施系统物理和功能韧性的影响不仅取决于其时空特性或与其他灾害的关系，还取决于灾害的强度。图8.8和图8.9中，电力网络和多层能源基础设施网络的韧性曲线也仅有小幅下降，天然气和石油输送网络的韧性在洪水后下降较显著是因为它们的规模较小。

洪水的边际影响较小可能有几种原因。第一，式（8.9）中洪水对基础设施组分的直接影响很小，除两条海底输电线路外，遭受洪水侵袭的基础设施的损坏概率都小于0.3；第二，存在将每个负载节点与多个源节点连接的冗余路径，具有更多冗余拓扑结构的网络将减小洪水造成的影响，因为负载节点能够有更多机会与多个源节点连接。

如图8.8和图8.9所示，飓风的边际效应比洪水的要剧烈。整体来说，飓风的强度是决定性因素。席卷整个GTA的高速阵风会带来较高的基础设施系统损坏概率，导致系统韧性曲线急剧下降。根据Saffir-Simpson飓风标度，通常只有3级以上（风速高于110英里/小时）的飓风会引发洪水，5级是飓风的最高级别，代表风速达到157英里/小时或更高。8.3.1节中，飓风列表的风速（$w_s$）为120英里/小时，因此我们将风速的变动范围设定为从110英里/小时到160英里/小时，以10英里/小时为间隔。根据记录和可用的HAZUS-MH数据，8.3.1节中，洪水列表包含最高级别的洪水深度（大于10英尺），因此洪水的幅度没有变化。GTA三层能源基础设施网络的韧性是在仅改变飓风风速而其他参数值保持不变的情况下进行仿真的，结果如图8.10所示。

根据图8.10，在连续飓风和洪水的时空关系相同的情况下，GTA三层能源基础设施网络的物理韧性和电力网络的功能韧性随飓风强度的变化而变化。风速越高，系统的韧性越低。而且，风速越高，系统韧性的降低越显著。同时，图8.10（c）和图8.10（d）中两条相邻线之间的距离大于图8.10（a）和图8.10（b）中的距离，因此该规律在功能韧性上比在物理韧性上的体现更为显著。比较图8.10（a）和图8.10（b）可以发现，两阶段修复策略对系统韧性的提升效果总比一阶段修复策略更好，尤其是在风速较小的情况下，对功能韧性也是如此。此外，风速为110英里/小时时的系统韧性要显著大于风速更高时的系统韧性。

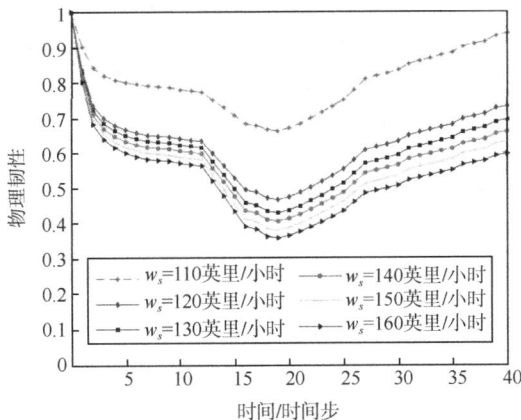

（a）三层能源基础设施网络（$pr^{H,F-19}$）

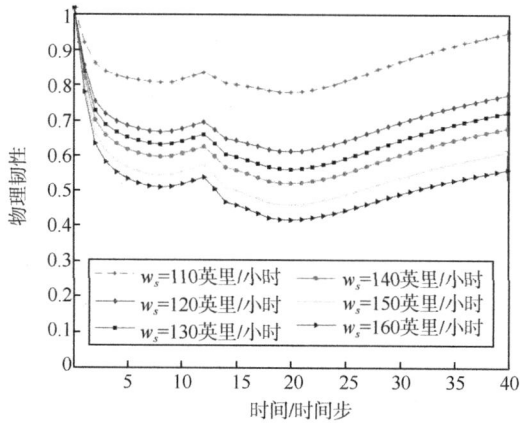

（b）三层能源基础设施网络（$pr^{H-8,F-19}$）

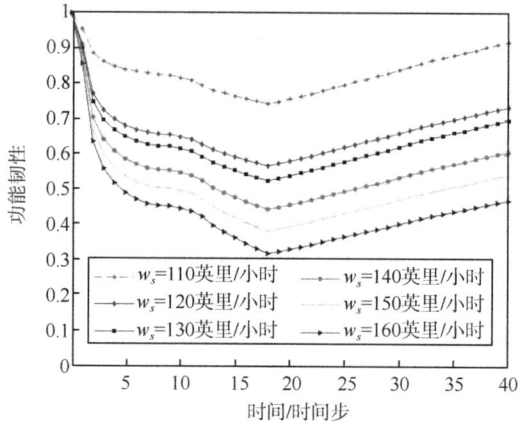

（c）电力网络（$fr^{H,F-19}$）

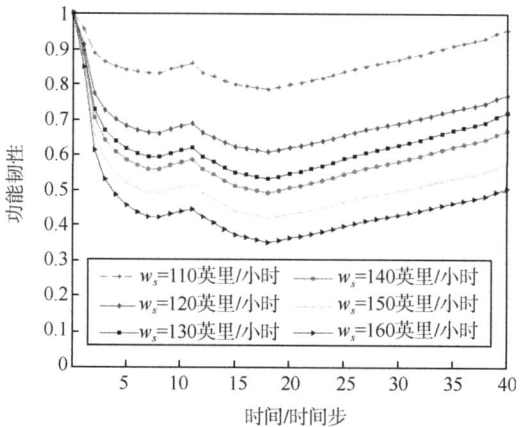

（d）电力网络（$fr^{H-8,F-19}$）

图8.10　不同强度灾害下基础设施系统的物理和功能韧性曲线

## 8.7.2　级联失效和修复效应

基础设施系统的修复策略是一个复杂的问题，已受到较多学术关注。基础设施关联关系易导致的级联修复效应，这点在之前的仿真结果中已有体现。图8.8中多层基础设施网络韧性曲线的斜率始终大于2/103（还原节点数/节点总数）。如图8.8所示，所有采用两阶段修复策略的单层和多层基础设施网络的韧性都明显大于采用一阶段修复策略的基础设施网络韧性。

电力网络中的级联修复效应尤为明显。采用两阶段修复策略的电力网络的韧性曲线在洪水后略有下降，但整体明显呈上升趋势。这是由于洪水的影响较小，因此级联修复效应是造成这种现象的主要原因。进一步，可从时间和空间维度对飓风和洪水的时间间隔、重叠区域进行敏感性分析，以说明级联修复效应。

### 1. 灾害时间间隔敏感性分析

灾害的时间关系是多重灾害韧性或风险分析的热门话题。发生时间顺序通常被用于描述连续灾害的时间关系。但目前还没有关于灾害发生时间间隔对系统韧性的影响的分析研究。对于8.3.1节中列出的连续性灾害情景，飓风和洪水的发生时间之间存在24小时的间隔（图8.8～图8.9中的12个时间步）。由于无法得到飓风和洪水同时发生时单个基础设施组分的脆弱性曲线，因此我们将飓风和洪水之间时间间隔的取值范围设置为4到24，以4个时间步为间隔。这意味着洪水分别从$t$=13、17、21、25、29、33、37开始。一阶段修复策略在洪水结束时开始，两阶段修复策略则在飓风结束时开始。对GTA能源基础设施网络的韧性进行仿真时，仅改变了飓风和洪水间的时间间隔，其结果如图8.11所示。

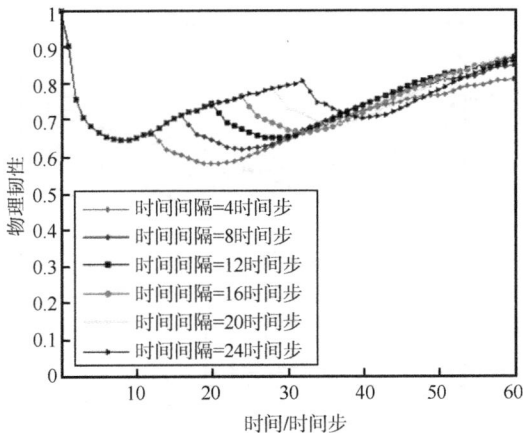

（a）三层能源基础设施网络（一阶段修复策略）

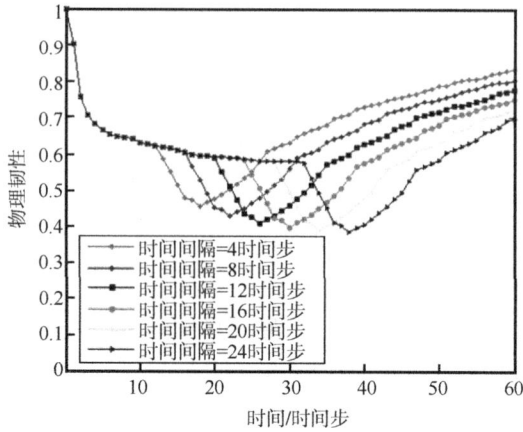

（b）三层能源基础设施网络（两阶段修复策略）

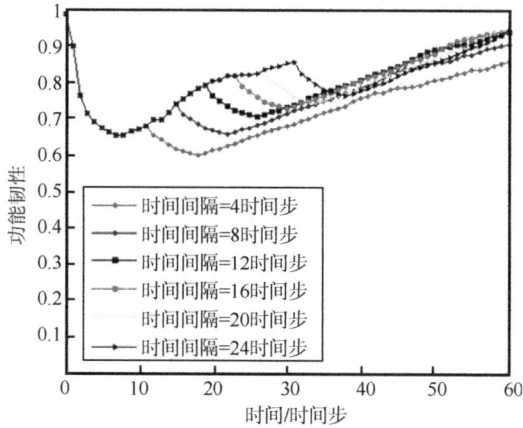

（c）电力网络（一阶段修复策略）

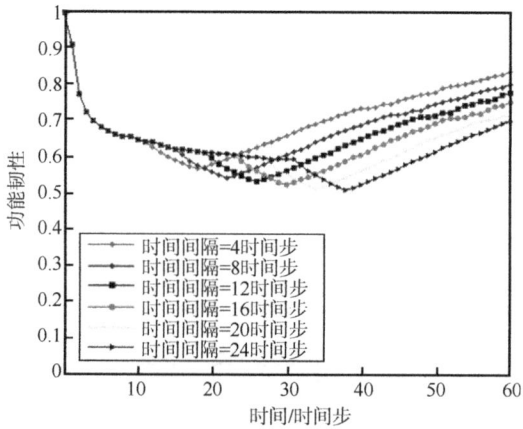

（d）电力网络（两阶段修复策略）

图8.11　不同灾害时间间隔下基础设施系统的韧性曲线

由图 8.11 可见，尽管飓风和洪水的强度和影响区域是固定的，但 GTA 三层能源基础设施网络的物理韧性和电力网络的功能韧性会随着两种灾害之间的时间间隔的不同而发生变化。对比图 8.11（a）和图 8.11（b）可以发现，随着时间间隔的增加，两阶段修复策略的优势变得更加明显。对于一阶段修复策略，物理和功能韧性都随着时间间隔的增加而降低，这是因为网络内的级联故障。对于两阶段修复策略，物理和功能韧性都随时间间隔的增加而增加。尽管每个时间步内只能修复两个受损的基础设施组分，但是第一阶段修复的级联修复效应可使系统韧性明显提升。

### 2. 灾害空间重叠敏感性分析

灾害的空间关系目前并未获得足够的重视，在现有研究中通常是被忽略的。对于分布式基础设施系统，具有不同空间关系的灾害可能会影响不同的基础设施组分并导致不同的结果。重叠区域可用于测量灾害的空间关系。在这里，将 8.3.1 节灾难场景中飓风和洪水的重叠区域设置为 1（图 8.6 中的泛洪区）。然后将区域的半径分别放大 1 倍、2 倍、3 倍、4 倍和 5 倍。对 GTA 三层能源基础设施网络的韧性进行仿真时，仅改变飓风和洪水间的重叠空间，结果如图 8.12 所示。

由图8.12可见，尽管飓风和洪水的强度和影响区域是固定的，但GTA三层能源基础设施网络的韧性会随两种灾害的重叠空间的不同而发生变化。重叠空间越大，系统的韧性越小。此外，对比图8.12（a）和图8.12（b）可以发现，重叠空间越大，一阶段修复策略和两阶段修复策略下物理韧性的差异就越小。另外，物理韧性和功能韧性的变化不如重叠空间区域的变化显著。这是由于随着重叠区域的扩大，增加的基础设施组分位置集中。即使不增加重叠区域，增加的单个基础设施组分的损坏概率也将受到其邻近的被直接损坏的基础设施组分的影响。同样，它们也

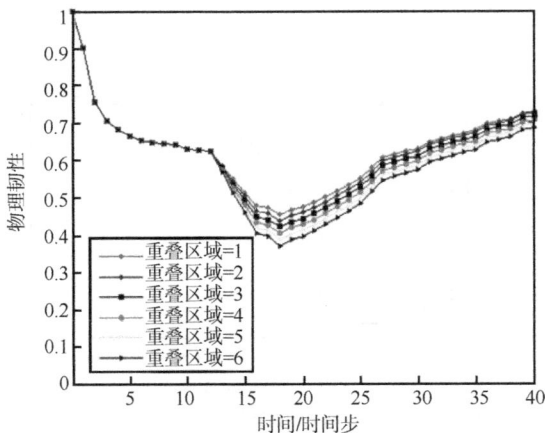

（a）三层能源基础设施网络（pr$^{H,F-19}$）

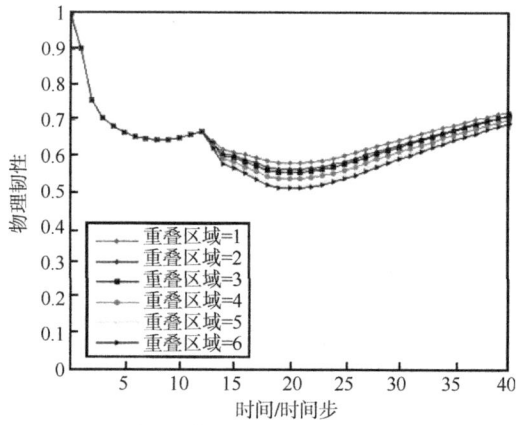

（b）三层能源基础设施网络（$pr^{H-8,F-19}$）

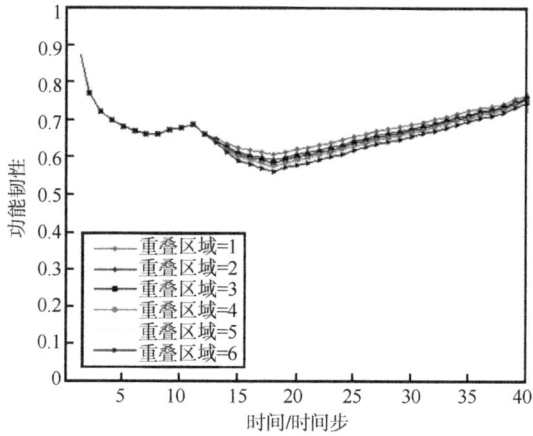

（c）电力网络（$fr^{H-8,F-19}$）

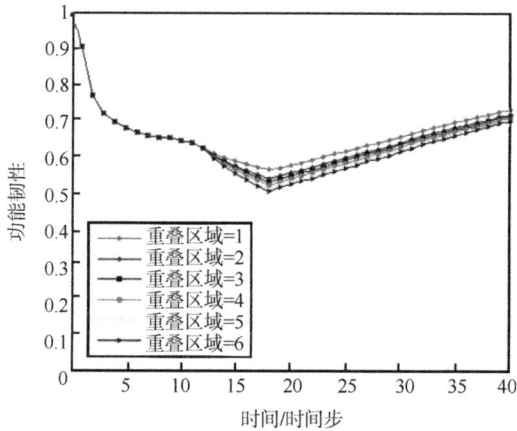

（d）电力网络（$fr^{H,F-19}$）

图8.12　不同灾害空间重叠区域下的基础设施系统韧性曲线

可能受到邻近基础设施的修复情况的影响。此外，即使将灾害重叠区域的半径扩大到6倍，被洪水袭击的区域也只占GTA面积的很小一部分。因此，区域内基础设施的小损坏不会使系统韧性显著降低。

### 8.7.3　修复资源限制

灾害情景、基础设施系统和修复策略共同定义了系统的韧性曲线。灾害始终是不可抗力，而基础设施系统短期内又无法改变。修复策略通常取决于可用修复资源的数量。本节将可用修复资源的数量限制为2个单位。下面通过调整可用修复资源的数量，仿真分析GTA三层能源基础设施网络的韧性，结果如图8.13所示。

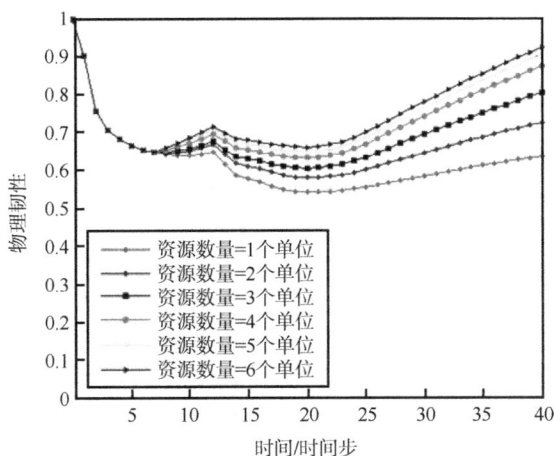

（a）三层能源基础设施网络（$\text{fr}^{H-8,F-19}$）

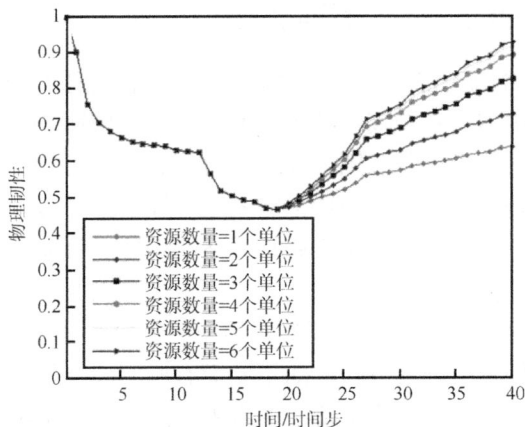

（b）三层能源基础设施网络（$\text{fr}^{H,F-19}$）

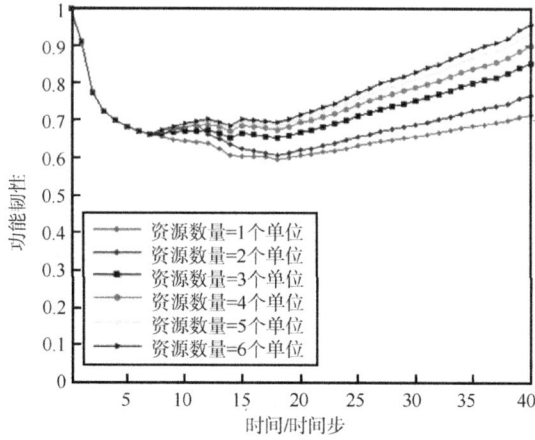

（c）电力网络（fr$^{H\ 8,F\ 19}$）

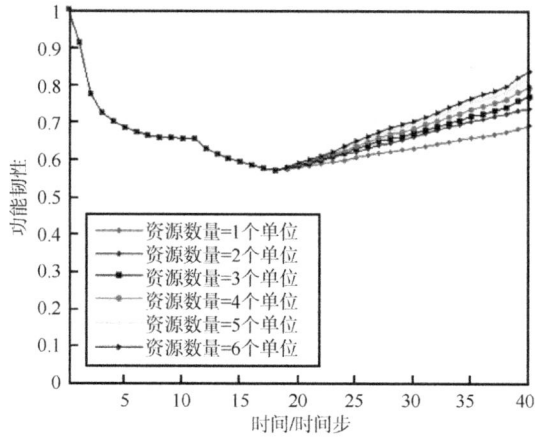

（d）电力网络（fr$^{H,F\ 19}$）

图8.13　不同资源约束下基础设施系统的韧性曲线

由图8.13可见，GTA三层能源基础设施网络的韧性会随着修复资源约束的变化而变化。修复资源越多，系统韧性越大。而且，系统韧性的增长速度比资源的增长速度要慢。根据图8.13（a）和图8.13（b），资源数量大于4个单位时，基础设施系统的韧性差异不是很明显，资源增加对系统韧性提升的边际效益下降。对比图8.13（c）和图8.13（d），采用两阶段修复策略的韧性显著大于采用一阶段修复策略的韧性。且当可用修复资源更多时，差异会更大。因此，对于GTA能源基础设施系统，4个单位的修复资源对提高系统韧性至关重要。另外，在修复资源约束相同的情况下，系统韧性会因修复目标的不同而有所不同，如在特定时间段内将韧性最大化、加速修复系统到一个可接受的水平，或最小化系统失效造成的社会损失等。

# 8.8　本 章 小 结

本章介绍了一种定量分析多灾下基础设施系统韧性的方法，是对基础设施系统韧性研究的拓展。该方法通过网络理论和仿真集成了基础设施的关联性、多重灾害关系、动态韧性指标及修复策略模型。该方法不仅可用于研究多灾下基础设施系统的韧性，还可以用于分析关联基础设施系统的多灾风险。

通过GTA能源基础设施系统案例研究发现，多重灾害下基础设施系统的韧性通常不等于单灾下系统韧性的累积。基础设施系统的韧性对灾害强度和修复策略等因素很敏感。虽然级联故障可能会加剧单一灾害的影响，但级联修复效应会降低灾害对系统韧性的影响。本章只有固定数量的可用修复资源，并且假定资源对于不同基础设施系统的修复具有相同的有效性。尽管各类基础设施的运行和维护多是基于部门层级的，但通过整体方法优化关联基础设施系统的韧性，可在多个层级（社区、地区或国家）提供更系统的思考方式和更优的灾害修复策略选择。最后，真实的基础设施系统具有很高的复杂性。案例研究仿真时对基础设施系统的结构及故障传播机制进行了简化。但是，若可获取更多的实际数据，本章所构建的研究框架可扩展应用于更真实的基础设施系统。

# 第9章 基于组合措施的关联基础设施系统对区域性灾害韧性提升策略

近年来，大规模的区域性自然灾害影响了世界许多地区，造成了基础设施系统功能的严重破坏，带来了灾难性的经济后果，并影响了人类的生活[298, 299]。例如，2004年的印度洋地震和海啸、2005年的美国卡特里娜飓风、2008年袭击缅甸的纳尔吉斯飓风、2010年的海地太子港地震、2011年的日本海啸，以及2019年中国东部的利奇马飓风等。为了应对各种不可避免的区域性自然灾害，政府必须通过合理设计和高效管理来提升基础设施系统对这些区域性自然灾害的韧性[298]。

基础设施系统的韧性优化是指通过实施各种响应策略来优化韧性的值[300]。可以通过制定有效的灾前保护策略和（或）灾后响应策略来实现韧性优化。灾前保护策略的使用旨在减轻灾害对基础设施系统的影响，可以通过提高系统对灾害影响的吸收或适应能力来实现。灾前保护策略的RIM包括加固关键基础设施组分、改善系统拓扑结构[25]，以及配备备用设施等，如建设燃气发电的燃气储备设施[160]。灾前保护策略的相关决策变量包括要加固的系统组分的集合、增加系统冗余性的组分的集合，或设置备用设施组分的集合。灾后响应策略侧重于提高基础设施系统的修复能力。灾后响应策略包括受损基础设施组分的修复顺序和修复资源的分配策略[301]。灾后响应策略的相关决策变量包括要修复的损坏组分的修复顺序，以及要分配给每个系统或每个损坏组分的修复资源量。这些策略通常表示为具有约束的资源调度问题[22]。目前，相关文献构建了一系列混合整数线性规划模型来解决与修复顺序调度相关的问题[197]，通过求解这些模型可以得到最佳的修复顺序。但是，如果基础设施系统的规模或损坏的组分的量很大，则计算成本将较高[302]。另外，一些研究基于受损组分的重要性[303, 304]或修复过程研究了修复策略。通过这种方法得到的策略通常是次优的，但这些方法的计算成本相对较低。也有一些研究比较了灾前保护策略和灾后响应策略的效果[222]。

在现实中，灾后响应策略的选择受灾前保护策略的实施的影响。例如，若较多基础设施组分在灾前进行了加固，那么灾后修复成本就会降低。若考虑基础设施系统间的关联性和级联故障，关联基础设施系统的性能演化过程会更加复杂。在资源有限的条件下，为最大化关联基础设施系统的韧性，应同时考虑灾前和灾后策略。到目前为止，大多数关于关联基础设施系统韧性优化的研究都集中在选择灾前或灾后策略上，关于组合策略对韧性提升效果的研究鲜见。

　　本章同时考虑了灾前和灾后策略，研究了关联基础设施系统对区域性自然灾害的韧性优化策略。区域性自然灾害的定义为可预测的自然灾害，可用灾害的类型、持续时间、强度、影响区域等信息来表征，该类灾害可对区域内的基础设施系统造成直接破坏。本章的主要贡献如下：第一，构建了一个可用于确定灾前和灾后RIM最佳组合的模型，以提升资源有限条件下关联基础设施系统的韧性；第二，优化模型中考虑了四个系统属性，明确了系统性能恢复过程中属性指标的取值范围；第三，将该模型应用于GTA能源基础设施系统的实证研究，验证了其在决策中的有效性。

# 9.1　关联基础设施系统韧性优化框架

　　本节将介绍基于组合措施的关联基础设施系统韧性提升的研究框架，本章使用的具体符号及其含义见表9.1。

表 9.1　符号及其含义

| 符号 | 含义 |
|---|---|
| 基础设施系统运行的相关参数 ||
| $k \in K$ | 基础设施系统集 |
| $n \in N^k$ | 基础设施网络 $k$ 中的节点集合 |
| $n \in N_s^k$ | 基础设施网络 $k$ 中的服务供应节点集合 |
| $n \in N_d^k$ | 基础设施网络 $k$ 中的需求节点集合 |
| $l \in L^k$ | 基础设施网络 $k$ 中的边集合 |
| $t_0$ | 区域性自然灾害发生的时刻 |
| $P_t^k$ | 基础设施网络 $k$ 在时间 $t$ 的性能 |
| $P^{k,TP}$ | 基础设施网络 $k$ 的目标性能 |
| $\alpha^k$ | 关联基础设施网络中基础设施 $k$ 的性能权重因子，其中 $\sum_{k \in K} \alpha^k = 1$ |
| $SP_t$ | 关联基础设施网络在 $t$ 时刻的性能，$SP_{(t)} = \sum_{k \in K} \alpha^k P_{(t)}^k$ |
| $SP^{TP}$ | 关联基础设施网络的目标性能，$SP^{TP} = \sum_{k \in K} \alpha^k P^{k,TP}$ |
| $\psi^{k' \to k}$ | 基础设施网络 $k'$ 和 $k$ 间关联节点对的集合，$(n',n) \in \psi^{k' \to k}$ |
| $DP_m^k$ | 给定自然灾害下基础设施组分 $m \in (N^k \bigcup L^k)$ 的损坏概率 |

续表

| 符号 | 含义 |
|---|---|
| $\bar{g}_n^k$ | 供应节点 $n \in N_s^k$ 的服务供应能力 |
| $\bar{d}_n^k$ | 需求节点 $n \in N_d^k$ 的服务需求量 |
| $\bar{f}_l^k$ | 边 $l \in L^k$ 的流量上限 |
| $o^k(l)$ | 边 $l \in L^k$ 的源节点 |
| $d^k(l)$ | 边 $l \in L^k$ 的目标节点 |
| **韧性参数** | |
| SR | 关联基础设施系统的韧性 |
| $R_{\text{robustness}}$ | 关联基础设施系统的鲁棒性 |
| $R_{\text{redundancy}}$ | 关联基础设施系统的冗余性 |
| $R_{\text{resourcefulness}}$ | 关联基础设施系统的资源丰富性 |
| $R_{\text{rapidity}}$ | 关联基础设施系统的快速性 |
| $\lambda_b$ | $R_{\text{robustness}}$ 的最低阈值 |
| $\lambda_d$ | $R_{\text{robustness}}$ 的最大阈值 |
| $\lambda_s$ | $R_{\text{resourcefulness}}$ 的最低阈值 |
| $\lambda_p$ | $R_{\text{rapidity}}$ 的最大阈值 |
| **RIM 的变量和参数** | |
| $B^k$ | 在基础设施 $k$ 中可用于实施 RIM 策略的资源量 |
| $Ch^k$ | 加固基础设施 $k$ 中单一组分的成本 |
| $Cb^k$ | 在基础设施 $k$ 中的单一组分上配置备用设施的成本 |
| $Cq^k$ | 修复基础设施 $k$ 中单一受损组分的成本 |
| $Sh^k$ | 基础设施 $k$ 中可能被灾害损坏的组分的集合 |
| $Sb^k$ | 基础设施 $k$ 的运行依赖来自其他系统的服务的组分的集合 |
| $Sq^k$ | 在基础设施 $k$ 中灾害下实际受损的组分的集合 |
| $\beta_m^k$ | 如果选择组分 $m \in Sh^k$ 进行加固，则 $\beta_m^k = 1$；否则，$\beta_m^k = 0$ |
| $\gamma_n^k$ | 如果选择在节点 $n \in Sb^k$ 设置备用设施，则 $\gamma_n^k = 1$；否则，$\gamma_n^k = 0$ |
| $\delta_{m,t}^k$ | 如果损坏的组分 $m \in Sq^k$ 在时间 $t$ 被修复，则 $\delta_{m,t}^k = 1$；否则，$\delta_{m,t}^k = 0$ |
| $\theta_k$ | 基础设施网络 $k$ 中加固的组分被灾害破坏的概率的下降幅度 |
| $\chi^k$ | 基础设施 $k$ 修复活动的响应时间 |
| **RIM 的决策变量** | |
| $h^k$ | 用于加固基础设施 $k$ 中关键组分的资源量 |
| $b^k$ | 用于在基础设施 $k$ 中设置备用设施的资源量 |
| $q^k$ | 用于修复基础设施 $k$ 中受损组分的资源量 |
| **基础设施组分状态和网络流的决策变量** | |
| $s_{m,t}^k$ | 组分 $m \in (N^k \cup L^k)$ 的运行状态，如果在时间 $t$ 是可运行的，则 $s_{m,t}^k = 1$；否则，$s_{m,t}^k = 0$ |
| $\varphi_{m,t}^k$ | 组分 $m \in (N^k \cup L^k)$ 的损坏状态，如在时间 $t$ 未损坏，则 $\varphi_{m,t}^k = 1$；否则，$\varphi_{m,t}^k = 0$ |
| $\tau_{n',n,t}^{k' \to k}$ | 如果从节点 $n' \in N^{k'}$ 到节点 $n \in N^k$ 的关联性在时间 $t$ 正常，则 $\tau_{n',n,t}^{k' \to k} = 1$；否则，$\tau_{n',n,t}^{k' \to k} = 0$ |

续表

| 符号 | 含义 |
| --- | --- |
| $g_{n,t}^k$ | 供应节点 $n \in N_s^k$ 在时间 $t$ 的真实服务供应量 |
| $d_{n,t}^k$ | 需求节点 $n \in N_d^k$ 在时间 $t$ 的真实需求满足量 |
| $f_{l,t}^k$ | 边 $l \in L^k$ 在时间 $t$ 的流量 |

### 9.1.1　关联基础设施系统韧性度量

根据相关研究[305]，基础设施系统的韧性可表示为系统的目标性能 $P^{\mathrm{TP}}$ 和系统的实际性能 $P_t$ 的函数，形式如下：

$$R = \frac{\int_{t_0}^{T} P_t \, \mathrm{d}t}{P^{\mathrm{TP}} \times (T - t_0)} \tag{9.1}$$

其中，$t_0$ 表示灾害发生的时间；$T$ 表示选定的时间步，从灾害发生到该时间步足以使系统性能恢复到目标水平。

关联基础设施系统包括电力网络、供水网络等，通常被称为"系统之系统"[306]。关联基础设施系统的性能 $\mathrm{SP}_t$ 可表示为所包含的各系统的性能 $P_t$ 的加权和，形式为

$$\mathrm{SP}_t = \sum_{k \in K} \alpha_k P_t^k \tag{9.2}$$

其中，$\alpha_k$ 表示基础设施 $k$ 的性能权重系数，$\alpha_k$ 的值根据基础设施 $k$ 的重要性来设置，满足 $\sum_{k=1}^{K} \alpha_k = 1$。关联基础设施系统的韧性可以表示为

$$\mathrm{SR} = \frac{\int_{t_0}^{T} \mathrm{SP}_t \mathrm{d}t}{\mathrm{SP}^{\mathrm{TP}} \times (T - t_0)} \tag{9.3}$$

其中，$\mathrm{SP}^{\mathrm{TP}}$ 表示关联基础设施系统的目标性能。

### 9.1.2　基础设施系统韧性提升研究框架

根据系统韧性评估过程，韧性整合了系统的三种能力[307]：①吸收能力，即系统吸收自然灾害等内外部干扰性事件的影响并将其后果降至最低的能力；②适应能力，即系统通过自组织或添加冗余资源以最大限度地适应干扰性事件带来的不良后果的能力；③恢复能力，即系统在干扰性事件后通过维修行为恢复自身性能的能力。对于基础设施系统，这三种能力总是协同工作，使得系统抵抗干扰性事件的影响并从影响中快速恢复。

为提升基础设施系统的韧性，必须量化这三种相关能力，并制订有效的应急保护和响应计划。然而，吸收能力、适应能力和恢复能力总是高度相关，尤其是吸收能力和适应能力，单独量化它们较难。在现实中，吸收能力和适应能力是系统的内生能力，由系统的特性（如组分的脆弱性、系统运行机制）[85]和干扰性事件发生前采取的保护和缓解措施决定[92]。因此，这两种能力之和可以定义为主动能力，因为它们总是通过灾前RIM的实施而得到增强。相比之下，恢复能力是系统的外生能力，主要由修复行动等灾后RIM决定。因此，它可以定义为系统在干扰性事件发生后的被动反应能力。

结合自然灾害等事件下基础设施系统的性能曲线，系统的主动能力和被动反应能力是可量化的。若不考虑被动反应能力，干扰性事件影响下的系统性能曲线如图9.1中浅色实线所示。以飓风下的电力传输系统为例，主动能力的影响体现在两个方面：变电站/输电线路对事件的脆弱性可能直接造成系统的物理损坏，提前安装的备用发电设施/冗余输电线路可减少事件对系统的不利影响。干扰性事件影响下，因受到物理损坏和故障传播，系统性能将先下降，然后保持在一个稳定水平。

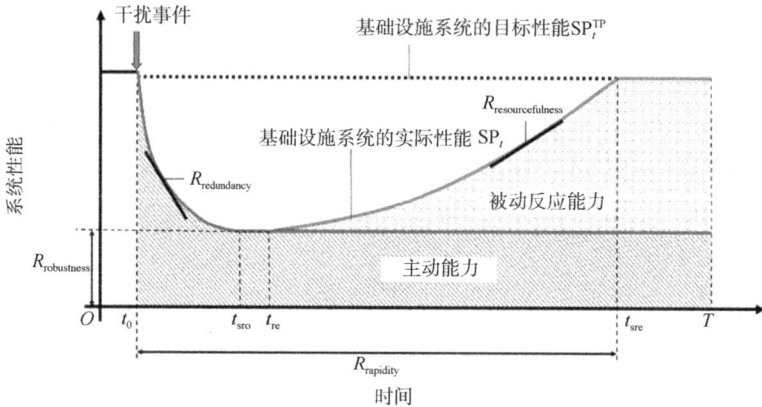

图9.1 关联基础设施系统的主动能力和被动反应能力

$t_{sro}$ 表示系统性能达到最低水平的时刻；$t_{re}$ 表示修复动作开始执行的时间；
$t_{sre}$ 表示系统性能恢复到正常状态的时间

图9.1中，深灰色阴影区域代表系统的主动能力。系统性能的最低水平和事件发生后系统性能的下降速度是评价系统主动能力的两个重要指标。前者揭示了系统承受事件影响的能力，通常被称为系统鲁棒性（$R_{robustness}$）；后者受系统鲁棒性和受损时间跨度的显著影响，可视为系统冗余性（$R_{redundancy}$）。因此，$R_{redundancy}$ 反映了干扰性事件发生后系统性能下降阶段的性能下降速率，通过该阶段系统性能曲线的平均斜率来衡量。这两个系统属性可以计算如下：

$$R_{\text{robustness}} = \min(\text{SP}_t),\ t_0 \leqslant t \leqslant T \tag{9.4}$$

$$R_{\text{redundancy}} = \frac{\left| \sum_{t=t_0}^{t_{\text{sro}}} (\text{SP}_t - \text{SP}_{t-1}) \right|}{t_{\text{sro}} - t_0} \tag{9.5}$$

为确保系统性能在故障传播阶段满足基本需求，将 $R_{\text{robustness}}$ 和 $R_{\text{redundancy}}$ 的值作为控制和增强系统主动能力的指标。

基于系统的被动反应能力，系统性能在干扰性事件发生后可逐步恢复到目标水平，如图9.1中的深色实线所示。恢复速度和恢复持续时间是评价被动反应能力的两个重要指标。前者反映了可用修复资源的数量和修复工作的有效性，通常被称为系统资源丰富性（$R_{\text{resourcefulness}}$）；后者反映了系统快速性（$R_{\text{rapidity}}$）。这两个系统属性构成了评估系统被动反应能力的主要维度。这里，$R_{\text{resourcefulness}}$ 是通过系统恢复阶段性能曲线的平均斜率来衡量的，$R_{\text{rapidity}}$ 被定义为干扰发生到性能恢复至目标水平的时刻之间的时间段[161]。这两个系统属性可以计算如下：

$$R_{\text{resourcefulness}} = \frac{\left| \sum_{t=t_{\text{re}}}^{t_{\text{sre}}} (\text{SP}_t - \text{SP}_{t-1}) \right|}{t_{\text{sre}} - t_{\text{re}}} \tag{9.6}$$

$$R_{\text{rapidity}} = t_{\text{sre}} - t_0 \tag{9.7}$$

为保证系统性能恢复的有效性和效率，将 $R_{\text{resourcefulness}}$ 和 $R_{\text{rapidity}}$ 的值作为控制和提升系统被动反应能力的指标。

如图9.1所示，系统韧性值可表示为系统在一段时间内的主动和被动反应能力的总和与在这期间累积 $P^{\text{TP}}$ 的比值。通过实施RIM增强这两种能力中的任何一种都可以提高韧性值。然而，提高韧性值并不是基础设施系统韧性优化的唯一目标。在真实的灾害情景下，基础设施系统性能下降和恢复过程中总是有一些要求。例如，系统性能水平不能急剧下降，在破坏阶段必须满足基本服务需求，系统性能应快速恢复或在有限的时间内达到可接受的水平等。这些要求代表了受灾群体的各种紧急需求或决策者的偏好[308]。因此，为确保满足这些要求，应将它们纳入系统韧性优化框架。$R_{\text{robustness}}$、$R_{\text{redundancy}}$、$R_{\text{resourcefulness}}$ 和 $R_{\text{rapidity}}$ 的值可用作基础设施系统性能下降和恢复过程的特征指标。将上述指标的可接受值设置为对系统性能演化过程的要求，并通过实施不同类型的灾前和灾后RIM来实现。基于上述分析，本章研究了关联基础设施系统韧性优化问题，包括最大化系统韧性值和满足对 $R_{\text{robustness}}$、$R_{\text{redundancy}}$、$R_{\text{resourcefulness}}$ 和 $R_{\text{rapidity}}$ 的要求。图9.2给出了关联基础设施系统韧性的优化框架。

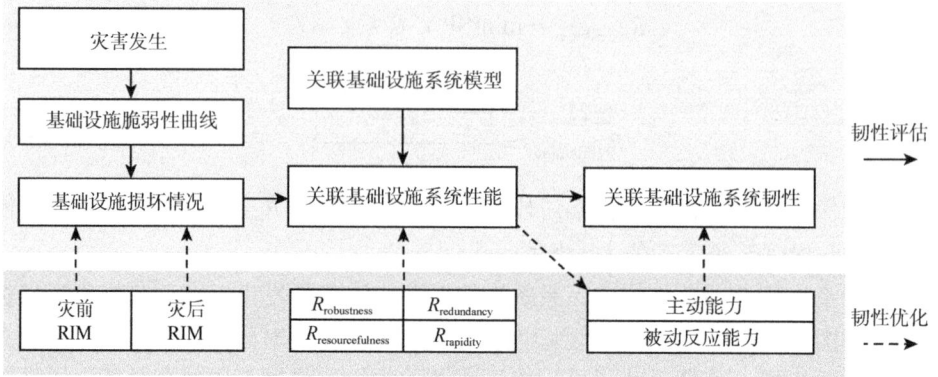

图9.2 关联基础设施系统韧性的优化框架

图9.2所示的框架由关联基础设施系统韧性的一般评估过程（上侧的阴影区域）[309]和关联基础设施系统韧性的优化过程（下侧的阴影区域）组成。基于韧性评估过程，以系统韧性优化为目标，①灾前和灾后RIM相结合是一种降低基础设施系统损坏程度和加速恢复的策略；②将对$R_{robustness}$、$R_{redundancy}$、$R_{resourcefulness}$和$R_{rapidity}$值的要求设置为RIM选择的约束条件，以确保基础设施系统性能的恢复过程是可接受的；③随着灾前和灾后RIM的实施，提升系统对干扰性事件的主动能力和被动反应能力，实现系统韧性值最大化。

# 9.2 关联基础设施系统韧性优化模型

## 9.2.1 关联基础设施系统建模

作为"系统之系统"，关联基础设施系统可以建模为多层网络。

1. 单一基础设施系统的网络表示和运行机制模型

任一基础设施系统$k \in K$都可以建模为一个网络$G^k = (N^k, L^k)$，由节点集合$N^k$和边集合$L^k$来表示。组分（节点和边）代表真实的物理设施（如发电厂、变电站等），每个网络的节点和边可以按其功能进行分类。一般来说，节点可以分为三类：服务供给节点（即产生服务的设施）、传输节点（即传递服务的设施）和需求节点（即为客户提供服务的设施）[215]。以电力网络为例，三类节点是指发电机、高压变电站和低压变电站。边代表节点之间的电力传输线路。因此，单一基础设施系统可以表示为单层网络。

基础设施系统运行机制模型对于分析系统性能演化过程至关重要。一些通用模型已被应用于描述不同类型基础设施系统的性能[203]。运行模型的选择取决于相关系统的特征。本章的研究主要针对能源基础设施系统，以网络流模型为基础设施系统的运行机制模型。模型中，每类基础设施网络传输一种服务。对基础设施网络 $k \in K$，已知每条边 $l \in L^k$ 的流量上限 $\bar{f}_l^k$，每个服务供应节点 $n \in N_s^k$ 的供应能力 $\bar{g}_n^k$，以及每个需求节点 $n \in N_d^k$ 的服务需求 $\bar{d}_n^k$。自然灾害等干扰性事件发生后，为使 $t$ 时刻的系统性能 $P_t^k$ 最大化，模型中的决策变量包括各供应节点的实际供给量 $g_{n,t}^k$、各需求节点的实际需求满足量 $d_{n,t}^k$、各边的实际服务流量 $f_{l,t}^k$。网络流模型的约束条件由9.2.3节的式（9.26）～式（9.33）表示。每个供应节点、传输节点和需求节点的流量守恒关系分别由式（9.26）、式（9.27）和式（9.28）表示。式（9.29）确保每个供应节点的实际供应量不超过自身供应能力。式（9.30）确保每个需求节点的实际需求满足量不超过自身服务需求。式（9.31）确保通过边的服务流不超过其流量上限。式（9.32）和式（9.33）表示边的运行状态和其末端节点的运行状态间的逻辑关系。

对能源基础设施系统 $k \in K$，将其在时刻 $t$ 的性能定义为标准化的需求总满足度，形式如下：

$$P_t^k = \sum_{n \in N_d^k} d_{n,t}^k \Big/ \sum_{n \in N_d^k} \bar{d}_n^k \qquad (9.8)$$

结合式（9.2），关联基础设施系统的性能可以表示为

$$SP_t = \sum_{k \in K} \alpha_k \times \left( \sum_{n \in N_d^k} d_{n,t}^k \Big/ \sum_{n \in N_d^k} \bar{d}_n^k \right) \qquad (9.9)$$

其中，$\alpha_k$ 表示基础设施系统 $k$ 性能的权重因子。

2. 基础设施网络间的关联关系

基础设施系统可能在物理、地理、信息或逻辑等方面相互关联。用属于不同基础设施网络的边表示系统间的关联性，关联基础设施系统可以表示为多层网络。本章的研究侧重于能源基础设施网络。这些系统间的主要关联类型是物理关联。例如，在电力和天然气传输网络中，燃气电厂节点的运行状态取决于燃气输入，气体压缩机站节点的运行状态取决于电力输入。本章中，基础设施网络间的物理关联指一个节点 $n \in N^k$（子节点）的运行状态与另一个节点 $n' \in N^{k'}$（父节点）的运行状态相关。数学形式上，节点之间的物理关联关系可以通过节点对的集合 $\psi^{k' \to k}$ 来表示，其中节点对 $(n',n) \in \psi^{k' \to k}$ 表示子节点 $n \in N^k$ 的正常运行在物理上依赖于来自父节点 $n' \in N^{k'}$ 的服务。在这里，父节点 $n'$ 通常是网络 $k'$ 中的需求节点，

为其他网络提供服务。$\tau_{n',n,t}^{k'\to k}$ 表示节点 $n$ 与节点 $n'$ 间的物理关联在时刻 $t$ 的运行状态。$\tau_{n',n,t}^{k'\to k}$ 的值可以由式（9.10）决定。子节点的运行状态和 $\tau_{n',n,t}^{k'\to k}$ 之间的关系由式（9.11）给出：

$$\tau_{n',n,t}^{k'\to k}=\begin{cases}1, & d_{n't}^{k'}=\bar{d}_{n'}^{k'},\forall(n',n)\in\psi^{k'\to k},\forall t\\0, & 其他\end{cases} \qquad (9.10)$$

$$s_{n,t}^{k}\leqslant\tau_{n',n,t}^{k'\to k},\ \forall(n',n)\in\psi^{k'\to k},\forall t \qquad (9.11)$$

式（9.10）表明，若父节点满足的需求 $d_{n't}^{k'}$ 等于子节点所需的需求 $\bar{d}_{n'}^{k'}$，则 $\tau_{n',n,t}^{k'\to k}$ 值为1；否则，$\tau_{n',n,t}^{k'\to k}=0$。式（9.11）反映了子节点正常运行的必要条件是 $\tau_{n',n,t}^{k'\to k}=1$。

### 9.2.2  RIM 的类型

韧性提升措施，即RIM的选择取决于所关注的灾害类型[310]。本章主要针对区域性自然灾害，基础设施组分的故障概率取决于组分对灾害的脆弱性[216]。考虑到系统的主动能力和被动反应能力，以及基础设施系统间的关联关系，这里选择三个RIM，包括加固关键组分、设置跨系统服务备用设施、修复损坏的组分。前两个是灾前RIM，因为它们在灾害发生之前实施，分别用于提高系统的鲁棒性和冗余性。第三个是灾后RIM，可提高系统的快速性和资源丰富性。

1. 加固关键组分（RIM-I）

加固关键组分是指识别可能被灾害损坏的关键基础设施组分，并在灾害发生之前进行加固。例如，加固变电站、升级输电线路是电力系统常用的加固措施。被加固的组分对灾害的失效概率将降低，灾害对基础设施系统的影响也将降低。

选择要加固的组分取决于两个因素，分别是组分被灾害损坏的可能性，以及组分对系统的重要性。组分对系统的重要性可以应用风险管理方法来计算，如组分损坏时系统性能、连通性等指标的变化。具有高损坏概率和关键性的组分更容易被选择进行加固。本章中，基础设施组分的关键性是根据组分失效时系统性能的变化确定的。对于实施RIM-I的可用资源有限的基础设施系统，选择加固的组分集由以下规则确定：①组分对灾害很脆弱并且位于灾害的影响区域；②具有较高重要性的组分更优先被选择。

2. 设置跨系统服务备用设施（RIM-II）

考虑基础设施系统间的物理关联，一些基础设施组分的运行依赖于其他系统组分的运行状态。当组分所需的其他系统服务输入中断时，若组分上设置了跨系统服务备用设施则其可以保持正常运行。以输电系统和输气系统为例，该RIM可以通过建造燃气发电机的储气设施来实现。随后，所需的其他服务输入缺失时，备用设施可为组分提供一段时间的服务，保证组分正常运行。RIM-Ⅱ使基础设施系统间的关联不那么紧密，可以推迟灾害引起的级联故障。

对于每个基础设施系统，在实施RIM-Ⅱ的可用资源有限的情况下，选择设置备用设施的组分集合依据的规则如下：①仅考虑运行依赖于来自其他系统的服务输入的组分；②为降低关联关系对系统中关键组分的不利影响，在资源有限的条件下，具有较高重要性的组分优先设置备用设施。

3. 修复损坏的组分（RIM-Ⅲ）

RIM-Ⅲ是用于系统灾后恢复的RIM。合理、科学的修复策略可提高修复资源的有效性和使用效率，显著提高系统的被动反应能力。对于一个基础设施系统，可以同时修复的损坏组分的数量由可用资源量决定。相关文献已提出了一些优化模型来求解损坏组分的最优修复顺序。然而，如果基础设施系统的规模或损坏组分的数量很大，计算成本会很高。一些研究根据受损组分的重要性（如基于需求的重要性、基于性能的重要性）制定了修复策略。这些策略通常不是最优的，但它们对基础设施系统恢复的影响与最优策略相差不大。

考虑到不同规模的基础设施系统的计算效率，本章采用基于组分重要性的方法制定受损组分的修复顺序。受损组分被修复的优先级取决于它们对系统性能的重要性。将灾害发生时刻和RIM-Ⅲ实施时刻的时间间隔定义为响应时间，用于系统故障检测和修复决策。如图9.2所示，灾害干扰发生在 $t_0$，RIM-Ⅲ开始的时间是 $t_{re}$，响应时间是 $t_{re} - t_0$。另一种设定是每个损坏组分的修复可在一个时间步内完成。

### 9.2.3　韧性优化模型

为了优化关联基础设施系统对区域性自然灾害的主动能力和被动反应能力，下面构建一个用于确定最优RIM组合的模型。

1. 灾害和资源假设

对区域性自然灾害，有以下三个假设：①灾害的发生时间、强度和影响区域是可预测的；②可根据基础设施系统对灾害的脆弱性识别可能被灾害破坏的基础设施组分的类型；③同一类型的基础设施组分被灾害破坏的概率相同。组分的初始损坏状态由伯努利随机变量确定。

对有限的可用资源，有以下四个假设：①实施RIM的资源是指工作人员、车辆、设备和一些替换部件；②考虑每类基础设施网络可用资源的独特性，如工作人员，每类基础设施系统用于实施RIM的资源量是独立且有限的；③用于加固关键组分和设置备用设施的资源不可重复使用，因为这两个RIM的实施主要依赖于不可重复使用的设备和组分，用于修复损坏组分的资源是可重复使用的，因为该RIM的实施主要依赖于工作人员；④同一类基础设施系统中，为不同类型的组分实施相同RIM的成本是相同的，如加固节点的成本与加固边的成本相等。

2. 数学模型

考虑到区域性自然灾害下基础设施系统组分受损状态的不确定性，模型的目标是最大化关联基础设施系统韧性的期望值，形式如下：

$$\max_{h^k,b^k,r^k(k\in K)} E(\mathrm{SR}) \tag{9.12}$$

灾害发生后的时间段$[t_0,T]$内，系统性能$\mathrm{SP}_t$的值取决于灾害对基础设施系统的影响，以及三类RIM在不同系统中的实施情况。前者依赖于不同类型基础设施组分的损坏概率函数；后者依赖于决策变量的$h^k$、$b^k$、$q^k$值。在这里，$h^k$、$b^k$和$q^k$表示基础设施$k$中实施三类RIM的资源量。在本章中，组合RIM由不同基础设施网络中三个RIM的资源分配组合来表示。考虑到灾害对基础设施系统的初始影响的不确定性，为了评估每个组合RIM对关联基础设施系统韧性优化的影响并确定最佳组合，模型的目标是最大化系统韧性的期望值。对资源和RIM决策变量的约束由式（9.13）～式（9.19）表示：

$$h^k + b^k + q^k \leqslant B^k, \ \forall k \tag{9.13}$$

$$\left(\sum_{m\in Sh^k} \beta_m^k\right)\cdot Ch^k \leqslant h^k, \ \forall k \tag{9.14}$$

$$\left(\sum_{n\in Sb^k} \gamma_n^k\right)\cdot Cb^k \leqslant b^k, \ \forall k \tag{9.15}$$

$$\left(\sum_{m\in Sq^k} \delta_{m,t}^k\right)\cdot Cq^k \leqslant q^k, \ \forall k, \ \forall t \tag{9.16}$$

$$h^k \geqslant 0, \ \forall k \tag{9.17}$$

$$b^k \geqslant 0, \ \forall k \tag{9.18}$$

$$q^k \geqslant Cq^k, \ \forall k \tag{9.19}$$

对于基础设施网络$k$，式（9.13）确保实施三类RIM的总成本不超过可用资源量，式（9.14）～式（9.16）确保实施每个RIM的成本不超过所分配的资源量，集合$Sh^k$包含可能因灾害而损坏的组分。如果选择组分$m\in Sh^k$进行加固，则$\beta_m^k=1$；否则$\beta_m^k=0$。根据RIM-Ⅰ的规则，对系统性能具有更高重要性的组分具有更高的优先级被选择进行加固。集合$Sb^k$包含基础设施$k$中运行依赖于其他系统的服务的节点。如果选择节点$n\in Sb^k$设置备用设施，则$\gamma_n^k=1$；否则$\gamma_n^k=0$。根据RIM-Ⅱ

的规则，具有较高重要性的节点在设置跨系统备用设施时具有较高的优先级。集合 $Sq^k$ 表示基础设施 $k$ 中损坏组分的集合。如果组分 $m \in Sq^k$ 在时间 $t$ 被修复，则 $\delta_{m,t}^k = 1$；否则 $\delta_{m,t}^k = 0$。根据 RIM-III 的规则，具有较高重要性的损坏组分具有更高的修复优先级。式（9.17）～式（9.19）是基于组合 RIM 中决策变量的性质设置的。为了保证基础设施系统性能的恢复，式（9.18）确保分配给 RIM-III 的资源可以在每个时间步至少修复一个损坏组分。

$$R_{\text{robustness}} \geqslant \lambda_b \tag{9.20}$$

$$R_{\text{redundancy}} \leqslant \lambda_d \tag{9.21}$$

$$R_{\text{resourcefulness}} \geqslant \lambda_s \tag{9.22}$$

$$R_{\text{rapidity}} \leqslant \lambda_p \tag{9.23}$$

为了保证灾后恢复过程中系统性能满足相关要求，四个系统属性的值必须在合理的范围内。四个属性的约束由式（9.20）～式（9.23）表示。属性阈值因情况而异，由决策者根据灾害影响、基础设施服务需求情况，以及可用资源等确定。

根据对灾害的假设，基础设施组分对灾害的初始损坏状态由伯努利随机变量确定。每次基础设施损坏场景生成时，只有位于灾害影响区域内的组分可能会损坏。基础设施组分是否损坏由 0-1 随机变量的结果表示，$\varphi_{m,t_0}^k \sim \text{Bernoulli}\,(DP_m^k)$。这里，$DP_m^k$ 代表基础设施 $k$ 中组分 $m$ 的损坏概率，同类型组分的损坏概率相同。被选择加固的组分的损坏概率将下降，用 $DP_m^k(1 - \theta_k)$ 表示，其中 $\theta_k$ 表示基础设施 $k$ 中被加固组分的损坏概率的下降比例。如果组分 $m$ 损坏，则 $\varphi_{m,t_0}^k = 1$；否则 $\varphi_{m,t_0}^k = 0$。集合 $Sq^k$ 包含基础设施 $k$ 中损坏的组分，可在基础设施损坏场景生成后获得。

考虑到灾害对基础设施系统初始损害的不确定性，为了计算系统韧性的期望值并检验组合 RIM 的实施是否可以满足对四个属性的约束，需要生成一定数量的灾害下基础设施系统的受损情景。对于给定的组合 RIM，加固组分集和设置备用设施的组分集由 RIM-I 和 RIM-II 的规则确定。在生成基础设施损坏场景后，损坏组分的修复顺序由 RIM-III 的规则确定。为最大限度地提高关联基础设施系统的韧性，在每个时间步都应计算系统性能的最大值 $SP_t$，组分状态的约束、网络流决策变量的约束、基础设施系统间关联关系的约束由式（9.24）～式（9.35）表示。

$$\sum_{t_0 + \chi^k}^{t-1} \delta_{m,t}^k \leqslant \varphi_{m,t}^k \leqslant \sum_{t_0 + \chi^k}^{t} \delta_{m,t}^k, \ \forall k, \forall t > t_0 + \chi^k, \forall m \in Sq^k \tag{9.24}$$

$$s_{m,t}^k \leqslant \varphi_{m,t}^k, \ \forall k, \forall t, \forall m \in (N^k \bigcup L^k) \tag{9.25}$$

式（9.24）反映了组分 $m \in Sq^k$ 损坏状态的变化，$\chi^k$ 表示基础设施 $k$ 修复策略的响应时间，$\delta_{m,t}^k$ 表示受损组分 $m \in Sq^k$ 是否在时间 $t$ 被修复，这由 RIM-III 的规则和可用资源量决定。组分 $m \in Sq^k$ 的损坏状态 $\varphi_{m,t}^k$ 在组分被修复之前为0，被修复之后为1。式（9.25）是根据一个组分的运行状态和损坏状态间的关系推导出来的。组分正常运行的必要条件是它没有损坏。

$$\sum_{(l \in L^k | d^k(l)=n)} f_{l,t}^k - \sum_{(l \in L^k | o^k(l)=n)} f_{l,t}^k + g_{n,t}^k = 0, \quad \forall k, \forall n \in N_s^k, \forall t \tag{9.26}$$

$$\sum_{(l \in L^k | d^k(l)=n)} f_{l,t}^k - \sum_{(l \in L^k | o^k(l)=n)} f_{l,t}^k = 0, \quad \forall k, \forall n \in N_s^k \setminus \{N_s^k, N_d^k\}, \forall t \tag{9.27}$$

$$\sum_{(l \in L^k | o^k(l)=n)} f_{l,t}^k - \sum_{(l \in L^k | d^k(l)=n)} f_{l,t}^k + d_{n,t}^k = 0, \quad \forall k, \forall n \in N_d^k, \forall t \tag{9.28}$$

$$0 \leqslant g_{n,t}^k \leqslant s_{n,t}^k \cdot \overline{g}_n^k, \quad \forall k, \forall n \in N_s^k, \forall t \tag{9.29}$$

$$0 \leqslant d_{n,t}^k \leqslant s_{n,t}^k \cdot \overline{d}_n^k, \quad \forall k, \forall n \in N_d^k, \forall t \tag{9.30}$$

$$-s_{l,t}^k \cdot \overline{f}_l^k \leqslant f_{l,t}^k \leqslant s_{l,t}^k \cdot \overline{f}_l^k, \quad \forall k, \forall l \in L^k, \forall t \tag{9.31}$$

$$s_{l,t}^k \leqslant s_{o^k(l),t}^k, \quad \forall k, \forall l \in L^k, \forall t \tag{9.32}$$

$$s_{l,t}^k \leqslant s_{d^k(l),t}^k, \quad \forall k, \forall l \in L^k, \forall t \tag{9.33}$$

对于基础设施网络 $k$，式（9.26）～式（9.28）分别保证其供应节点、传输节点和需求节点的服务流量守恒。式（9.29）确保如果供应节点 $n \in N_s^k$ 在时间 $t$ 正常运行，那么其实际服务供应量不会超过自身服务供应能力；若节点无法正常运行，则其实际服务供应量应为0。同样，式（9.30）指出每个需求节点的实际满足需求不能超过实际所需。式（9.31）确保边 $l \in L^k$ 运行时服务流量不超过自身容量 $f_{l,t}^k$。式（9.32）和式（9.33）表示边 $l \in L_k$ 的运行状态与其两端节点的运行状态的逻辑关系。

$$d_{n',t}^{k'} - \tau_{n',n,t}^{k' \to k} \cdot \overline{d}_{n'}^{k'} \geqslant 0, \quad \forall (n',n) \in \psi^{k' \to k}, \forall t \tag{9.34}$$

$$s_{n,t}^k - \tau_{n,n',t}^{k \to k'} - \gamma_n^k \leqslant 0, \quad \forall (n,n') \in \psi^{k' \to k}, \forall t \tag{9.35}$$

对于每组关联节点对 $(n',n) \in \psi^{k' \to k}$，只有 $\tau_{n',n,t}^{k' \to k} = 1$ 时，物理关联关系才能正常运行。也就是说 $d_{n',t}^{k'} = \overline{d}_{n'}^{k'}$，如式（9.34）所示。式（9.35）反映了关联关系对节点 $n \in N^k$ 运行状态的影响。其中 $\gamma_n^k$ 表示是否为节点 $n$ 设置跨系统备用设施。为确保节点 $n$ 在时间 $t$ 正常运行，需要满足以下条件：$\tau_{n',n,t}^{k' \to k} = 1$，或在节点 $n$ 有一个备用设施。

## 9.3 模型求解方法

韧性优化模型的解是RIM最优组合，能够使关联基础设施系统韧性的期望值最大化并确保四个系统属性在可接受的范围内。该模型求解有两个挑战：第一，如果可用资源量很大，那么RIM的可行组合数量很多，从而优化搜索空间非常大；第二，由于基础设施组分对灾害的初始损坏状态是不确定的，因此很难应用解析方法评估组合RIM对系统韧性优化的影响。参考相关研究[311, 312]，本节提出了一种应用遗传算法结合蒙特卡罗模拟求解模型的数值方法。蒙特卡罗模拟用于计算潜在解的目标函数值，遗传算法用于搜索最优解。为了确保模拟结果有效和计算结果的统计意义，在求解方法中对两类算法进行了一定改进。

最优解的搜索过程按照以下步骤进行。

第1步：代码设计。基于不同基础设施网络中每个RIM的单位成本，模型的潜在解可用遗传算法中种群的染色体表示，形式如下：

$$((e_1^1, e_2^1, e_3^1), \cdots, (e_1^k, e_2^k, e_3^k), \cdots) \tag{9.36}$$

染色体与组合RIM相对应。对于基础设施$k$，$e_1^k$ 表示加固的组分数量；$e_2^k$ 表示设置备用设施的组分数量；$e_3^k$ 表示可在单位时间内修复的损坏组分的数量。根据式（9.13）～式（9.19），染色体受以下约束：

$$e_1^k \times Ch^k + e_2^k \times Cb^k + e_3^k \times Cq^k \leq B^k, \quad \forall k \tag{9.37}$$

$$e_1^k \geq 0, e_2^k \geq 0, e_3^k \geq 1, \quad \forall k \tag{9.38}$$

为了避免劣质染色体（即仅使用少量资源）并确保将大部分资源用于实施RIM，对可行染色体增加以下约束：

$$e_1^k \times Ch^k + e_2^k \times Cb^k + e_3^k \times Cq^k > B^k - \omega^k, \quad \forall k \tag{9.39}$$

这里$\omega^k = \max\{Ch^k, Cb^k, Cq^k\}$，式（9.38）可过滤掉较差的可行解染色体，保证收敛速度。

遗传算法的第一步包括生成初始染色体种群。这是一个重要的步骤，因为它会影响解的质量和总计算时间。在本章中，初始种群的规模取决于可用资源的数量及每个RIM的单位成本。考虑到个体的多样性，初始种群中的染色体根据式（9.37）～式（9.39）随机生成。

第2步：计算染色体的适应度值。本章所提出模型的目标是最大化基础设施网络韧性的期望值。考虑到灾害下基础设施系统初始破坏状态的不确定性，采用蒙特卡罗模拟计算各染色体的适应度值。

在遗传算法中，好染色体在迭代中会多次出现，而较差的染色体则容易被消除。为了减少计算时间，对每条染色体，将每次蒙特卡罗模拟运行的模拟次数设置为一个较小的数字，如200。无论何时重新提出一条染色体，所获得的结果都会被添加到先前蒙特卡罗模拟运行时针对同一染色体获得的结果中。随着遗传算法种群的进化，好的染色体会多次出现，其适应度值计算结果的积累可获得统计上的显著结果。由于适应度值小的染色体的出现次数较少，因此减少了在该类染色体上的计算时间。图9.3给出了计算染色体适应度值的流程。

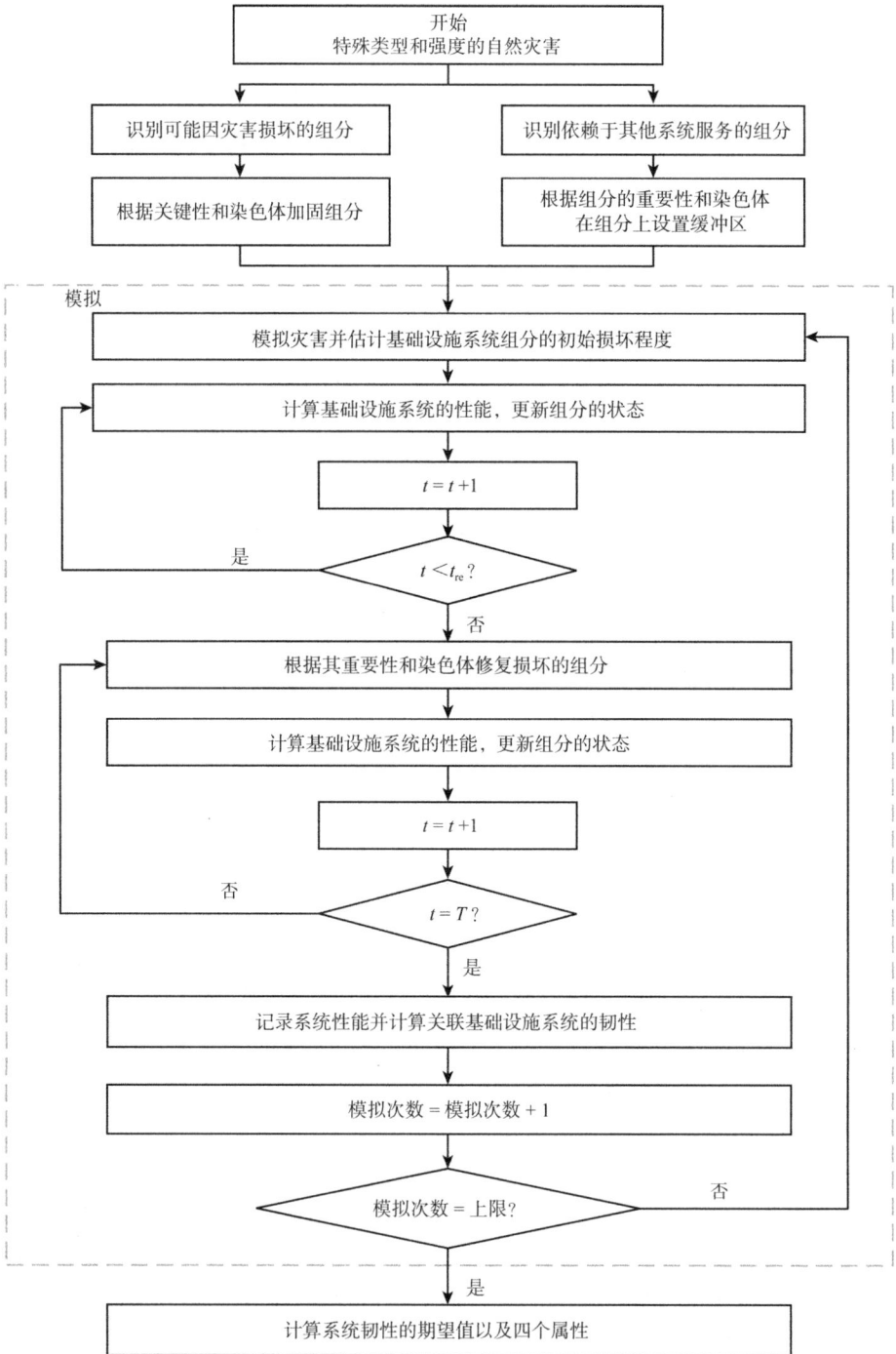

图9.3 应用蒙特卡罗模拟计算染色体的适应度值

图9.3所示的计算过程描述如下。

（1）选择自然灾害的类型和等级。确定组分对灾害的损坏概率。

（2）确定每个基础设施网络中可能被灾害损坏的组分的类型。根据这些组分的重要性和加固组分数量（在染色体中），选择要加固的组分。

（3）考虑基础设施网络间的物理关联，并确定运行依赖于其他系统服务的基础设施组分。根据组分的重要性和设置备用设施的组分数量（在染色体中），选择要设置备用设施的组分。

（4）生成灾害下基础设施系统的初始损坏情景。每个基础设施组分的初始损坏状态是通过伯努利随机变量生成的。生成损坏情景后，更新基础设施组分的损坏和运行状态。

（5）计算系统性能$SP_t$，更新组分的运行状态。为了提升基础设施系统的韧性，这一步的目标是在组分状态、网络流相关决策变量和基础设施关联关系等约束下，找到可最大化系统性能$SP_t$的网络流相关决策变量，见式（9.26）～式（9.35）。这是一个混合整数线性规划模型，可使用分支定界等常规方法来求解。求解模型并计算$SP_t$，然后将时间步更新到$t=t+1$。

（6）若时间步$t<t_{re}$，则转步骤（5）；否则，转到步骤（7）。

（7）根据损坏组分的重要性和每个时间步可修复的组分数量，识别出在该时间步中修复的损坏组分，并更新其损坏状态。与步骤（5）类似，计算系统性能$SP_t$，更新组分的运行状态。将时间步更新到$t=t+1$。

（8）如果时间步$t=T$，转至步骤（9）；否则，转到步骤（7）。

（9）记录每个时间步的系统性能$SP_t$，并根据式（9.3）计算关联基础设施系统韧性。模拟次数加1。

（10）如果模拟次数达到上限，根据刚完成的蒙特卡罗模拟和前一次蒙特卡罗模拟对同一染色体得到的结果，计算韧性的期望值和四个属性的值。韧性的期望值是所有模拟计算得到的韧性的平均值。然后根据所有模拟的每个时间步基础设施系统性能的平均值计算属性值。若模拟次数未达到上限，则返回到步骤（4）。

每个染色体的适应度值即基础设施系统在该染色体对应的组合RIM下的韧性的期望值。此外，对四个系统属性的约束需被满足。对于不满足约束条件的染色体，使用足够小的数$\varepsilon$作为它们的惩罚适应度值。

第 3 步：选择标准轮盘赌法、两点交叉和随机变异作为遗传算法中选择、交叉和变异的操作规则。满足式（9.37）～式（9.39）的染色体是可行染色体。

完成上述过程后，在每一次染色体迭代时，根据染色体的适应度值选择优等染色体。若最优适应度值收敛（连续两代之间最优适应度值的差异），则算法停止。算法停止时，最大适应度值对应的染色体即为模型的最优解。

# 9.4　案　例　分　析

本节以GTA能源基础设施系统为例，对所构建的模型进行验证。

## 9.4.1　实验设计

### 1. GTA关联能源基础设施系统

本节使用的GTA三层能源基础设施空间网络进行案例分析。其中，GTA电力系统由发电厂、变电站和输电线路组成。发电厂有两种类型：核电站和燃气电站（供应节点）。三种不同电压的变电站：500千伏（传输节点）、230千伏和115千伏（需求节点）。三种不同电压的输电线路：500千伏、230千伏和115千伏（边）。在天然气和石油传输系统中，没有服务生成设施。这两个系统只包含传输设施，包括压缩站、计量站、泵站和管道。由于输送到GTA的所有燃气都经过一个计量站，因此我们将这个计量站视为燃气输送网络中的供应节点。同样，所有输油到GTA的泵站都被视为输油网络中的供应节点。其他压缩站、计量站和管道分别表示为传输节点、需求节点和边。

基于欧几里得距离将基础设施网络的物理关联建模如下：①6个燃气发电厂由最近的燃气计量站节点提供燃气；②2个天然气压缩站和15个计量站分别由最近的115千伏或230千伏的变电站提供电力以维持运行；③所有油泵站和4个计量站均由离它们最近的115千伏或230千伏的变电站提供电力。

网络流模型需要网络运行数据。为简单起见，假设在所考虑的时间段内，3个基础设施系统中的各个需求节点对电力、天然气或石油的需求是恒定的。对于电力网络，发电厂的供应能力与其装机容量近似，数据均取自安大略电力资源网站。发电厂的供电能力范围是从875兆瓦到3500兆瓦，总供电能力为10 526兆瓦。GTA的电力需求可以根据该地区的年用电量推断，为日均6850兆瓦。考虑到大于500千伏的变电站总是作为输电变电站运行，因此使用泰森多边形将GTA人口分配给容量为115千伏和230千伏的变电站。泰森多边形定义了每组点周围的影响区域，这些点的边界定义了相对于其邻居最接近给定点的区域。因此，每个多边形都可以视为一个变电站所服务的区域。GTA人口和传送区域边界数据来自2016年加拿大人口普查分析数据[287]。因此，基于总需求和变电站服务的人口数量，可计算出每个115千伏和230千伏变电站的正常服务需求。由于电力线路输电容量的公开信息不足，根据相关研究[313]，将500千伏、230千伏和115千伏输电线路的传输能力分别设为1200兆瓦、300兆瓦和50兆瓦。对于天然气和石油网络，GTA的天然气和石油需求是根据安大略省的消费量和GTA的人口比例计算的。GTA每小时的天然气和石油消耗分别为8.5亿立方英尺和9.6兆。由于天然气/石油网络中仅有一个供应节点，因此将该节点的供应能力设置为与区域服务需求总量相等，并假设所有需求节点的正常服务需求相等。为保证燃气和石油的传输，将网络中边的服务传输能力设为天然气网络8.5亿立方英尺/小时和石油网络4.8兆/小时。

关联基础设施系统中每个基础设施系统的性能权重因子由多种因素决定，如不同系统提供的服务对社会的重要性，每个系统的服务输出价值，或者所有系统设置相等的权重因子。在这项研究中，三个系统的权重因子是根据它们对关联系统的重要性设置的。由于电力对于保证天然气和石油传输系统的运行至关重要，而电力传输系统的运行仅部分依赖于天然气传输系统，因此将电力、天然气和石油传输系统的权重系数分别设为0.5、0.25和0.25。

### 2. 区域性自然灾害及对关联基础设施系统影响的评估

电力网络是能源系统中最重要的基础设施子系统，对飓风灾害非常敏感。在过去的几十年中，GTA多次经历了导致基础设施系统受灾的飓风灾害。因此，本节选择飓风作为关注的区域性自然灾害，将风速为110英里/小时的2级飓风设置为灾害情景。这种级别的飓风在GTA并不少见，且极易对基础设施系统造成较大破坏。

基础设施组分对飓风的损坏概率取决于基础设施组分的类型和阵风风速。对于电力网络，发电厂（供电节点）不受飓风破坏，因而将它们对飓风的损坏概率设置为0。对于给定的飓风速度，变电站（传输和需求节点）的损坏概率可使用对数正态脆弱性曲线来表示。基础设施的损坏程度可以是低、中、严重和完全。每个基础设施的运行状态被分为"运行"或"非运行"，若组分的损坏程度高于中等损坏程度则被视为"已损坏"，低于中等损坏程度的组分被视为"未损坏"。假设电力网络中的传输节点和需求节点对阵风为110英里/小时的飓风的损坏概率相同并设置为0.1[252]。

输电线路由传输支撑结构、导体和各种硬件组成。由于设计要求，输电线路在飓风荷载作用下的脆弱性主要由杆塔的故障率决定。输电线路的杆塔数量可通过线路长度除以两个相邻杆塔之间的平均跨度计算，根据相关数据，将杆塔之间的平均跨度设置为0.30公里。第$u$个杆塔对给定风速（$W_s$）的故障概率可以利用以下指数函数近似计算：

$$P_{\text{trans\_tower},u}(W_s = x_u) = \min\{2 \times 10^{-7} e^{0.0834 x_u}, 1\} \tag{9.40}$$

其中，$P_{\text{trans\_tower},u}$表示第$u$个杆塔在风速$x_u$下中度损坏的概率。由于天然气和石油输送管道在地下，因而将它们对飓风的损坏概率设置为0。

### 3. 基础设施系统的可用资源

考虑到每类能源基础设施网络中可能受飓风破坏的组分的数量，将电力、天然气和石油传输网络的可用资源量分别设置为50个单位、30个单位和20个单位，将加固组分、设置备用设施和修复损坏组分所需的资源量分别设置为3个单位、5个单位和10个单位。

三类RIM对基础设施组分的作用如下：①被加固组分的损坏概率下降50%；②当组分所需的其他系统服务输入中断时，备用设施可以在足够长的时间内（即大于$T-t_0$）维持组分的运行；③修复活动的响应时间设置为飓风发生后的5个时间步。如果损坏的组分被选择修复，修复工作可以在1个时间步内完成。

### 9.4.2　不同 RIM 的影响

首先分析使用每类RIM对关联基础设施系统韧性提高的影响，即每类基础设施系统的所有资源都用于实施相同的RIM。考虑到飓风对基础设施组分破坏影响的不确定性，使用不同RIM的系统性能通过500次仿真的平均值来计算。实施不同RIM的关联基础设施系统的性能曲线如图9.4所示。四类系统属性和韧性的值如表9.2所示。

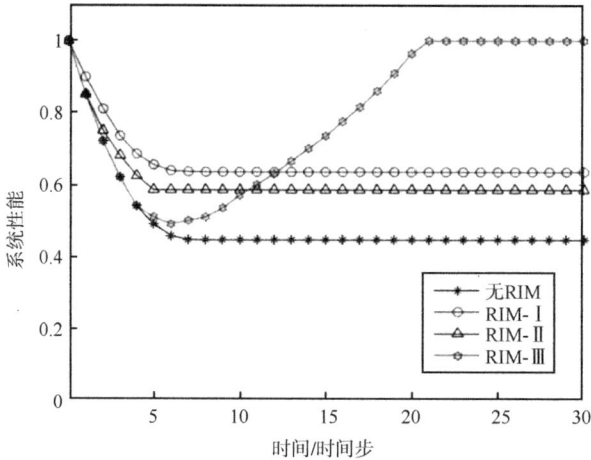

图9.4　实施不同RIM的关联基础设施系统的性能曲线

表 9.2　使用不同 RIM 时（$T=30$）的系统属性和韧性值

| 项目 | $R_{robustness}$ | $R_{redundancy}$ | $R_{resourcefulness}$ | $R_{rapidity}$ | 主动能力 | 被动反应能力 | 韧性 |
|------|------|------|------|------|------|------|------|
| 无 RIM | 0.447 | 0.069 | 0 | $+\infty$ | 0.496 | 0 | 0.496 |
| RIM-Ⅰ | 0.635 | 0.046 | 0 | $+\infty$ | 0.667 | 0 | 0.667 |
| RIM-Ⅱ | 0.585 | 0.052 | 0 | $+\infty$ | 0.617 | 0 | 0.617 |
| RIM-Ⅲ | 0.490 | 0.063 | 0.039 | 21 | 0.496 | 0.295 | 0.791 |

图9.4中，飓风发生在 $t=0$ 时刻，不使用任何RIM的情况下，基础设施系统的性能在飓风发生后迅速下降。8个时间步后，性能下降到最低水平，之后保持稳定。使用RIM-Ⅰ时，损坏部件的数量随着加固部件损坏概率的降低而减少。使用RIM-Ⅰ的性能曲线的形状与不使用任何RIM的性能曲线的形状相似（即先下降后保持稳定），但系统的鲁棒性和冗余性明显增加。

使用RIM-Ⅱ，一些基础设施组分获得所需的备用设施，可以在一定程度上减少系统间关联关系导致的故障传播。系统性能在5个时间步后达到最低水平，然后保持稳定。由于备用设施可以在足够长的时间内维持组分的运行，因此系统的鲁棒性和冗余性比没有任何使用RIM的要好，但不如使用RIM-Ⅰ的。

使用RIM-Ⅲ，基础设施系统中受损组分的修复在灾害发生后5个时间步开始。系统性能曲线在时间步7开始上升，在时间步21恢复到目标水平，之后保持稳定。这表明RIM-Ⅲ对于系统性能恢复和韧性提升至关重要。

如表9.2所示，在不实施任何RIM的情况下，系统的韧性和主动能力均最小，被动反应能力为0。RIM-Ⅰ和RIM-Ⅱ提高了鲁棒性 $R_{robustness}$ 和冗余性 $R_{redundancy}$，并增强了系统的主动能力。RIM-Ⅰ的有效性高于RIM-Ⅱ，但是，使用这两个RIM时的系统被动反应能力仍然为0，只有RIM-Ⅲ改进了所有的系统属性和能力。

### 9.4.3　组合 RIM 下的关联基础设施系统韧性

应用9.2.3节构建的系统韧性优化模型，求解使关联基础设施系统韧性最大化的RIM最优组合。模型除最大化系统韧性的期望值外，还涉及四个系统属性约束[式（9.19）～式（9.22）]。这四个属性的阈值取决于决策者的偏好和可用资源的数量。表9.3为不同阈值下的系统韧性期望值及RIM最优组合。数值实验通过MATLAB编程实现。求解方法中每次蒙特卡罗模拟的运行次数设置为200，连续两代遗传算法种群间最优适应度函数值的可接受差距设置为0.001。具有不同灾害应对能力偏好的GTA能源基础设施系统的性能曲线如图9.5所示。

**表 9.3　不同决策者偏好的韧性期望值及 RIM 的最佳组合**

| 项目 | 属性阈值（ $R_{robustness}$，$R_{redundancy}$，$R_{resourcefulness}$，$R_{rapidity}$ ） | 韧性期望值 | RIM 的最佳组合（三个系统中各 RIM 的资源分配） |
|---|---|---|---|
| 无 | {—, —, —, —} | 0.791 | {（0, 0, 50），（0, 0, 30），（0, 0, 20）} |
| 主动能力 | {0.6, 0.055, —, —} | 0.746 | {（25, 15, 10），（15, 5, 10），（3, 5, 10）} |
| 被动反应能力 | {—, —, 0.035, 25} | 0.791 | {（0, 0, 50），（0, 0, 30），（0, 0, 20）} |
| 所有能力 | {0.55, 0.06, 0.03, 27} | 0.778 | {（18, 10, 20），（9, 10, 10），（3, 5, 10）} |

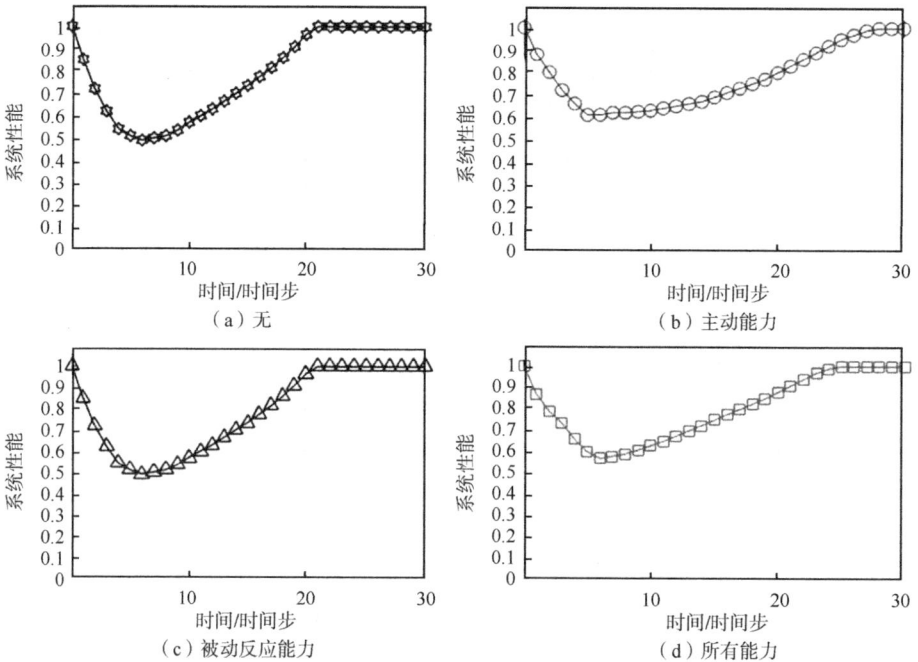

（a）无

（b）主动能力

（c）被动反应能力

（d）所有能力

图9.5  不同灾害应对能力偏好下的系统性能曲线

如表9.3所示，如果系统韧性优化的目标只是最大化韧性的期望值，而不考虑主动能力或被动反应能力，那么三个基础设施网络中所有资源都分配给RIM-Ⅲ，对于提高给定灾害情景下关联基础设施系统韧性值最有效。图9.5（a）中，系统性能曲线在飓风发生后迅速下降，随后随着RIM-Ⅲ的实施而相对迅速地上升。性能曲线在时间步等于21时恢复到预期水平，系统韧性的期望值为0.791。

如果在韧性优化中优先考虑被动反应能力，则引入对$R_{resourcefulness}$和$R_{rapidity}$的约束。最佳RIM组合是每个基础设施系统将所有资源都分配给RIM-Ⅲ（表9.3中的倒数第二行），这与无主动和被动反应能力要求情况下的结果相同。对于这一结果的合理解释是，基础设施损坏情况对于灾前RIM是不确定的，但对于灾后RIM是确定的。尽管灾害的类型、级别和受影响的区域是可以预测的，但由于对基础设施系统受损的不确定性，灾前RIM的效果也是不确定的。与之相对的，灾后RIM是在灾后实施的，灾后RIM的效果是确定的，因为损坏的组分是已知的。

如果在韧性优化模型中优先考虑主动能力，则引入对$R_{robustness}$和$R_{redundancy}$的约束。如表9.3所示，在三个基础设施系统中，大部分资源分配给RIM-Ⅰ和RIM-Ⅱ，分配给RIM-Ⅲ的资源按照最低要求来分配。RIM-Ⅰ和RIM-Ⅱ的实施可以确保对$R_{robustness}$和$R_{redundancy}$的约束得到满足。图9.5（b）中的系统性能曲线比图9.5（a）中的下降得更平缓，而曲线在恢复阶段的上升缓慢。使用这个组合RIM，系统性能的恢复需28个时间步，韧性的期望值为0.746。

若同时考虑主动能力和被动反应能力，则引入对四个属性的约束。如表9.3所示，最佳RIM组合为每个基础设施系统中的不同RIM分配不同比例的资源。在这里，RIM-Ⅰ和RIM-Ⅱ可以确保系统性能曲线满足鲁棒性和冗余性的约束，而RIM-Ⅲ可以帮助提高被动反应能力，同时最大化韧性的预期值。使用这个组合RIM，性能曲线比图9.5（b）中的曲线下降和上升得更迅速，并且比图9.5（c）更平滑。同时，系统性能的恢复需24个时间步，韧性的期望值为0.778。

### 9.4.4　最小资源组合需求分析

上述分析中，若不考虑系统对灾害的主动和被动反应能力，系统韧性的期望值会增大。但是飓风发生后，系统性能曲线会迅速下降。实际上，一旦系统性能下降到一定水平，基础设施系统可能会崩溃，并且在短时间内无法修复。因此，受灾地区的决策者和居民需对基础设施系统的主动和被动反应能力有一定的要求。这种情况下，虽然系统韧性的期望值不是最大的，但系统性能的最低水平（$R_{robustness}$）、损坏阶段系统性能下降的速度（$R_{redundancy}$）、修复阶段系统性能上升的速度（$R_{resourcefulness}$），以及系统性能恢复的持续时间（$R_{rapidity}$）都需控制在可接受范围内。

上面的分析中，三个系统的可用资源分别设置为50个单位、30个单位和20个单位。实际上，应急条件下，可用资源可能会紧缺。为保证关联基础设施系统的四个属性在可接受范围内，确定三类基础设施系统的最小资源组合是一个重要问题。下面的分析中，$R_{robustness}$、$R_{redundancy}$、$R_{resourcefulness}$ 和 $R_{rapidity}$ 的阈值分别设置为0.55、0.06、0.03和27，三类基础设施系统可用资源的可选区间分别设置为[0,50]、[0,30]和[0,20]。对于三个系统的不同资源组合，可通过模型是否有可行解来判断资源组合是否可行。三类基础设施系统的最小资源组合需求如图9.6所示。

图9.6中，三个坐标轴分别代表三类基础设施系统的可用资源量，点代表满足系统四个属性约束的不同最小资源组合。由图9.6可见，电力网络的可行资源区间为[35,50]，天然气网络的可行资源区间为[24,30]，石油网络的可行资源区间为[15,20]。区间的下限代表对应基础设施系统的最低资源需求。若一个基础设施系统的可用资源量小于最低要求，那么无论其他系统有多少可用资源，都不会满足对系统四个属性的约束。

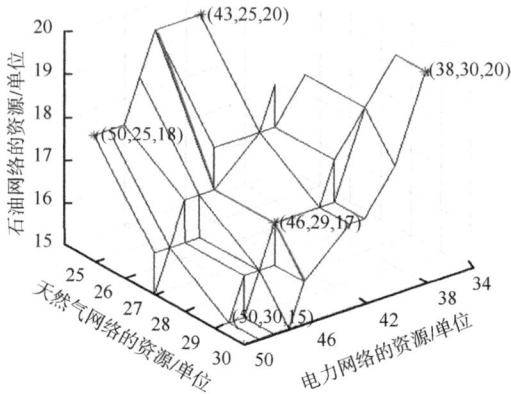

图9.6 GTA能源基础设施系统的最小资源组合

虽然不同最小资源组合的资源总量不同，如(50,30,15)、(43,25,20)等，但如果一类基础设施网络的资源量小一些，其他基础设施网络的资源量需要多一些。若电力和天然气网络的可用资源分别为50个和30个单位，则石油网络所需的资源仅为15个单位。

由于图9.6所示的结果是仅考虑对四个属性的约束得出的，因此与这些资源组合相对应的系统韧性期望值较小，在0.728到0.742的范围内。

# 9.5 敏感性分析

自然灾害强度和修复响应时间是所提出模型中的重要参数。敏感性分析可以深入解析它们的取值如何影响最优组合RIM。在下面的分析中，三个系统的资源量分别设置为50个单位、30个单位和20个单位，系统四个属性的阈值分别设置为0.55、0.06、0.03和27。

## 9.5.1 自然灾害强度的影响

前面的案例研究中，飓风风速设置为110英里/小时，除发电厂外，其余基础设施网络节点的损坏概率设置为0.1，并依据式（9.40）计算电力传输线路的损坏概率。在以下分析中，假设风速在90英里/小时到130英里/小时间变化，间隔设为4英里/小时。利用构建的模型，求得不同风速下的最优组合RIM，结果如图9.7所示。

（a）电力网络

（b）天然气网络

（c）石油网络

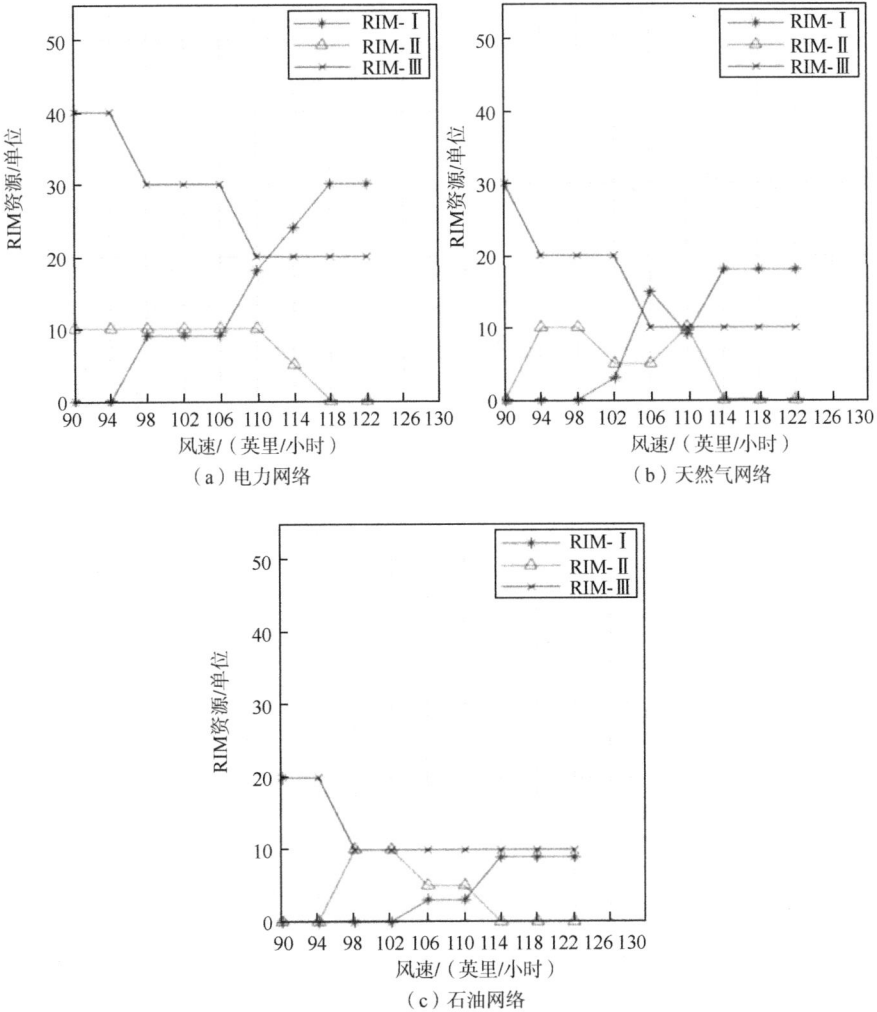

图9.7 不同飓风强度下的最优组合RIM

如图9.7所示，最优组合RIM随风速的变化而变化。当风速低于98英里/小时时，每个基础设施网络中分配给RIM-Ⅲ的资源都比分配给RIM-Ⅰ和RIM-Ⅱ的多。当风速高于110英里/小时时，更多的资源被分配给RIM-Ⅰ。当风速超过122英里/小时时，由于无法满足对四个属性的约束，因此没有可用的组合RIM。

敏感性分析表明：①随着风速的增加，RIM-Ⅰ对系统韧性的提升效果明显增强，因为RIM-Ⅰ可以降低灾害对基础设施系统的初始破坏，增强系统的主动能力；②当风速足够大时，RIM-Ⅱ对系统韧性的提升效果低于其他RIM，RIM-Ⅱ的主要作用是减少灾后系统间的故障传播，当飓风造成的初始破坏过于严重时，该RIM难以显著减少系统性能的损失；③当飓风对基础设施系统的初始破坏较小时，大部分资源将分配给RIM-Ⅲ，这样可以最大化系统韧性的期望值，并确保满足对四个属性的约束；④当系统组分的损坏概率随风速的增加而增加时，RIM-Ⅲ的有效性会降低。

### 9.5.2 修复响应时间的影响

修复响应时间指从灾害发生到RIM-Ⅲ开始实施的时间间隔。若响应时间较短，则系统的被动反应能力更强。在下面的分析中，GTA能源基础设施系统的响应时间设置为1到10个时间步。不同响应时间下的最优组合RIM如图9.8所示。

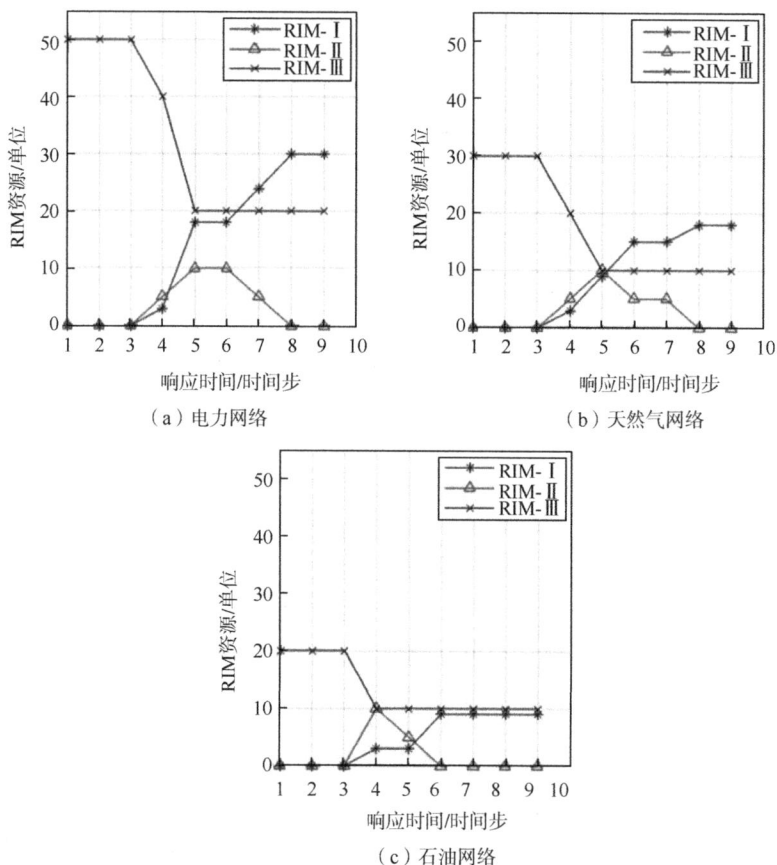

（a）电力网络　　（b）天然气网络

（c）石油网络

图9.8　不同响应时间下的最优组合RIM

如图9.8所示，若响应时间在1到3个时间步之间，则三个基础设施网络中所有资源都应用于实施RIM-Ⅲ。修复损坏的组分是最有效的RIM，因为它可以在飓风发生后迅速实施。每个网络中分配给RIM-I的资源随着响应时间的增加而增加。组合RIM可最大化系统韧性的期望值，并满足对系统四个属性的约束要求。为保证基础设施系统的被动反应能力，三个网络中分配给RIM-III的资源在响应时间大于5个时间步时保持稳定。当响应时间大于9个时间步时，由于不能满足对系统四个属性的约束要求，因此无法求得可用的组合RIM。

### 9.5.3 灾害强度与修复响应时间的交互影响

上述分析结果表明，自然灾害的强度和响应时间都对最优组合RIM有显著影响。下面通过敏感性分析来研究这两个参数的组合效应。这两个参数的数值间隔按上述方式设置。不同灾害强度和修复响应时间下电力网络的最优组合RIM如图9.9所示。

在图9.9（a）~图9.9（c）中，在左上三角形区域中，因为无法获得满足四个属性约束的解，电力网络没有分配给任何RIM资源。通过图9.7（a）与图9.9（a）~图9.9（c）对比可知，风速与响应时间交互影响下模型无解情况的数量[图9.9（a）~图9.9（c）中无突起的左三角区域]大于仅考虑风速[图9.7（a）中风速大于122英里/小时的右侧空白区域]或仅考虑响应时间[图9.8（a）中右侧空白区域的情况，响应时间长于9个时间步]时无解情况的数量。同时，即使在风速大于122英里/小时的条件下，若响应时间短于5个时间步，也可求得对应的解决方案[图9.9（a）~图9.9（c）中的突起]。即使响应时间超过9个时间步，若风速低于102英里/小时，也可求得对应的解决方案。因此，这两个参数间的交互作用对最优组合RIM的影响是显著的。

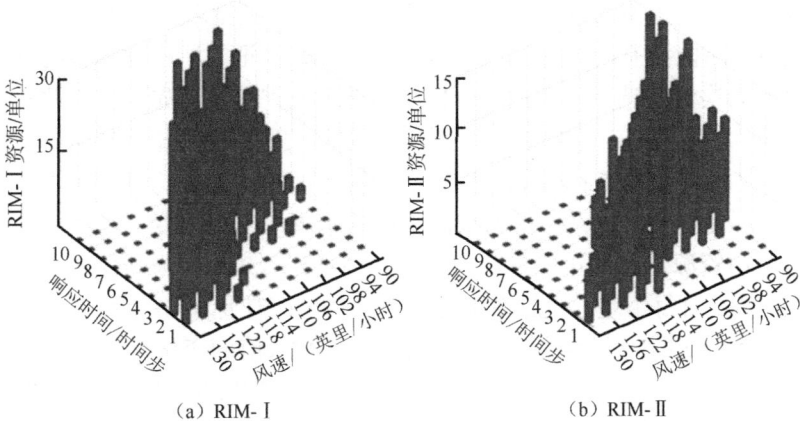

（a）RIM-I　　　　　　　　　　（b）RIM-II

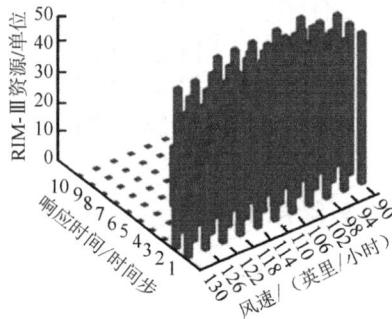

（c）RIM-Ⅲ

图9.9　不同灾害强度和修复响应时间下电力网络的最优组合RIM

从决策者的角度来看，如果资源有限且飓风造成的初始破坏严重，则需要更短的响应时间，以便尽早地开始修复工作。当风速较大或响应时间较长时，应为RIM-Ⅰ分配更多资源。在这种情况下，RIM-Ⅰ比其他RIM能更有效地提高关联基础设施系统的韧性。

# 9.6　本章小结

本章研究了联合使用灾前和灾后RIM提升关联基础设施系统对区域性自然灾害的韧性。选定的RIM包括加固关键组分、设置跨系统备用设施等灾前RIM，以及修复损坏组分的灾后RIM。本章以组合RIM为决策变量，构建了以最大化关联基础设施系统韧性的期望值为目标的优化模型，并提出了模型求解方法。

通过对GTA能源基础设施系统进行案例研究，验证了所构建模型的有效性。研究结果可为决策者选择有效的组合RIM提供理论支撑。首先，在资源有限的情况下，与单个RIM相比，组合RIM可更有效地增强关联基础设施系统对特定灾害的韧性。组合RIM可以增加韧性值，同时将系统的四种属性保持在可接受水平。最优组合RIM可能会随着对系统能力或属性的要求的改变而改变。其次，随着基础设施系统可用资源量的变化，可获得不同的最优组合RIM。为确保四个属性在可接受的范围内，对每个基础设施系统的最低资源量都有要求。最后，最优组合RIM对灾害强度和响应时间等参数较敏感，会随着参数取值的变化而发生变化。

本章的研究也存在一些局限性。首先，案例研究得到的结论和建议取决于模型中的假设，如区域性自然灾害的强度、发生时间和影响区域是可预测的；已知在不同类型的灾害下，关联基础设施系统四种属性的合理范围；描述不同RIM的参数、修复活动的响应时间和组分的修复效率是已知和固定的。这些假设的提出是由于缺乏关于灾害、基础设施系统、RIM 和决策者的相关数据。尽管已经通过敏感性分析检验了某些参数（如灾害强度、响应时间）的变化对结果的影响，但相关结论仍取决于部分假设。未来结合数据情况，可对研究内容进一步拓展。其次，为了提出有效的组合 RIM，本章只考虑了三种类型的 RIM，而没有考虑其他在实践中已使用的一些 RIM，如基础设施系统拓扑结构调整等。将更多的 RIM 纳入分析也是未来可拓展的研究内容。

# 第10章 关键基础设施系统与自然生态互动增长策略

　　为了加快实施国家新型城镇化和城市群发展战略，基础设施系统尤其是交通、能源和通信等设施的建设成为各省区市促进经济增长的重点项目[314]。然而，基础设施系统的经济效益与环境效益并不存在必然的正相关关系。经济快速增长的同时，环境污染、资源过耗等问题突出，其主要原因在于自然生态循环与社会经济发展之间的功能性矛盾[315]。高强度的经济社会活动所消耗的生态，大幅超过了自然生态环境的承载能力，造成了不可修复的破坏，制约着经济社会的持续发展。因此，为了促进低碳发展、循环发展、绿色发展的国家新型城镇化格局的实现，有必要深入分析基础设施系统与自然生态系统的相互作用关系，探究两者的耦合机制，进而提高基础设施系统的综合效益，保护自然生态环境系统，助力实现可持续发展目标。

　　基础设施系统是由各类设施相互作用所构成的整体，可视为"系统之系统"，各类设施都具有特定的运行机制及与生态环境相互作用的方式。迄今为止，多数研究侧重于基础设施对生态环境的作用，尤其单个或一类基础设施的环境影响评价相关的研究较多[316, 317]。由于不同类别的基础设施在物理、地理、信息和逻辑等方面存在相互关联及功能依赖[318]，基础设施系统对自然生态的影响并非各类设施影响的简单相加[319]。分部门的建设运行管理，间接阻碍了基础设施系统整体效益的深入剖析[320]。于是，少数研究利用统计数据，评价基础设施系统的可持续发展水平[321, 322]，比较不同地区基础设施系统的投资溢出效益[323, 324]。有研究指出我国大中城市基础设施系统的环境效益不容乐观，社会经济发展压力过大致使生态承载能力相对不足是其主因，合理的基础设施系统结构和规模是解决这一问题的关键。同时，基础设施系统的建设和运行受到自然生态的影响和制约[325]。但现有研究多关注自然环境或资源存储对经济增长的影响，较少聚焦生态环境水平对基础设施系统规模增长或功能供给的作用。黄森[326]运用Malmquist-Luenberger

指数分析指出，空气污染排放控制将提高交通基础设施的成本，却可显著提升全要素生产效率。刘惠敏[327]以上海某典型交通枢纽地区为例，研究了大型基础设施与自然环境、社会系统的相互作用。部分研究将基础设施系统作为经济、社会、环境构成的城市复合系统的一部分，探究经济增长策略[328]。综上可见，一方面，现有研究缺少对基础设施系统环境效益的全面审视，尤其忽略了不同类型基础设施规模扩张的动态关联和生态影响的效应累积；另一方面，较少关注自然生态对基础设施系统的反馈机制。

基础设施系统与自然生态系统的相互作用随着时间的变化存在着累积效应，所构成的开放巨系统具有高阶次、多变量、多回路和强非线性的反馈结构。相较于传统的数学模型，系统动力学理论方法的优势在于能够深入刻画和剖析系统的非线性结构和动态反馈特征。因此，本章建立了基础设施系统与自然生态系统相互作用的系统动力学模型，注意把握关键耦合机制，从内部优化和外部协调两方面分析提出了基础设施系统与自然生态的互动增长策略。

# 10.1 基础设施系统与自然生态系统相互作用模型

## 10.1.1 模型结构

系统功能源自系统结构，合理确定系统边界，正确分析系统结构是系统动力学建模的关键[329]。由于人口增加是基础设施规模增大的主因，因而将人口系统、基础设施系统、自然生态系统作为系统动力学模型的三个子系统。其中，自然生态系统分为自然资源和自然环境两部分。同时，将区域经济规模作为外生变量，应用VENSIM软件，建立基础设施系统与自然生态系统相互作用的系统动力学模型，见图10.1。

1. 人口系统

人口规模与基础设施系统能力和自然生态质量密切相关。①人口规模对基础设施提出服务功能要求，引导其布局和建设；基础设施系统能力提升，进而提高居民的生活质量，降低人口死亡率。②自然资源存量丰富，利于城镇建设和经济发展，促进人口增长；人口增多导致资源消耗增加，存量减少进而增大资源开发的难度。③良好的生态环境利于居民生存，环境恶化威胁着居民的身心健康，导致人口减少。模型中综合考虑人口规模与基础设施、自然资源、自然环境之间的微观作用关系，并通过反馈环将其联系起来。

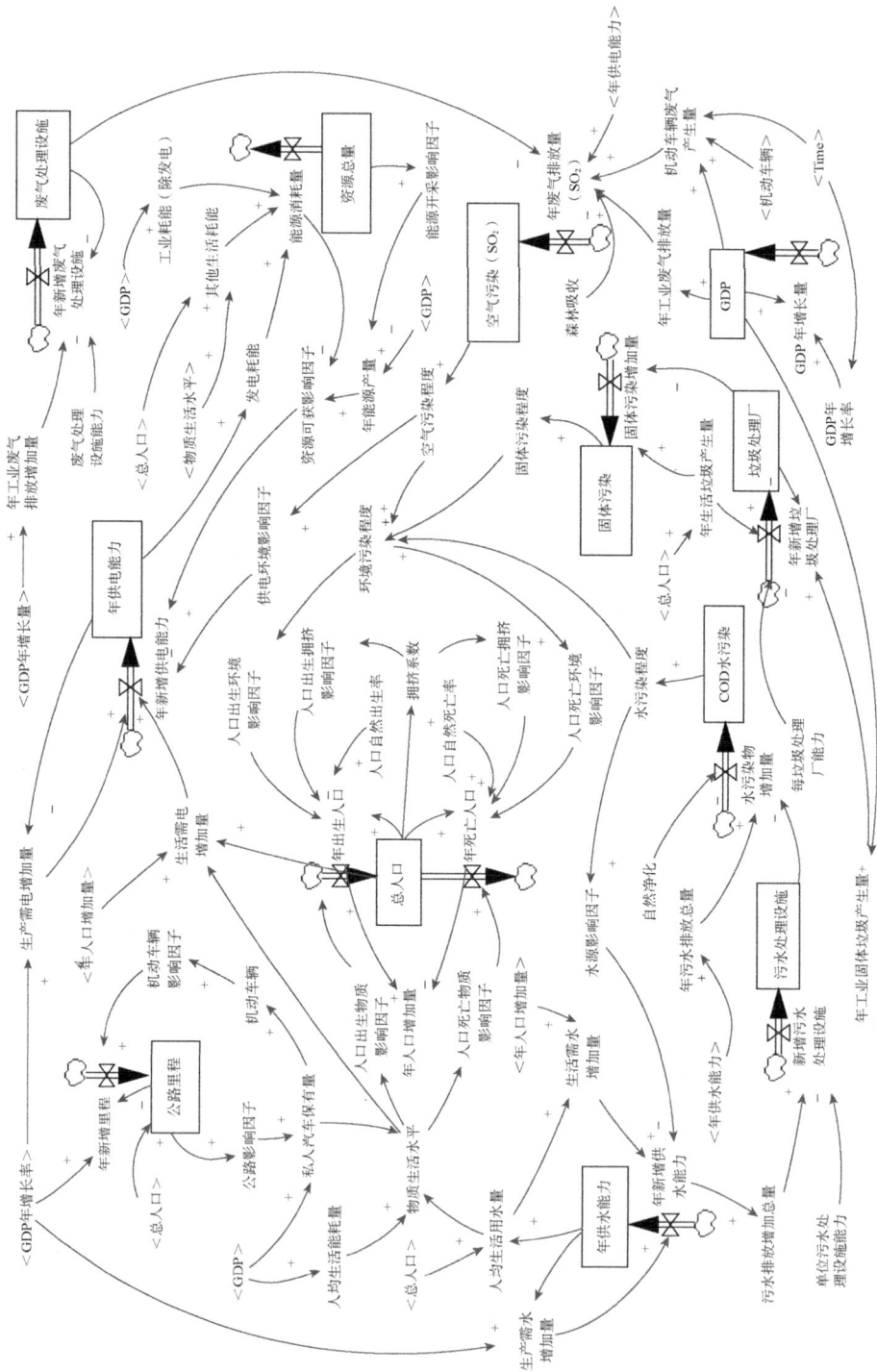

图10.1 基础设施系统与自然生态系统相互作用的系统动力学模型

2. 基础设施系统

以"为发展提供基础设施"为主题的《1994年世界银行发展报告》将基础设施分为经济基础设施和社会基础设施。前者指"永久性的工程构筑、设备、设施及其服务",其他被定义为"社会基础设施",包括环卫、科教和医疗等。本章以基础设施对自然生态系统的作用结果为依据,应用专家调查法,从占地、耗能,以及大气、固体和水污染排放等角度,分析各类基础设施与自然生态的关联程度。各类基础设施对自然生态系统的影响,见表10.1。例如,公路交通基础设施,一方面,公路建设占用大量的土地资源,并造成一定的空气污染;另一方面,公路里程与机动车保有量正相关[330],公路里程增多引起油气资源消耗增大,汽车尾气排放和噪音污染增多。再如,能源基础设施,火力发电厂的能耗高、大气污染严重、固体废物排放量大等特点突出;水力发电改变了流域自然生态环境,对水环境和生物造成了不同程度的破坏;核电站也存在着巨大的潜在威胁,如核泄漏、核废料处理等。根据表10.1,选择对自然生态系统影响较大的交通、能源、供水和环卫等基础设施作为基础设施系统的构成。

表 10.1　各类基础设施对自然生态系统的影响

| 基础设施 | | 自然资源 | | | | | 自然环境 | | | | 统计 |
| --- | --- | --- | --- | --- | --- | --- | --- | --- | --- | --- | --- |
| | | 淡水 | 海洋 | 矿产 | 土地 | 森林 | 水 | 大气 | 固体 | 其他 | |
| 经济基础设施 | 供水 | √ | — | — | √ | — | √ | — | — | — | 3 |
| | 能源 | — | — | √ | √ | — | — | √ | √ | √ | 5 |
| | 交通 | — | — | √ | √ | — | — | √ | — | √ | 4 |
| | 通信 | — | — | — | √ | — | — | — | — | — | 1 |
| | 防灾 | — | — | — | √ | — | — | — | — | — | 1 |
| 社会基础设施 | 环卫 | — | — | — | — | — | √ | √ | — | √ | 3 |
| | 科教 | — | — | — | √ | — | — | — | — | — | 1 |
| | 医疗 | — | — | — | √ | — | — | — | — | — | 1 |

√ 代表80%以上的专家认为该类基础设施对某方面的自然生态有影响

— 代表小于80%的专家认为该类基础设施对某方面的自然生态有影响

交通、能源、供水和环卫等基础设施规模的增大,直接提高了公共服务水平。它一方面提升居民的物质生活水平,使得人口规模稳步增大;另一方面,促进经济加速运转,导致资源消耗和废弃物排放增多,降低自然生态承载,限制基础设施增长,形成再一次反馈。

3. 自然资源系统

自然资源分为可再生资源和非可再生资源。可再生资源指可用自然力保持或增加蕴藏量的自然资源，如水资源、土地资源等。非可再生资源又称可耗竭资源，分可回收资源和不可回收资源，前者指金属类资源，后者指煤炭、石油和天然气、油页岩等矿物能源和核燃料。考虑到基础设施系统运行所消耗的资源类型，选择不可回收的非可再生资源代表自然资源系统。随着基础设施的兴建和人口的增多，能源消耗量增速加大，总量不断减少，环境污染程度加重，进而限制了基础设施的规模和人口数量的增长。

#### 4. 自然环境系统

自然环境包括生态环境、生物环境和地下资源环境。现有研究多用污染指数来表示自然环境质量，包括水污染、空气污染和固体污染三部分。自然环境恶化，一方面导致人口规模的增速减缓，引起环卫基础设施建设增多，进而降低对其他类基础设施服务能力的需求；另一方面增大了资源获取的难度，进一步限制了基础设施系统的增长。

### 10.1.2　变量解释

为深入分析基础设施系统与自然生态系统的微观交互关系，对系统动力学模型中的具体参数和指标做进一步阐述。

#### 1. 人口系统构成

基础设施规模的增大受到人口规模和经济发展水平的影响。人口规模用区域总人口数量来度量。经济发展水平引入区域生产总值及其增量作为外生变量，并建立其与具体基础设施规模增量的关系，如图10.1中GDP年增长率对生产需电增加量、生产需水增加量的影响，以及GDP对人均生活能耗量、私人汽车保有量等的影响。基础设施系统和自然生态系统对人口系统的作用，则参照世界模型Ⅱ[331]，用人口出生、死亡相关的物质、拥挤、环境等影响因子来反映。

#### 2. 基础设施系统构成

根据上述分析，基础设施系统包括交通、能源、供水和环卫等类。①交通基础设施规模用公路里程来表示，用公路影响因子表示公路里程对机动车保有量的作用[332,333]，机动车辆影响因子表示其反作用。②供电基础设施规模根据需电量而定，受能源供应量和自然生态质量的限制[334]。需电量包括生产和生活两部分，分别受经济发展水平和人口规模的影响[335]。由于火电发电量占我国总发电量的75%[336]，因而煤炭供应量成为制约供电能力的主要因素。在水能丰富或拥有核电站的区域，电力供应量对煤炭可获量的依赖性较小。综合考虑可开采矿产规模和运输条件，用发电资源可获影响因子来表示自然资源存量和交通基础设施能力对供电能力的作用，并用供电环境影响因子表示供电基础设施规模对自然环境的作用。③农业用水和城市供水设施分属不同部门，且农业用水对水质要求较低、取水渠道多样，所以本章仅考虑城市供水设施。供水基础设施规模由需水量而定，受水源质量和技术水平的影响，用年供水总量来度量。年新增供水能力受到生产需水年增加量、生活需水年增加量和水源污染程度的影响。④环卫基础设施主要指各项污染处理设施，需求量依生产和生活污染排放量而定。其中，废气处理设施规模依工业废气排放量而定；固体废物处理设施规模依生活垃圾排放量而定；污水处理设施规模依污水处理量而定，包括生活污水和生产污水。

3. 自然资源系统构成

自然资源系统聚焦非可再生能源，即煤炭、石油与天然气等，用能源存量来表示自然资源总量受资源需求量和资源获取技术的影响。其中，资源需求量依经济发展水平和产业结构而定。能源采掘技术进步，可提高开采效率，但由于总量固定，能源开采量受到限制。综上，用资源开采影响因子和资源可获得影响因子，分别表示采掘技术和资源需求对资源总量变化的作用。

4. 自然环境系统构成

根据污染总量控制理论，参考现有环境评价指标，选取水污染、空气污染和固体污染作为自然环境状态的表征，将这三种污染所包含的污染物通过同等污染程度，分别折算为COD（chemical oxygen demand，化学需氧量）和$SO_2$，按其总量计算各类污染的程度，污染程度的值等于排污总量与污染处理量之和。用水污染总量与标准的比值代表水源污染程度。水源污染程度与现有污水处理技术水平共同决定水源影响因子，表示水源质量对供水能力的影响。综合水污染、空气污染和固体污染确定环境污染程度，用人口出生环境影响因子表示自然环境质量对人口增长的作用。

# 10.2　基础设施系统与自然生态系统的相互作用机制

正负反馈是系统内部相互作用的基本要素，也是系统复杂性的重要源泉。正反馈代表累积效应，负反馈代表平衡，正负反馈的共同作用使系统稳定发展。通过辨识基础设施系统与自然生态系统作用的关键反馈环，可以从内外两方面剖析两者的相互作用机制。

### 10.2.1 基础设施系统内部耦合机制

辨识图10.1中的各反馈环,供水、供电和交通基础设施的反馈环见图10.2。

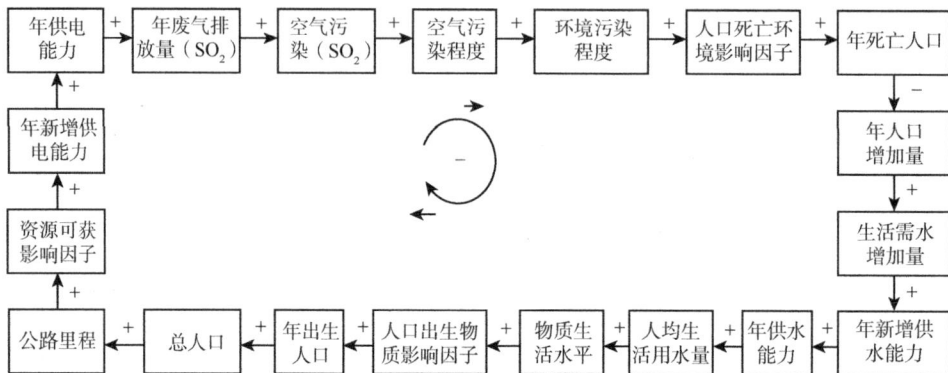

图10.2 供水、供电和交通基础设施的反馈环

图10.2反馈环中负相关关系的个数为奇数(1),由此可知供水、供电和交通基础设施之间存在着负反馈,这表示各类基础设施规模都不可无限增大。三类基础设施规模通过环境污染程度和总人口存在动态关联。①供电基础设施规模增长与供水基础设施规模增长之间存在负相关。供电能力的持续提高将直接导致排放大量废气,导致空气污染程度加重,致使年死亡人口增多,年人口增加量减少,致使生活需水增加量减少,从而间接降低年新增供水能力,限制供水基础设施规模的增大。②供水基础设施规模增长与交通基础设施规模增长正相关。供水基础设施能力的提升,可提高居民的物质生活水平,进而提高人口出生物质影响因子,导致年出生人口增加,总人口增多,对交通基础设施的需求增强,公路里程增加,从而使资源可获影响因子增大,年新增供电能力提高,供电基础设施水平得到提升。③若不考虑供电基础设施,供水和交通基础设施的规模可持续增大,但基础设施之间的需求关联,尤其是对环境污染的作用,使得供电基础设施规模增长受限,从而保障了这三类基础设施规模的适度扩大。

### 10.2.2 基础设施系统与自然生态系统的关键反馈机制

交通、供电、供水和环卫这四类基础设施与自然生态系统的交互作用机制具有各自的特点。

### 1. 交通基础设施与自然生态环境相互制约

从图10.1中抽取交通基础设施及其相关的自然生态指标,可得交通基础设施与自然环境的反馈环,见图10.3。

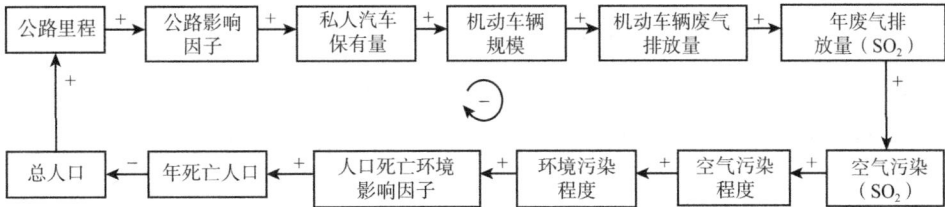

图10.3　交通基础设施与自然环境的反馈环

图10.3反馈环中负相关关系的个数为奇数(1),由此可知交通基础设施与自然生态环境之间存在着负反馈,这体现了两者的相互制约。由于模型中并未将(生态)土地作为自然资源,因而交通基础设施与自然生态环境的作用主要体现在与自然环境(空气污染)的作用方面。在既定的经济发展水平和技术条件下,随着区域内公路里程的增加,路网密度增大,机动车辆规模扩大,机动车辆废气排放量增多,空气污染程度增加,环境恶化,导致人口死亡环境影响因子增大,年死亡人口增多,总人口增速减缓,致使公路里程增速减慢甚至停止。

### 2. 供电基础设施对自然生态系统的恶性累积效应显著

从图10.1中抽取供电基础设施及其相关的自然生态指标,可得供电基础设施与自然环境的反馈环,见图10.4。

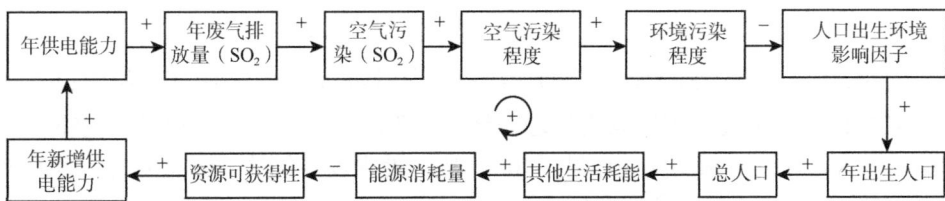

图10.4　供电基础设施与自然环境的反馈环

图10.4反馈环中负相关关系的个数为偶数(2),由此可知供电基础设施与自然生态系统存在着正反馈,两者的恶性累积效应显著。与供水基础设施不同,与供电基础设施直接相关的自然资源和自然环境分别体现在资源可获得性和环境污染程度上,并通过人口规模变化联系起来。一方面,由于水力发电和核电站有地理条件限制,因而多数地区主要依靠火力发电。在既定的技术条件下,供电基础设施规模增大(年供电能力提高),势必产生大量的废气排放量,加重空气污染程度,致使呼吸道相关疾病的发病率升高,降低人口出生环境影响因子,年出生人口总

数下降,人口规模增长减速,总人口增速减缓,甚至减少。另一方面,人口增速减缓,导致其他生活耗能增长率降低,能源消耗量增速变慢,甚至降低,资源相对更易得到满足,这间接提高了资源可获得性,利于提高年新增供电能力,提升年供电能力。由此,供电基础设施规模若一直保持增长,空气污染程度将持续恶化,能源消耗量也会增加。

### 3. 既定自然生态条件下供水基础设施规模增大受限

从图10.1中抽取供水基础设施及其相关的自然生态指标,可得供水基础设施与自然环境的反馈环,见图10.5。

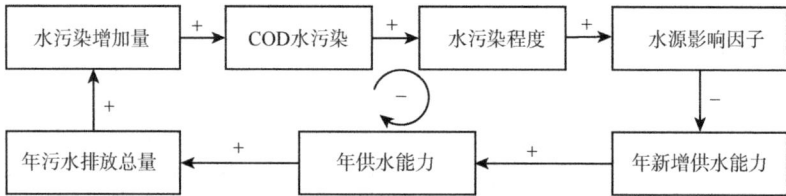

图10.5　供水基础设施与自然环境的反馈环

图10.5反馈环中负相关关系的个数为奇数(1),由此可知供水基础设施与自然生态系统之间存在着负反馈,这体现了两者的相互制约。在既定的自然生态条件下,供水基础设施规模不可无限增大。对于供水基础设施而言,狭义的自然资源和自然环境均指水源状态。图10.5显示,年供水能力提高,意味着耗水量增加,年污水排放量增大,污染物的累积效应扩大,水污染程度加重,水源质量降低,限制供水能力的进一步提高。

### 4. 环卫基础设施规模与自然环境污染程度存在正反馈

加强环境保护基础设施建设,是综合整治环境污染和生态破坏、保护和改善城乡环境的基本措施。固体废物处理设施主要为垃圾处理厂,其相关反馈环见图10.6。污水处理设施相关反馈环见图10.7。废气处理设施仅处理工业废气,而工业废气的产生与外生变量经济发展水平(GDP)正相关,无相关反馈环。

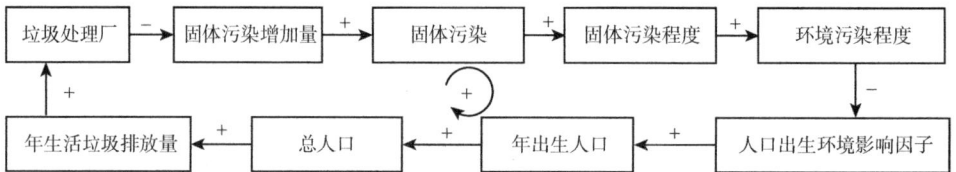

图10.6　垃圾处理设施与自然环境的反馈环

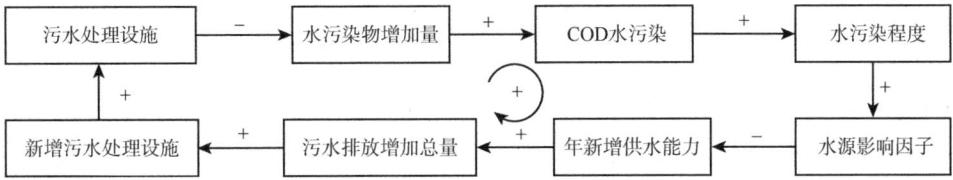

图10.7　污水处理设施与自然环境的反馈环

图10.6反馈环中负相关关系的个数为偶数（2），由此可知垃圾处理设施与自然环境污染程度存在着正反馈，即人口规模和固体污染累积使得垃圾处理设施的规模持续增大。在既定的技术条件下，垃圾处理厂增多，则固体污染增加量减小，从而使固体污染程度下降，环境污染程度降低，人口出生环境影响因子增大，年出生人口增多，总人口增加，年生活垃圾排放量增多，促使垃圾处理厂的规模进一步扩大。

图10.7反馈环中负相关关系的个数为偶数（2），由此可知污水处理设施能力与自然环境污染程度存在着正反馈，即水源污染累积使得污水处理设施的规模持续增大。在既定的技术条件下，污水处理设施增多，水污染物增加量减少，水污染程度降低，水源影响因子减小，从而使取水难度降低，年新增供水能力增大，污水排放增加总量增加，新增污水处理设施增多，污水处理设施规模扩大。

# 10.3　基础设施系统增长策略

由上述单反馈机制可知，交通和供水之外的基础设施的规模都在与自然生态系统的持续正反馈中不断得到扩大，并受到基础设施系统内部负反馈效应的限制。现针对交通、供电和供水等基础设施的主要问题，辨识相关基模，分析其关键，明确基础设施系统的增长策略。

## 10.3.1　空气污染控制导向的交通基础设施增长

机动车保有量持续增长导致道路拥堵问题突出[337]。基于已有研究可知，城市的机动车保有量与公路里程正相关，交通基础设施与自然环境存在负反馈，即环境恶化抑制机动车保有量的增长。图10.8为机动车保有量的成长上限基模，进一步解释了交通基础设施增长困境的产生原因和解决方案。

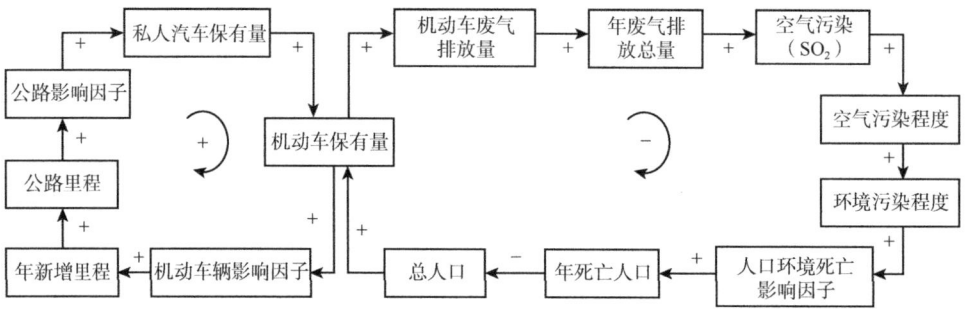

图10.8 机动车保有量的成长上限基模

图10.8的左侧为正反馈环，右侧为负反馈环，它们共同构成了机动车保有量的成长上限基模。该基模显示，机动车保有量的增长具有上限，且并非由公路里程或拥挤程度所致，而是由空气污染程度加重引起的。一般来说，机动车保有量增大导致道路拥挤，致使对交通基础设施规模扩大的需求增加，增建、扩建或优化路网结构等是目前主要的解决方案。然而，这些措施并不能解决交通基础设施需求不足的问题，也不能任由空气污染恶化。有效控制机动车保有量增长对道路的无限需求，可通过加强居民的环保意识，在不增加环境污染致死率的前提下，合理引导、鼓励公交出行，减少机动车保有量的大规模增长和对道路设施的过度需求来实现。因此，完善公共交通是交通基础设施能力提升的重点。

### 10.3.2 污染累积消弭导向的供电设施增长

作为基础设施系统正常运行的能源保障，供电基础设施具有决定性作用，同时为生产生活提供必要的支撑。火电发电量在我国占比很大，供电基础设施一直被认为是空气污染的主要来源。图10.9为空气污染的共同悲剧基模，揭示了供电和交通基础设施增长的博弈困境。

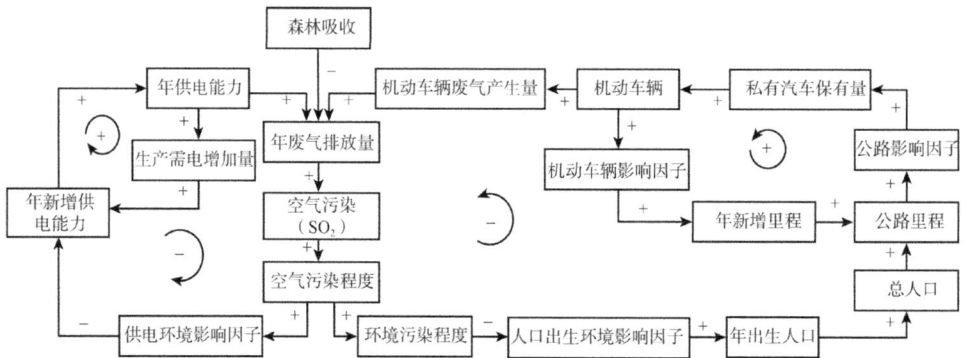

图10.9 空气污染的共同悲剧基模

为促进经济社会的快速发展，提高居民的物质生活水平，供电基础设施和交通基础设施的能力不断提升（图10.9的两个正反馈环）。然而，在既定的技术水平和自然生态条件下，这两类基础设施规模的扩大都将导致废气排放量增多，加剧空气污染，加重生态恢复的负担（森林吸收能力有限）。在集体快速增长的模式下，具有非排他性和非竞争性的公共物品——空气的污染日益严重以致有害于人类的生存，这导致了经济增长和人们生活水平的下降。因此，当前的空气污染问题，须引起所有相关者的重视，制订整体的治理解决方案。

### 10.3.3　水源保护导向的供水基础设施增长

供水基础设施存在着成长上限基模，正反馈环由物质生活水平提高所致，负反馈环受水污染程度制约。作为重要的环境问题，水污染的原因多被认为是工业废水排放过量和污水处理设施不足。图10.10为水污染的目标侵蚀基模，揭示了其根本原因是水源污染严重。

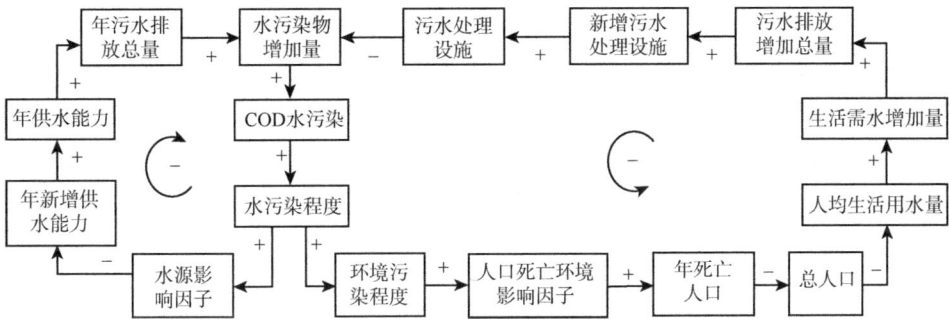

图10.10　水污染的目标侵蚀基模

系统性复杂问题往往存在多个解，其中较明显、易操作的常被视为解决方案。图10.10的左右均为负反馈环，它们共同构成了水污染的目标侵蚀基模。其中，供水基础设施能力的提升是目标，水源影响因子降低为弱化的目标，水污染程度为现存问题或差距，解决问题的主要策略为新增污水处理设施，污水处理能力反映实际状况。由此基模可得，增加污水处理设施只是避重就轻的一种解决方案，使得供水基础设施能力提升的目标难以实现，甚至水源影响因子降低的目标都可能变相地转化为水源质量标准的降低，从而加剧水污染程度。因此，提高供水基础设施能力的关键，不在于过度依赖污水处理设施规模的扩大，而在于取水技术、供水规划和运行管理等综合能力的提升。现实中，可通过多样的节水措施间接控制供水总量和污水排放量。同时，提高污水排放标准，控制化学水污染物总量，可以缓解甚至解决水污染问题，切实提高供水基础设施的能力。

# 10.4  本 章 小 结

　　基础设施系统为生产生活提供功能支撑，为国家新型城镇化提供物质保障，但也给自然生态造成了巨大压力。各类设施的相互作用和多回路反馈，使得其与自然生态环境的作用动态复杂。一方面，交通、供电和供水基础设施规模的增长，产生自然资源消耗，造成自然环境污染，并在各自运行和增长过程中不断累积。另一方面，资源消耗、环境污染和人口增长等方面效应的叠加，限制着基础设施系统的扩张。然而，现阶段的基础设施增长模式仅强调满足人们对设施的需求，忽略了多类设施的耦合作用对自然生态的级联破坏，难以保障经济社会的可持续发展。因此，在研究制订基础设施系统发展战略规划时，需将自然生态承载作为重要依据，从整体角度把握基础设施内部子系统的服务能力和供给水平，避免过度扩张带来的整体效益低下和生态环境破坏。交通基础设施能力提高的关键不在于增加公路里程，而在于减少机动车保有量大规模增长对交通基础设施的过度需求，并借以完善公共交通；供电基础设施规模的增长，必须综合评估交通基础设施增长带来的空气污染的累积效应，并通过降低火力发电的比例弱化关联关系；供水基础设施能力提升的根本不在于污水处理设施的增加，而在于降低水源污染程度，在有效提高供水能力的同时，切实保护水环境。同时，合理的人口政策、正确的环保意识、先进的技术水平、严格的行业标准和适宜的产业政策等也是实现基础设施与自然生态良性互动的重要策略。

# 第11章  总结与展望

## 11.1  主 要 结 论

电力、供水、交通等关键基础设施系统为社会生产和居民生活提供必要服务，提升这些系统的韧性已成为保障经济社会稳定和科学控制各类灾害的基础。结合时代背景，本书综合运用系统建模、仿真分析和运筹优化等理论方法与技术，剖析了基础设施系统间的关联关系，研究了系统韧性评估方法与提升策略，丰富和发展了公共安全与危机管理、城市管理、系统科学等学科领域的理论方法，为关键基础设施系统的评价决策、规划设计、建设运行的管理和控制决策提供了科学支持，为关键基础设施系统防灾减灾和应急管理提供了实践指导。

（1）针对单一基础设施系统韧性，本书以轨道交通系统为例，结合系统特征构建了韧性评估方法并展开应用。通过上海轨道交通系统的实例仿真发现，本书构建的均值回归模型能够有效描述乘客流量在不同韧性和波动幅度下的变化过程，并据此提出了计算系统韧性取值的有效方法，既保证系统能够有效应对乘客流量的波动，又能避免系统效能冗余。相关研究成果有助于把握轨道交通系统在干扰条件下效能变化的驱动行为和适应过程，可为轨道交通系统韧性设计提供参考和决策依据。

（2）关键基础设施系统受损组分的灾后修复是提升系统韧性的重要措施。本书从两个角度阐述了对该问题的研究。一方面，本书结合基础设施系统间的关联特征和相互影响过程，综合考虑基础设施系统的效能损失和修复成本，构建了规划模型并求解了关联基础设施系统组分的最佳联合修复策略。案例分析发现，最佳联合修复策略与受损组分数量、组分故障发生时间等因素相关。另一方面，本书综合考虑基础设施系统间的关联关系，以及吸收能力、适应能力、恢复能力等系统韧性相关能力，建立了关联基础设施系统韧性整体度量方法，以及系统主动抗灾能力和被动反应能力的度量指标。考虑到实际灾后修复决策的时间紧迫性，本书提出了五种固定修复策略，比较分析了各类策略在不同灾害情景下对关联基础设施系统韧性的提升效果。上述两方面研究成果可为关键基础设施系统的灾后修复提供决策依据。

（3）大规模的自然灾害虽不频发，但发生时对经济社会的影响极大，不同类型的关键基础设施系统极易同时受损，政府决策者需合理分配有限的修复资源给受损的基础设施系统，以保证系统恢复和韧性提升。为提高关联基础设施系统的韧性和恢复效率，本书从两个方面研究了基础设施系统间的修复资源分配策略。一方面，本书以关联基础设施系统整体韧性最大化为目标，用DIIM描述基础设施系统间的关联关系，构建了规划模型并求解了灾后系统间修复资源的分配策略。案例分析发现，修复资源的最优分配策略会随资源预算的变化而变化；对于特定事件，存在一个最优资源预算。另一方面，为提高基础设施系统的灾后恢复效率，并减少灾害造成的损失，本书构建了一个两阶段修复资源分配模型，研究了分阶段的修复资源分配策略。案例分析发现，由该模型得到的修复资源分配策略可平衡恢复时间和基础设施系统的总损失；单位修复资源使用成本的价值对不同策略下的恢复时间和总损失有重大影响。上述两方面研究成果可为政府决策者的灾后修复资源分配提供决策依据。

（4）大多数国家和地区都面临着多种自然灾害的威胁，这些灾害可能连续发生，研究关键基础设施系统对连续灾害的韧性的评估方法及韧性提升策略具有很强的实用价值。本书从两个方面研究了该问题。一方面，本书依据单个灾害韧性度量方法，拓展提出了多灾韧性的概率评估指标，建立了多灾时空关系分析矩阵，解析了多灾对基础设施的不同作用，建立了关联基础设施系统多灾韧性的分析框架和评估方法。案例分析发现，多灾的时间和空间关系对关联基础设施系统韧性具有显著影响。另一方面，本书以GTA电力、天然气和石油传输网络等能源系统为例，综合考虑基础设施的关联性、多重灾害关系、动态韧性指标和修复策略模型，提出了一种评估连续灾害下关联基础设施系统韧性的方法。结果表明，连续灾害对基础设施系统韧性的影响远大于单一灾害对系统的影响的累积；基础设施系统的物理韧性和功能韧性具有很大的差异性。上述研究成果不仅可以研究多灾下基础设施系统的韧性，还可以分析关联基础设施系统的多灾风险。

（5）为了应对各种不可避免的区域性自然灾害，政府必须通过合理使用多类措施来提升关键基础设施系统对这些灾害的韧性。本书以最大化关联基础设施系统韧性的期望值为目标，联合应用灾前和灾后RIM，构建了优化模型并求解了RIM的最优组合策略。案例分析结果发现，与仅使用单一RIM相比，组合RIM可以有效提升关联基础设施系统的韧性，同时可以将系统的多项属性指标保持在可接受的水平内；RIM的最优组合随着对系统主动和被动反应能力的要求的变化而变化；自然灾害级别和灾后修复活动的响应时间对RIM的最优组合有较大影响。上述研究成果可帮助决策者选择有效的组合RIM，进而提升关联基础设施系统对区域性自然灾害的韧性。

# 11.2　研究展望

关键基础设施系统韧性评估与提升策略问题是应急管理、系统科学、城市管理等学科的研究热点，本书包含这一领域的部分研究成果，是相关研究的一个起点，尚需进一步拓展和深化。结合现实需求，关键基础设施系统韧性领域已涌现出一些新的热点问题，下面作者将结合自身理解，进行归纳总结。

## 11.2.1　关键基础设施信息物理系统对网络攻击韧性提升策略

随着关键基础设施运行自动化水平的提高和信息技术的广泛应用，由智能监测、通信、计算和控制等设备构成的信息系统对基础设施运行的支撑作用不断提升，基础设施与其信息系统融合紧密，共同组成关键基础设施信息物理系统（cyber physical system，CPS），如智能电网、智能交通、智能燃气网络等。相较于传统的基础设施系统，关键基础设施CPS信息侧元素（监测设备，数据采集系统、控制系统等）可对物理侧元素（发电厂、地铁站、燃气传输管道等）实时监测和动态控制，能有效识别多类风险，提高系统运行效率。

关键基础设施CPS在提升基础设施系统监测和管控效率的同时，也带来了一些新风险。为达到破坏基础设施运行、窃取数据、外部操控等目的，国内外利用基础设施信息通信网络存在的漏洞和安全缺陷，针对关键基础设施CPS的网络攻击事件频发，该类问题已引起多国政府的关注。典型案例如2015年12月的乌克兰大停电事件、2021年5月的美国燃气管道控制系统勒索事件。这些案例中，关键基础设施CPS的信息侧要素受到网络攻击，引发连锁反应致使基础设施服务长时间中断。由此可见，防范网络攻击对关键基础设施CPS的影响已成为保障其安全运行的关键。

随着我国城市数字化转型的加快，关键基础设施CPS的建设将加速，我国可能面临基础设施信息网络与公共网络融合程度加深、监测传感设备增多、信息网络数据交互途径和接入点增多、传输数据多元化等新的网络攻击风险来源，关键基础设施CPS需防范的网络攻击的类型和数量将增加。

提升关键基础设施CPS对网络攻击的韧性已成为亟待解决的现实问题，是关键基础设施系统韧性领域未来研究的重要方向。需展开研究的内容包括：①关键基础设施CPS面临的网络攻击风险；②关键基础设施CPS网络攻击情景；③关键基础设施CPS对网络攻击韧性的提升策略等。

### 11.2.2 面向不确定致灾情景的关键基础设施系统韧性提升策略

台风、地震、极端天气等典型自然灾害的级别或影响区域灾前多难以准确预测，具有很强的不确定性。仅能结合监测数据、灾害特征和历史受灾数据，应用概率危险性分析或统计分析等方法对可能的致灾情景进行预判，但多难以制定有效的关键基础设施系统韧性提升策略。例如，2019年8月，超强台风利奇马在登陆前六天已被发现，登陆前三天升格为超强台风，但仍无法准确预测其登陆地点、行进路线和强度，从而只能广泛地采用常态防灾措施，我国多个沿海城市的电力、交通基础设施严重受损，造成的直接经济损失上百亿元。另外，部分较严重的自然灾害发生后可能引发次生灾害，如台风强降雨引发洪水和山体滑坡，地震后出现余震和泥石流等。这些次生灾害的致灾情景具有连续性、多样性和不确定性等特征，也可能对基础设施系统造成破坏。

现有的关联基础设施系统韧性优化研究，多未考虑自然灾害致灾情景的不确定性。灾前策略或针对确定性致灾情景制定防灾策略；或者忽略致灾情景，结合系统要素的重要性提出要素保护策略，均难以保证灾前策略对所有可能的致灾情景的有效性。灾后策略多围绕基础设施系统灾后具体的受灾状态展开，研究受损要素灾后的修复时序或资源调配策略时，未考虑致灾情景的灾前资源布局对灾后的修复效率的影响。另外，考虑次生灾害的连续不确定性特征，研究与之相适应的基础设施系统灾后修复策略的成果鲜见。

为有效提升关联基础设施系统对各类自然灾害的韧性，面向不确定致灾情景的关联基础设施系统韧性提升策略必将是未来研究的重要方向。需展开研究的内容包括：①不确定致灾情景的表征方法；②不确定致灾情景下关联基础设施系统韧性的灾前优化策略；③不确定致灾情景下关联基础设施系统的修复资源布局和调配策略；④连续不确定致灾情景下关联基础设施系统的多阶段修复策略。

### 11.2.3 基于公众需求的关键基础设施系统韧性评估与提升策略研究

关键基础设施提供经济社会运转所必需的产品和服务，旨在满足公众需求。由于灾害情景下公众对各类基础设施系统服务能力的需求的变化不易把握，现有系统韧性研究多从物理状态方面衡量基础设施系统的服务水平，如受损设施比例、最小连通距离等。然而，韧性基础设施的核心价值是其服务能力可满足公众需求，系统物理状态与公众需求满足程度具有非对称性。这使得现有基础设施系统的韧性评估与优化研究都具有一定的局限性。

大数据时代背景下，数据分析技术的快速发展为解决上述问题提供了有效的方法。目前，由微信、微博、论坛等社交媒体获取的数据已被逐步应用于应急管理决策。面向应急处置需求，搜集社交媒体数据，运用文本挖掘等数据分析方法，可从大量实时的文本流中快速提取、定位应急信息，帮助相关决策者掌握公众情绪变化和服务需求变化。对关键基础设施系统，借助社交媒体数据分析，可准确把握灾害情景下公众对基础设施系统服务能力的需求的变化，进而丰富基础设施系统韧性的研究维度，突破以往研究仅从物理状态角度评估关键基础设施系统韧性的局限。

结合大数据时代背景，通过社交媒体数据搜索和文本挖掘分析，把握公众对各类基础设施系统的服务能力的需求变化，研究关联基础设施系统韧性提升策略，将是未来研究的重要方向。需展开研究的内容包括：①构建基于文本数据挖掘的基础设施服务公众需求分析框架；②建立社交媒体数据获取方法，通过文本分析和词频统计剖析公众对基础设施系统服务的需求变化；③基于公众需求的关键基础设施系统韧性提升策略。

# 参 考 文 献

[1] Moteff J D. Critical infrastructures: background, policy and implementation[R]. Congressional Research Service, 2015.

[2] Critical foundations: protecting America's infrastructures[R]. United States Government Printing Office, 1998.

[3] White paper: the Clinton administration's policy on critical infrastructure protection: presidential decision direction 63[R]. United States Government Printing Office, 1998.

[4] Wallace W A, Mendonça D, Lee E, et al. Managing disruptions to critical infrastructure interdependencies in the context of the 2001 World Trade Center attack[J]. Natural Hazards Research and Applications Information Center, Boulder, 2002, 11（3）: 165-198.

[5] Dacey R F. Critical infrastructure protection: establishing effective information sharing with infrastructure sectors[J]. Government Accountability Office Reports, 2004,（1）: 1-5.

[6] Middleton D, Head S. The national strategy for homeland security[R]. United States Government Printing Office, 2002.

[7] Bush G W. The national strategy for the physical protection of critical infrastructures and key assets[R]. United States Government Printing Office, 2003.

[8] 许国志. 系统科学[M]. 上海：上海科技教育出版社，2000.

[9] Rinaldi S M, Peerenboom J P, Kelly T K. Identifying, understanding, and analyzing critical infrastructure interdependencies[J]. IEEE Control Systems Magazine, 2001, 21（6）: 11-25.

[10] Rinaldi S M. Modeling and simulating critical infrastructures and their interdependencies[R]. The 37th Annual Hawaii International Conference on System Sciences, 2004.

[11] Zimmerman R. Decision-making and the vulnerability of interdependent critical infrastructure[R]. IEEE International Conference on Systems, Man and Cybernetics, 2004.

[12] Zimmerman R. Social implications of infrastructure network interactions[J]. Journal of Urban Technology, 2001, 8（3）: 97-119.

[13] Zhang P C, Peeta S. A generalized modeling framework to analyze interdependencies among infrastructure systems[J]. Transportation Research Part B, 2011, 45（3）: 553-579.

[14] Sharkey T C, Cavdaroglu B, Nguyen H. Interdependent network restoration: on the value of information-sharing[J]. European Journal of Operational Research, 2015, 244 ( 1 ): 309-321.

[15] Ouyang M. Review on modeling and simulation of interdependent critical infrastructure systems[J]. Reliability Engineering & System Safety, 2014, 121: 43-60.

[16] Karakoc D B, Almoghathawi Y, Barker K, et al. Community resilience-driven restoration model for interdependent infrastructure networks[J]. International Journal of Disaster Risk Reduction, 2019, 38: 101228.

[17] Zou Q L, Chen S R. Enhancing resilience of interdependent traffic-electric power system[J]. Reliability Engineering & System Safety, 2019, 191: 106557.

[18] Amin M. Toward secure and resilient interdependent infrastructures[J]. Journal of Infrastructure Systems, 2002, 8 ( 3 ): 67-75.

[19] Svendsen N K, Wolthusen S D. Analysis and statistical properties of critical infrastructure interdependency multiflow models[R]. IEEE SMC Information Assurance and Security Workshop, 2007.

[20] Balducelli C, Bologna S, Lavalle L, et al. Safeguarding information intensive critical infrastructures against novel types of emerging failures[J]. Reliability Engineering & System Safety, 2007, 92: 1218-1229.

[21] Eusgeld I, Henzi D, Kroger W. Comparative evaluation of modeling and simulation techniques for interdependent critical infrastructures[R]. International Conference on Probabilistic Safety Assessment and Management, 2008.

[22] Arif A, Wang Z Y, Wang J H, et al. Power distribution system outage management with co-optimization of repairs, reconfiguration, and DG dispatch[J]. IEEE Transactions on Smart Grid, 2018, 9 ( 5 ): 4109-4118.

[23] Erdener B C, Pambour K A, Lavin R B, et al. An integrated simulation model for analysing electricity and gas systems[J]. Electrical Power and Energy System, 2014, 61: 410-420.

[24] Chen C, Wang J H, Qiu F, et al. Resilient distribution system by microgrids formation after natural disasters[J]. IEEE Transactions on Smart Grid, 2016, 7 ( 2 ): 958-966.

[25] Yuan W, Wang J H, Qiu F, et al. Robust optimization-based resilient distribution network planning against natural disasters[J]. IEEE Transactions on Smart Grid, 2016, 7( 6 ): 2817-2826.

[26] Cadini F, Agliardi G L, Zio E. A modeling and simulation framework for the reliability/ availability assessment of a power transmission grid subject to cascading failures under extreme weather conditions[J]. Applied Energy, 2017, 185: 267-279.

[27] Panteli M, Mancarella P. Modeling and evaluating the resilience of critical electrical power infrastructure to extreme weather events[J]. IEEE Systems Journal, 2017, 11 ( 3 ): 1733-1742.

[28] Chen B, Chen C, Wang J H, et al. Sequential service restoration for unbalanced distribution

systems and microgrids[J]. IEEE Transactions on Power Systems, 2018, 33（2）: 1507-1520.

[29] Manshadi S D, Khodayar M E. Resilient operation of multiple energy carrier microgrids[J]. IEEE Transactions on Smart Grid, 2015, 6（5）: 2283-2292.

[30] Nezamoddini N, Mousavian S, Erol-Kantarci M. A risk optimization model for enhanced power grid resilience against physical attacks[J]. Electric Power Systems Research, 2017, 143: 329-338.

[31] Fang Y P, Sansavini G. Optimizing power system investments and resilience against attacks[J]. Reliability Engineering & System Safety, 2017, 159: 161-173.

[32] Chen G, Dong Z Y, Hill D J, et al. Attack structural vulnerability of power grids: a hybrid approach based on complex networks[J]. Physica A: Statistical Mechanics and its Applications, 2010, 389: 595-603.

[33] Page J, Basciotti D, Pol O, et al. Multi-energy modeling, simulation and optimization environment for urban energy infrastructure planning[R]. The 13th Conference of International Building Performance Simulation Association, 2013.

[34] Chen G, Dong Z Y, Hill D J, et al. An improved model for structural vulnerability analysis of power networks[J]. Physica A: Statistical Mechanics and its Applications, 2009, 388: 4259-4266.

[35] Holmgren Å J. Using graph models to analyze the vulnerability of electric power networks[J]. Risk Analysis, 2006, 26（4）: 955-969.

[36] Lin Y L, Bie Z H. Tri-level optimal hardening plan for a resilient distribution system considering reconfiguration and DG islanding[J]. Applied Energy, 2018, 210: 1266-1279.

[37] Bollinger L A. Evolving Climate-Resilient Energy Infrastructures[M]. Delft: TU Delft, 2011.

[38] Pederson P, Dudenhoeffer D, Hartley S, et al. Critical infrastructure interdependency modeling: a survey of US and international research[R]. Idaho National Lab, 2006.

[39] Dudenhoeffer D D, Permann M R, Manic M. CIMS: a framework for infrastructure interdependency modeling and analysis[R]. The 38th Conference on Winter Simulation, 2006.

[40] Li G F, Bie Z H, Kou Y, et al. Reliability Evaluation of Integrated Energy Systems Based On Smart Agent Communication[J]. Applied Energy, 2016, 167: 397-406.

[41] Keirstead J, Samsatli N, Shah N. SynCity: An Integrated Tool Kit for Urban Energy Systems Modeling. Energy Efficient Cities: Assessment Tools and Benchmarking Practices[M]. Washington: The World Bank, Place Press, 2010.

[42] Farzin H, Fotuhi-Firuzabad M, Moeini-Aghtaie M. Role of outage management strategy in reliability performance of multi-microgrid distribution systems[J]. IEEE Transactions on Power Systems, 2018, 33（3）: 2359-2369.

[43] Gillette J, Fisher R, Peerenboom J, et al. Analyzing water/wastewater infrastructure interdependencies. Argonne[R]. Office of Scientific & Technical Information Technical Reports, 2002.

[44] ANL. Restore: modeling interdependent repair/restoration processes[EB/OL]. https://www.docin.

com/p-734571108.html.

[45] Toole G L, McCown A W. Interdependent energy infrastructure simulation system[C]//Voeller J G. Wiley Handbook of Science and Technology for Homeland Security[M]. Hoboken: John Wiley & Sons, 2010: 2372-2378.

[46] Shih C Y, Scown C D, Soibelman L, et al. Data management for geospatial vulnerability assessment of interdependencies in US power generation[J]. Journal of Infrastructure Systems, 2009, 15 ( 3 ): 179-189.

[47] Santos J R. Inoperability input-output modeling of disruptions to interdependent economic systems[J]. Systems Engineering, 2006, 9 ( 1 ): 20-34.

[48] Ding T, Lin Y L, Li G F, et al. A new model for resilient distribution systems by microgrids formation[J]. IEEE Transactions on Power Systems, 2017, 32 ( 5 ): 4145-4147.

[49] Buldyrev S V, Parshani R, Paul G, et al. Catastrophic cascade of failures in interdependent networks[J]. Nature, 2010, 464 ( 7291 ): 1025-1028.

[50] Bompard E, Napoli R, Xue F. Analysis of structural vulnerabilities in power transmission grids[J]. International Journal of Critical Infrastructure Protection, 2009, 2: 5-12.

[51] Hines P, Cotilla-Sanchez E, Blumsack S. Do topological models provide good information about electricity infrastructure vulnerability[J]. Chao, 2010, 20 ( 3 ): 47.

[52] d'Inverno M, Luck M. Understanding Agent Systems[M]. Berlin: Springer Science & Business Media, 2004.

[53] Wooldridge M, Jennings N R. Intelligent agents: theory and practice[J]. The Knowledge Engineering Review, 1995, 10 ( 2 ): 115-152.

[54] Bonabeau E. Agent-based modeling: methods and techniques for simulating human systems[J]. Proceedings of the National Academy of Sciences of the United States of America, 2002, 99 ( 3 ): 7280-7287.

[55] Reynolds C W. Flocks, herds and schools: a distributed behavioral model[J]. ACM SIGGRAPH Computer Graphics, 1987, 21 ( 4 ): 25-34.

[56] Wildberger A. Modeling the infrastructure industries as complex adaptive systems[R]. Advanced simulation technologies conference, 1998.

[57] Casalicchio E, Galli E, Tucci S. Agent-based modelling of interdependent critical infrastructures[J]. International Journal of System of Systems Engineering, 2010, 2 ( 1 ): 60-75.

[58] Zhou Z, Zhao F, Wang J H. Agent-based electricity market simulation with demand response from commercial buildings[J]. IEEE Transactions on Smart Grid, 2011, 2 ( 4 ): 580-588.

[59] Solanki J M, Khushalani S, Schulz N N. A multi-agent solution to distribution systems restoration[J]. IEEE Transactions on Power Systems, 2007, 22 ( 3 ): 1026-1034.

[60] Solanki J M, Solanki S K, Schulz N. Multi-agent-based reconfiguration for restoration of

distribution systems with distributed generators[J]. Integrated Computer-Aided Engineering, 2010, 17（4）: 331-346.

[61] Macal C, Boyd G, Cirillo R. Modeling the restructured illinois electricity market as a complex adaptive system[R]. The 24th Annual North American Conference of the USA Energy, 2004.

[62] Peerenboom J P, Fisher R E, Whitfield R. Recovering from Disruptions of Interdependent Critical Infrastructures[M]. Alexandria: IEEE Computer Society Press, 2001.

[63] Fishman G. Monte Carlo: Concepts, Algorithms, and Applications[M]. Berlin: Springer Science & Business Media, 1996.

[64] Kroese D P, Brereton T, Taimre T, et al. Why the Monte Carlo method is so important today[J]. Wiley interdisciplinary reviews. Computational statistics, 2014, 6（6）: 386-392.

[65] Li G F, Zhang P, Luh P B, et al. Risk analysis for distribution systems in the northeast U.S. under wind storms[J]. IEEE Transactions on Power Systems, 2014, 29（2）: 889-898.

[66] Leontief W W. Input-output economics[J]. Operational Research Quarterly, 1952, 3（2）: 30-31.

[67] Haimes Y Y, Jing P. Leontief-based model of risk in complex interconnected infrastructures[J]. Journal of Infrastructure Systems, 2001, 7（1）: 1-12.

[68] Landefeld J S, Director, Marcuss R D, et al. United States Department of Commerce. Benchmark input-output accounts of the United States[R]. Bureau of Economic Analysis, 1992.

[69] Haimes Y Y, Horowitz B R, Lambert J H, et al. Inoperability input-output model for interdependent infrastructure sectors. I: theory and methodology[J]. Journal of Infrastructure Systems, 2009, 11（2）: 67-79.

[70] O'Reilly G, Uzunalioglu H, Conrad S, et al. Inter-infrastructure simulations across telecom, power, and emergency services[R]. The 5th Internet Workshop on Design of Reliable Networks, 2005.

[71] Conrad S H, LeClaire R J, O'Reilly G P, et al. Critical national infrastructure reliability modeling and analysis[J]. Bell Labs Technical Journal, 2006, 11（3）: 57-71.

[72] Alamos L. National laboratory presentation on the interdependent energy infrastructure simulation system（IEISS）[R]. NISAC Capabilities Demonstrations, 2009.

[73] Houck D J, Kim E, O'Reilly G P, et al. A network survivability model for critical national infrastructures[J]. Bell Labs Technical Journal, 2004, 8（4）: 153-172.

[74] Holling C S. Resilience and stability of ecological systems[J]. Annual Review of Ecology and Systematics, 1973, 4: 1-23.

[75] Cutter S L, Ash K D, Emrich C T. The geographies of community disaster resilience[J]. Global Environmental Change, 2014, 29: 65-77.

[76] Bocchini P, Frangopol D M. Optimal resilience- and cost-based postdisaster intervention prioritization for bridges along a highway segment[J]. Journal of Bridge Engineering, 2012, 17

（1）：117-129.

[77] Bocchini P，Frangopol D M，Ummenhofer T，et al. Resilience and sustainability of civil infrastructure：towards a unified approach[J]. Journal of Infrastructure Systems，2014，20（2）：04014004.

[78] Frangopol D M，Bocchini P. Resilience as optimization criterion for the rehabilitation of bridges belonging to a transportation network subject to earthquake[R]. Structures Congress，2011.

[79] Dessavre D G，Ramirez-Marquez J E，Barker K. Multidimensional approach to complex system resilience analysis[J]. Reliability Engineering & System Safety，2016，149：34-43.

[80] Bie ZH，Lin Y L，Li G F，et al. Battling the extreme：a study on the power system resilience[J]. Proceedings of the IEEE，2017，105（7）：1253-1266.

[81] Watson J P，Guttromson R，Silva-Monroy C，et al. Conceptual framework for developing resilience metrics for the electricity，oil，and gas sectors in the United States[R]. Sandia National Lab，2014.

[82] Zhang W J，van Luttervelt C. Toward a resilient manufacturing system[J]. CIRP Annals-Manufacturing Technology，2011，60（1）：469-472.

[83] Pregenzer A. Systems resilience：a new analytical framework for nuclear nonproliferation[R]. Sandia National Laboratories，2011.

[84] Haimes Y Y. On the definition of resilience in systems[J]. Risk Analysis，2009，29（4）498-501.

[85] Regional disaster resilience：a guide for developing on action plan，American Society of Civil Engineers，Reston[R]. The Infrastructure Security Partnership，2006.

[86] Vugrin E D，Warren D E，Ehlen M A，et al. A Framework for Assessing the Resilience of Infrastructure and Economic Systems[M]. Berlin：Springer-Verlag Press，2010.

[87] Youn B D，Hu C，Wang P F. Resilience-driven system design of complex engineered systems[J]. Journal of Mechanical Design，2011，133（10）：101011.

[88] Wears R L. Resilience engineering：concepts and precepts[J]. Quality and Safety in Health Care，2006，15（6）：447-448.

[89] Hollnagel，E. Prologue：The scope of resilience engineering[M]. Hampshire：Ashgate Publishing Company，2010.

[90] Org W A. American society of mechanical engineers（ASME）innovative technological institute（ITI）[R]. United District Court for the District of Columbia，2009.

[91] Dinh L T T，Pasman H，Gao X D，et al. Resilience engineering of industrial processes：principles and contributing factors[J]. Journal of Loss Prevention in the Process Industries，2012，25：233-241.

[92] Berkeley A R. Critical infrastructure resilience：final report and recommendations[R]. National Infrastructure Advisory Council，2009.

[93] Percoco M. Infrastructure and economic efficiency in Italian regions[J]. Networks and Spatial Economics，2004，（4）：361-378.

[94] Shafieezadeh A，Burden L I. Scenario-based resilience assessment framework for critical infrastructure systems：case study for seismic resilience of seaports[J]. Reliability Engineering & System Safety，2014，132：207-219.

[95] MacKenzie C A，Barker K. Empirical data and regression analysis for estimation of infrastructure resilience with application to electric power outages[J]. Journal of Infrastructure Systems，2013，19（1）：25-35.

[96] MacKenzie C A，Zobel C W. Allocating resources to enhance resilience，with application to superstorm sandy and an electric utility[J]. Risk Analysis，2016，36（4）：847-862.

[97] Liu W，Song Z Y. Review of studies on the resilience of urban critical infrastructure networks[J]. Reliability Engineering & System Safety，2020，193：106617.1-106617.16.

[98] Scholz R W，Blumer Y B，Brand F S. Risk，vulnerability，robustness，and resilience from a decision theoretic perspective[J]. Journal of Risk Research，2012，15：313-330.

[99] 赵瑞东，方创琳，刘海猛. 城市韧性研究进展与展望[J]. 地理科学进展，2020，39（10）：1717-1731.

[100] Alliance L. Resilience Assessing Resilience in Social-Ecological Systems：A Practitioners Workbook[M]. London：Elesvier Press，2007.

[101] Speranza C I，Wiesmann U，Rist S. An indicator framework for assessing livelihood resilience in the context of social-ecological dynamics[J]. Global Environmental Change：Human and Policy Dimensions，2014，28：109-119.

[102] Kahan J H，Allen A C，George J K. An operational framework for resilience[J]. Journal of Homeland Security and Emergency Management，2009，6（1）：1-48.

[103] Labaka L，Hernantes J，Sarriegi J M. Resilience framework for critical infrastructures：an empirical study in a nuclear plant[J]. Reliability Engineering & System Safety，2015，141：92-105.

[104] Sterbenz J P G，Cetinkaya E K，Hameed M A，et al. Modelling and analysis of network resilience[R]. The 3rd International Conference on Communication Systems and Networks，2011.

[105] Vlacheas P，Stavroulaki V，Demestichas P，et al. Towards end-to-end network resilience[J]. International Journal on Critical Infrastructure Protection，2013，6：159-178.

[106] Bruyelle J L，O'Neill C，El-Koursi E M，et al. Improving the resilience of metro vehicle and passengers for an effective emergency response to terrorist attacks[J]. Safety Science，2014，62：37-45.

[107] Patterson E S，Woods D D，Roth E M，et al. Three key levers for achieving resilience in

medication delivery with information technology[J]. Journal of Patient Safety, 2006, 2（1）: 33-38.

[108] Vugrin E D, Warren D E, Ehlen M A. A resilience assessment framework for infrastructure and economic systems: quantitative and qualitative resilience analysis of petrochemical supply chains to a hurricane[J]. Process Safety Progress, 2011,（3）: 280-290.

[109] Shirali G H A, Motamedzade M, Mohammadfam I, et al. Challenges in building resilience engineering（RE）and adaptive capacity: a field study in a chemical plant[J]. Process Safety and Environmental Protection, 2012, 90: 83-90.

[110] Ainuddin S, Routray J K. Community resilience framework for an earthquake prone area in Baluchistan[J]. International Journal of Disaster Risk Reduction, 2012, 2: 25-36.

[111] Cutter S L, Barnes L, Berry M, et al. A place-based model for understanding community resilience to natural disasters[J]. Global Environmental Change, 2008, 18（4）: 598-606.

[112] Pettit T J, Fiksel J, Croxton K L. Ensuring supply chain resilience: development of a conceptual framework[J]. Journal of Business Logistics, 2010, 31（1）: 1-21.

[113] Shirali G A, Mohammadfam I, Ebrahimipour V. A new method for quantitative assessment of resilience engineering by PCA and NT approach: a case study in a process industry[J]. Reliability Engineering & System Safety, 2013, 119: 88-94.

[114] Bruneau M, Chang S E, Eguchi R T, et al. A framework to quantitatively assess and enhance the seismic resilience of communities[J]. Earthquake Spectra, 2003,（4）: 733-752.

[115] Adams T M, Bekkem K R, Toledo-Duran E J. Freight resilience measures[J]. Journal of Transportation Engineering, 2012, 138（11）: 1403-1409.

[116] Sahebjamnia N, Torabi S A, Mansouri S A. Integrated business continuity and disaster recovery planning: towards organizational resilience[J]. European Journal of Operational Research, 2015, 242: 261-273.

[117] Zobel C W. Representing perceived tradeoffs in defining disaster resilience[J]. Decision Support Systems, 2011, 50（2）, 394-403.

[118] Zobel C W, Khansa L. Characterizing multi-event disaster resilience[J]. Computers & Operations Research, 2014, 42: 83-94.

[119] Henry D, Ramirez-Marquez J E. Generic metrics and quantitative approaches for system resilience as a function of time[J]. Reliability Engineering & System Safety, 2012, 99: 114-122.

[120] Barker K, Ramirez-Marquez J E, Rocco C M. Resilience-based network component importance measures[J]. Reliability Engineering & System Safety, 2013, 117: 89-97.

[121] Baroud H, Ramirez-Marquez J E, Barker K, et al. Stochastic measures of network resilience: applications to waterway commodity flows [J]. Risk Analysis, 2014, 34（7）: 1317-1335.

[122] Wang J W, Gao F, Ip W H. Measurement of resilience and its application to enterprise

information systems[J]. Enterprise Information Systems, 2010, 4（2）: 215-223.

[123] Omer M, Mostashari A, Lindemann U. Resilience analysis of soft infrastructure systems[J]. Procedia Computer Science, 2014, 28: 565-574.

[124] Chen L C, Miller-Hooks E. Resilience: an indicator of recovery capability in intermodal freight transport[J]. Transportation Science, 2012, 46（1）: 109-123.

[125] Janić M. Modelling the resilience, friability and costs of an air transport network affected by a large-scale disruptive event[J]. Transportation Research Part A, 2015, 71: 1-16.

[126] Owin K H, Wardle D A. New indices for quantifying the resistance and resilience of soil biota to exogenous disturbances[J]. Soil Biology and Biochemistry, 2004, 36: 1907-1912.

[127] Enjalbert S, Vanderhaegen F, Pichon M, et al. Assessment of Transportation System Resilience, Human Modeling in Assisted Transportation[M]. Berlin: SpringerVerlag Italia Srl, 2011.

[128] Ouedraogo K A, Enjalbert S, Vanderhaegen F. How to learn from the resilience of human-machine systems?[J]. Engineering Applications of Artificial Intelligence, 2013, 26（1）: 24-34.

[129] Francis R, Bekera B. A metric and frameworks for resilience analysis of engineered and infrastructure systems[J]. Reliability Engineering & System Safety, 2014, 121: 90-103.

[130] Cimellaro G P, Reinhorn A M, Bruneau M. Seismic resilience of a hospital system[J]. Structure and Infrastructure Engineering, 2010, 6: 127-144.

[131] Chang S E, Shinozuka M. Measuring improvements in the disaster resilience of communities[J]. Earthquake Spectra, 2004, 20（3）: 739-755.

[132] Ouyang M, Duenas-Osorio L, Min X. A three-stage resilience analysis framework for urban infrastructure systems[J]. Structural Safety, 2012, 36-37: 23-31.

[133] Ayyub B M. Systems resilience for multihazard environments: definition, metrics, and valuation for decision making[J]. Risk Analysis, 2014, 34（2）: 340-355.

[134] Hashimoto T, Stedinger J R, Loucks D P. Reliability, resiliency, and vulnerability criteria for water resource system performance evaluation[J]. Water Resources Research, 1982, 18（1）: 14-20.

[135] Franchin P, Cavalieri F. Probabilistic assessment of civil infrastructure resilience to earthquakes[J]. Computer-Aided Civil and Infrastructure Engineering, 2015, 30（7）: 583-600.

[136] Pant R, Barker K, Ramirez-Marquez J E, et al. Stochastic measures of resilience and their application to container terminals[J]. Computer & Industrial Engineering, 2014, 70: 183-194.

[137] Attoh-Okine N O, Cooper A T, Mensah S A. Formulation of resilience index of urban infrastructure using belief functions[J]. IEEE Systems Journal, 2009, 3（2）: 147-153.

[138] Faturechi R, Levenberg E, Miller-Hooks E. Evaluating and optimizing resilience of airport pavement networks[J]. Computers & Operations Research, 2014, 43: 335-348.

[139] Faturechi R, Miller-Hooks E. Travel time resilience of roadway networks under disaster[J].

Transportation Research Part B, 2014, 70: 47-64.

[140] Azadeh A, Salehi V, Ashjari B, et al. Performance evaluation of integrated resilience engineering factors by data envelopment analysis: the case of a petrochemical plant[J]. Process Safety and Environmental Protection, 2014, 92: 231-241.

[141] Jin J G, Tang L C, Sun L J, et al. Enhancing metro network resilience via localized integration with bus services[J]. Transportation Research Part E, 2014, 63: 17-30.

[142] Baroud H, Barker K, Ramirez-Marquez J E, et al. Importance measures for inland waterway network resilience[J]. Transportation Research Part E, 2014, 62: 55-67.

[143] Cardoso S R, Barbosa-Póvoas A P F D, Relvas S, et al. Resilience assessment of supply chains under different types of disruption[J]. Computer Aided Chemical Engineering, 2014, 34: 759-764.

[144] Khaled A A, Jin M Z, Clarke D B, et al. Train design and routing optimization for evaluating criticality of freight railroad infrastructures[J]. Transportation Research Part B, 2015, 71: 71-84.

[145] Vugrin E D, Turnquist M A, Brown N J K. Optimal recovery sequencing for enhanced resilience and service restoration in transportation networks[J]. International Journal of Critical Infrastructures, 2014, 10: 218-246.

[146] Ash J, Newth D. Optimizing complex networks for resilience against cascading failure[J]. Physica A, 2007, 380: 673-683.

[147] Hernandez-Fajardo I, Dueñas-Osorio L. Probabilistic study of cascading failures in complex interdependent lifeline systems[J]. Reliability Engineering & System Safety, 2013, 111: 260-272.

[148] Ouyang M, Dueñas-Osorio L. Multi-dimensional hurricane resilience assessment of electric power systems[J]. Structural Safety, 2014, 48: 15-24.

[149] Alderson D L, Brown G G, Carlyle W M. Assessing and improving operational resilience of critical infrastructures and other systems[J]. Tutorials in Operations Research, 2014, 12: 180-215.

[150] Albores P, Shaw D. Government preparedness: using simulation to prepare for a terrorist attack[J]. Computers & Operations Research, 2008, (6): 1924-1943.

[151] Carvalho H, Barroso A P, Machado V H, et al. Supply chain redesign for resilience using simulation[J]. Computers & Industrial Engineering, 2012, (1): 329-341.

[152] Spiegler V L M, Naim M M, Wikner J. A control engineering approach to the assessment of supply chain resilience[J]. International Journal of Production Research, 2012, (21): 6162-6187.

[153] Jain S K, Bhunya P K. Reliability, resilience and vulnerability of a multipurpose storage reservoir[J]. Hydrological Sciences Journal, 2010, 53 (2): 434-447.

[154] Adjetey-Bahun K，Birregah B，Châtelet E，et al. A simulation-based approach to quantifying resilience indicators in a mass transportation system[R]. The 11st International ISCRAM Conference，2014.

[155] Sterbenz J P G，Hutchison D，Çetinkaya E K，et al. Resilience and survivability in communication networks：strategies，principles，and survey of disciplines[J]. Computer Networks，2010，54：1245-1265.

[156] Aleksic A，Stefanovic M，Arsovski S，et al. An assessment of organizational resilience potential in SMEs of the process industry，a fuzzy approach[J]. Journal of Loss Prevention in the Process Industries，2013，26（6）：1238-1245.

[157] Azadeh A，Salehi V，Arvan M，et al. Assessment of resilience engineering factors in high-risk environments by fuzzy cognitive maps：a petrochemical plant[J]. Safety Science，2014，68：99-107.

[158] Muller G. Fuzzy architecture assessment for critical infrastructure resilience[J]. Procedia Computer Science，2012，12：367-372.

[159] Tadic D，Aleksic A，Stefanovic M，et al. Evaluation and ranking of organizational resilience factors by using a two-step fuzzy AHP and fuzzy TOPSIS[J]. Mathematical Problems in Engineering，2014，（4）：1-13.

[160] Fang Y P，Zio E. An adaptive robust framework for the optimization of the resilience of interdependent infrastructures under natural hazards[J]. European Journal of Operational Research，2019，276：1119-1136.

[161] Ouyang M，Fang Y P. A mathematical framework to optimize critical infrastructure resilience against intentional attacks[J]. Computer-Aided Civil and Infrastructure Engineering，2017，32（11）：909-929.

[162] Alderson D L，Brown G G，Carlyle W M. Operational models of infrastructure resilience[J]. Risk Analysis，2015，35（4）：562-586.

[163] Yan Y Z，Hong L，He X Z，et al. Pre-disaster investment decisions for strengthening the Chinese railway system under earthquakes[J]. Transportation Research Part E，2017，105：39-59.

[164] Romero N，Nozick L K，Dobson I，et al. Seismic retrofit for electric power systems[J]. Earthquake Spectra，2015，31（2）：1157-1176.

[165] 孙磊，刘伟佳，林振智，等. 计及线路投运风险的电力系统恢复路径优化[J]. 电力系统自动化，2015，39（23）：75-82，95.

[166] 林振智，文福拴. 基于加权复杂网络模型的恢复路径优化方法[J]. 电力系统自动化，2009，33（6）：11-15，103.

[167] Nurre S G，Cavdaroglu B，Mitchell J E，et al. Restoring infrastructure systems：an integrated network design and scheduling（INDS）problem[J]. European Journal of Operational Research，

2012, 223: 794-806.

[168] Cavdaroglu B, Hammel E, Mitchell J, et al. Integrating restoration and scheduling decisions for disrupted interdependent infrastructure systems[J]. Annals of Operations Research, 2013, 203: 279-294.

[169] Zhang C, Liu X, Jiang Y P, et al. A two-stage resource allocation model for lifeline systems quick response with vulnerability analysis[J]. European Journal of Operational Research, 2016, 250, 855-864.

[170] Ouyang M, Wang Z H. Resilience assessment of interdependent infrastructure systems: with a focus on joint restoration modeling and analysis[J]. Reliability Engineering & System Safety, 2015, 141: 74-82.

[171] Fang Y P, Pedroni N, Zio E. Resilience-based component importance measures for critical infrastructure network systems[J]. IEEE Transactions on Reliability, 2016, 65 ( 2 ): 502-512.

[172] Rong L L, Yan K S, Zhang J W. Optimum post-disruption restoration plan of interdependent critical infrastructures[R]. IEEE International Conference on Software Quality, Reliability and Security Companion, 2018.

[173] Mackenzie C A, Baroud H, Barker K. Static and dynamic resource allocation models for recovery of interdependent systems: application to the Deepwater Horizon oil spill[J]. Annals of Operations Research, 2016, 236: 103-129.

[174] Zhang C, Kong J J, Simonovic S P. Restoration resource allocation model for enhancing resilience of interdependent infrastructure systems[J]. Safety Science, 2018, 102: 169-177.

[175] Kong J J, Zhang C, Simonovic S P. A two-stage restoration resource allocation model for enhancing the resilience of interdependent infrastructure systems[J]. Sustainability, 2019, 11 ( 19 ): 5143.

[176] Sharifi A. A critical review of selected tools for assessing community resilience[J]. Ecological Indicators, 2016, 69: 629-647.

[177] Hosseini S, Barker K, Ramirez-Marquez J E. A review of definitions and measures of system resilience[J]. Reliability Engineering & System Safety, 2016, 145: 47-61.

[178] Hasan S, Foliente G. Modeling infrastructure system interdependencies and socioeconomic impacts of failure in extreme events: emerging R&D challenges[J]. Natural Hazards, 2015, 78 ( 3 ): 2143-2168.

[179] Khosravi F, Glaß M, Teich J. Automatic reliability analysis in the presence of probabilistic common cause failures[J]. IEEE Transactions on Reliability, 2017, 66 ( 2 ): 319-338.

[180] Sanghavi M, Tadepalli S, Boyle T J, et al. Efficient algorithms for analyzing cascading failures in a Markovian dependability model[J]. IEEE Transactions on Reliability, 2017, 66 ( 2 ): 258-280.

[181] Silva L，Da J. City resilience framework-the rockerfeller foundation[R]. ARUP Group，2015.

[182] Dore M，Etkin D. The importance of measuring the social costs of natural disasters at a time of climate change[J]. Australian Journal of Emergency Management，2000，15（3）：46-51.

[183] Field C B，Barros V，Stocker T F. Managing the Risks of Extreme Events and Disasters to Advance Climate Change Adaptation：Special Report of the Intergovernmental Panel on Climate Change[M]. Cambridge：Cambridge University Press，2012.

[184] Afram A，Janabi-Sharifi F. Review of modeling methods for HVAC systems[J]. Applied Thermal Engineering，2014，67：507-519.

[185] Owen M S，Kennedy H E. ASHRAE Handbook：Fundamentals[M]. Atlanta：ASHRAE，2009.

[186] 高明霞. 基于双层规划的交通疏散中车辆出发与交通控制综合优化[J]. 中国管理科学，2014，22（12）：65-71.

[187] Deng Y L，Li Q M，Lu Y. A research on subway physical vulnerability based on network theory and FMECA[J]. Safety Science，2015，80：127-134.

[188] Kong J J，Zhang C. Critical subway stations identification for passenger flow control by applying network controllability[J]. Journal of the Chinese Institute of Engineers，2018，41：520-527.

[189] Holden R，Val D V，Burkhard R.，et al. A network flow model for interdependent infrastructures at the local scale[J]. Safety Science，2013，53：51-60.

[190] Fang Y P，Pedroni N，Zio E. Optimization of cascade-resilient electrical infrastructures and its validation by power flow modeling[J]. Risk Analysis，2015，35（4）：594-607.

[191] Inanloo B，Tansel B，Shams K，et al. A decision aid GIS-based risk assessment and vulnerability analysis approach for transportation and pipeline networks[J]. Safety Science，2016，84：57-66.

[192] Liu C R，Li D Q，Zio E，et al. A modeling framework for system restoration from cascading failures[J]. PlOS ONE，2014，9（12）：e112363.

[193] Arab A，Khodaei A，Khator S K，et al. Stochastic pre-hurricane restoration planning for electric power systems infrastructure[J]. IEEE Transactions on Smart Grid，2015，6：1046-1054.

[194] Luna R，Balakrishnan N，Dagli C H. Postearthquake recovery of a water distribution system：discrete event Simulation using colored petri nets[J]. Journal of Infrastructure Systems，2011，17（1）：25-34.

[195] Wang J P，Qiao C M，Yu H F. On progressive network recovery after a major disruption[R]. IEEE International Conference on Computer Communications，2011.

[196] González A D，Dueñas-Osorio L，Sánchez-Silva M，et al. The interdependent network design problem for optimal infrastructure system restoration[J]. Computer-Aided Civil and Infrastructure Engineering，2016，31（5）：334-350.

[197] Lee E E，Mitchell J E，Wallace W A. Restoration of services in interdependent infrastructure systems：a network flows approach[J]. IEEE Transactions on Systems，Man，and Cybernetics，

Part C，2007，37（6）：1303-1317.

[198] Cui P S，Zhu P D，Shao C C，et al. Cascading failures in interdependent networks due to insufficient received support capability[J]. Physica A，2017，469：777-788.

[199] Cuadra L，Salcedo-Sanz S，Ser J D，et al. A critical review of robustness in power grids using complex networks concepts[J]. Energies，2015，8（9）：9211-9265.

[200] Castet J F，Saleh J H. Interdependent multi-layer networks：modeling and survivability analysis with applications to space-based networks[J]. PlOS ONE，2013，8（4）：e60402.

[201] Carreras B A，Lynch V E，Dobson I，et al. Critical points and transitions in an electric power transmission model for cascading failure blackouts[J]. Chaos，2002，12（4）：985-994.

[202] Kinney R，Crucitti P，Albert R，et al. Modeling cascading failures in the North American power grid[J]. The European Physical Journal B，2005，46：101-107.

[203] Kuczera G，Diment G. General water supply system simulation model：WASP[J]. Journal of Water Resources Planning and Management，1988，114（4）：365-382.

[204] Diniz A M F，de Oliveira Fontes C H，Costa C A D，et al. Dynamic modeling and simulation of a water supply system with applications for improving energy efficiency[J]. Energy Efficiency，2015，8：417-432.

[205] Xu N X，Guikema S D，Davidson R，et al. Optimizing scheduling of post-earthquake electric power restoration tasks[J]. Earthquake Engineering & Structural Dynamics，2007，36（2）：265-284.

[206] Ouyang M，Hong L，Mao Z J，et al. A methodological approach to analyze vulnerability of interdependent infrastructures[J]. Simulation Modelling Practice and Theory，2009，17（5）：817-828.

[207] Newman M E J. The structure and function of complex networks[J]. SIAM Review，2003，45（2）：167-256.

[208] Albert R，Albert I，Nakarado G L. Structural vulnerability of the North American power grid[J]. Physical Review E，2004，69：025103.

[209] 陈晓刚，孙可，曹一家. 基于复杂网络理论的大电网结构脆弱性分析[J]. 电工技术学报，2007，22（10）：138-144.

[210] Haraguchi M，Kim S. Critical infrastructure interdependence in New York City during Hurricane Sandy[J]. International Journal of Disaster Resilience in the Built Environment，2016，7：133-143.

[211] Zhang C，Kong J J，Simonovic S P. Modeling joint restoration strategies for interdependent infrastructure systems[J]. PlOS ONE，2018，13：e0195727.

[212] Reed D A，Kapur K C，Christie R D. Methodology for assessing the resilience of networked infrastructure[J]. IEEE Systems Journal，2009，3：174-180.

[213] Ouyang M, Dueñas-Osorio L. An approach to design interface topologies across interdependent urban infrastructure systems[J]. Reliability Engineering & System Safety, 2011, 96: 1462-1473.

[214] Kong J J, Simonovic S P, Zhang C. Sequential hazards resilience of interdependent infrastructure system: a case study of Greater Toronto Area energy infrastructure system[J]. Risk Analysis, 2019, 39: 1141-1168.

[215] Cavallaro M, Asprone D, Latora V, et al. Assessment of urban ecosystem resilience through hybrid social-physical complex networks[J]. Computer-Aided Civil and Infrastructure Engineering, 2014, 29: 608-625.

[216] Shuang Q, Zhang M Y, Yuan Y B. Node vulnerability of water distribution networks under cascading failures[J]. Reliability Engineering & System Safety, 2014, 124: 132-141.

[217] Wei Y S, Li S Y. Water supply networks as cyber-physical systems and controllability analysis[J]. IEEE/CAA Journal of Automatica Sinica, 2015, (3): 313-319.

[218] Crucitti P, Latora V, Marchiori M. Locating critical lines in high-voltage electrical power grids[J]. Fluctuation and Noise Letters, 2005, 5: L201-L208.

[219] Schneider C M, Moreira A A, Andrade Jr J S, et al. Mitigation of malicious attacks on networks[J]. PNAS, 2011, 108: 3838-3841.

[220] Yodo N, Wang P F. Engineering resilience quantification and system design implications: a literature survey[J]. Journal of Mechanical Desion, 2016, 138: 111408.

[221] Ouyang M, Dueñas-Osorio L. Time-dependent resilience assessment and improvement of urban infrastructure systems[J]. Chaos, 2012, 22: 033122.

[222] Hosseini S, Barker K, Ramirez-Marquez J E. A review of definitions and measures of system resilience[J]. Reliability Engineering & System Safety, 2016, 145: 47-61.

[223] Leavitt W M, Kiefer J J. Infrastructure interdependency and the creation of a normal disaster: the case of hurricane Katrina and the City of New Orleans[J]. Public Works Management & Policy, 2006, 10 (4): 306-314.

[224] 侯慧, 尹项根, 陈庆前, 等. 南方部分500kV主网架2008年冰雪灾害中受损分析与思考[J]. 电力系统自动化, 2008, 32 (11): 12-15, 38.

[225] Heath E A, Mitchell J E, Sharkey T C. Applying ranking and selection procedures to long-term mitigation for improved network restoration[J]. European Journal on Computational Optimization, 2016, 4: 447-481.

[226] Baroud H, Barker K, Ramirez-Marquez J E, et al. Inherent costs and interdependent impacts of infrastructure network resilience[J]. Risk Analysis, 2015, 35 (4): 642-662.

[227] Wang S L, Hong L, Ouyang M, et al. Vulnerability analysis of interdependent infrastructure systems under edge attack strategies[J]. Safety Science, 2013, 51: 328-337.

[228] Lian C Y, Haimes Y Y. Managing the risk of terrorism to interdependent infrastructure systems through the dynamic inoperability input-output model[J]. Systems Engineering, 2006, 9 (3):

241-258.

[229] Bruneau M, Reinhorn A. Exploring the concept of seismic resilience for acute care facilities[J]. Earthquake Spectra, 2007, 23（1）: 41-62.

[230] Simonovic S P, Peck A. Dynamic resilience to climate change caused natural disasters in coastal megacities quantification framework[J]. British Journal of Environment and Climate Change, 2013, 3（3）: 378-401.

[231] Satumtira G, Dueñas-Osorio L. Sustainable and Resilient Critical Infrastructure Systems[M]. Berlin: Springer Press, 2010.

[232] Crowther K G, Haimes Y Y. Application of the inoperability input-output model（IIM）for systemic risk assessment and management of interdependent infrastructures[J]. Systems Engineering, 2005, 8: 323-341.

[233] Pant R, Barker K, Zobel C W. Static and dynamic metrics of economic resilience for interdependent infrastructure and industry sectors[J]. Reliability Engineering & System Safety, 2014, 125: 92-102.

[234] Hindmarsh J L, Rose R M. A model of neuronal bursting using three coupled first order differential equations[J]. Proceedings of the Royal Society of London. Series B, Biological Sciences, 1984, 221（1222）: 87-102.

[235] Everett H. Generalized Lagrange multiplier method for solving problems of optimum allocation of resources[J]. Operations Research, 1963, 11（3）: 399-417.

[236] Xu N X, Guikema S D, Davidson R A, et al. Optimizing scheduling of post-earthquake electric power restoration tasks[J]. Earthquake Engineering & Structural Dynamics, 2007, 36（2）: 265-284.

[237] Miller R E, Blair P D. Input-Output Analysis: Foundations and Extensions. Englewood Cliffs[M]. Upper Saddle River: Prentice-Hall, 1985.

[238] Lin Y K, Pfund M E, Fowler J W. Heuristics for minimizing regular performance measures in unrelated parallel machine scheduling problems[J]. Computers & Operations Research, 2011, 38: 901-916.

[239] Liu B Y, Siu Y L, Mitchell G. Hazard interaction analysis for multi-hazard risk assessment: a systematic classification based on hazard-forming environment[J]. Natural Hazards and Earth System Sciences, 2016, 16（2）: 629-642.

[240] Suleimani E, Hansen R, Haeussler P J. Numerical study of tsunami generated by multiple submarine slope failures in Resurrection Bay, Alaska, during the MW, 9.2 1964 earthquake[J]. Pure and Applied Geophysics, 2009, 166: 131-152.

[241] Greiving S. Integrated risk assessment of multi-hazards: a new methodology[J]. Geological Survey of Finland, Special Paper, 2006, 42: 75-82.

[242] Salman A M, Li Y. Multihazard risk assessment of electric power systems[J]. Journal of Structural Engineering, 2016, 143（3）: 04016198.1-04016198.14.

[243] Gallina V, Torresan S, Critto A, et al. A review of multi-risk methodologies for natural hazards: consequences and challenges for a climate change impact assessment[J]. Journal of Environmental Management, 2016, 168: 123-132.

[244] Eshrati L, Mahmoudzadeh A, Taghvaei M. Multi hazards risk assessment, a new methodology[J]. International Journal of Health System and Disaster Management, 2015, 3（2）: 79-88.

[245] Wipulanusat W, Nakrod S, Prabnarong P. Multihazard risk assessment using GIS and RS applications: a case study of Pak Phanang Basin[J]. Walailak Journal of Science and Technology, 2009, 6（1）: 109-125.

[246] Kappes M S, Keiler M, von Elverfeldt K, et al. Challenges of analyzing multi-hazard risk: a review[J]. Natural Hazards, 2012, 64（2）: 1925-1958.

[247] Aubrecht C, Fuchs S, Neuhold C. Spatio-temporal aspects and dimensions in integrated disaster risk management[J]. Natural Hazards, 2013, 68（3）: 1205-1216.

[248] Papathoma-köhle K, Kappes M, Keiler M, et al. Physical vulnerability assessment for alpine hazards: state of the art and future needs[J]. Natural Hazards, 2011, 58: 645-680.

[249] Marzocchi W, Garcia-Aristizabal A, Gasparini P, et al. Basic principles of multi-risk assessment: a case study in Italy[J]. Natural Hazards, 2012, 62（2）: 551-573.

[250] Kappes M S, Papathoma-köhle M, Keiler M. Assessing physical vulnerability for multi-hazards using an indicator-based methodology[J]. Applied Geography, 2012, 32（2）: 577-590.

[251] Vickery P J, Skerlj P F, Lin J, et al. HAZUS-MH hurricane model methodology. II: damage and loss estimation[J]. Natural Hazards Review, 2006, 7（2）: 94-103.

[252] Tran H T, Balchanos M, Domercant J C, et al. A framework for the quantitative assessment of performance-based system resilience[J]. Reliability Engineering & System Safety, 2017, 158: 73-84.

[253] Zhao S, Liu X, Zhuo Y. Hybrid hidden Markov models for resilience metrics in a dynamic infrastructure system[J]. Reliability Engineering & System Safety, 2017, 164: 84-97.

[254] Ming X D, Xu W, Li Y, et al. Quantitative multi-hazard risk assessment with vulnerability surface and hazard joint return period[J]. Stochastic Environmental Research & Risk Assessment, 2015, 29（1）: 35-44.

[255] Zhou Y M, Sheu J B, Wang J W. Robustness assessment of urban road network with consideration of multiple hazard events[J]. Risk Analysis, 2017, 37（8）: 1477-1494.

[256] Thacker S, Kelly S, Pant R, et al. Evaluating the benefits of adaptation of critical infrastructures to hydrometeorological risks[J]. Risk Analysis, 2018, 38（1）: 134-150.

[257] Berner C L, Staid A, Flage R, et al. The use of simulation to reduce the domain of "black swans" with application to hurricane impacts to power systems[J]. Risk Analysis, 2017, 37 (10): 1879-1897.

[258] Kurant M, Thiran P. Layered complex networks[J]. Physical Review Letters, 2006, 96: 138701.

[259] Carpignano A, Golia E, Mauro C D, et al. A methodological approach for the definition of multi-risk maps at regional level: first application[J]. Journal of Risk Research, 2009, 12: 513-534.

[260] Johansson J, Hassel H. An approach for modelling interdependent infrastructures in the context of vulnerability analysis[J]. Reliability Engineering & System Safety, 2010, 95 (12): 1335-1344.

[261] Simonovic S P, Arunkumar R. Comparison of static and dynamic resilience for a multipurpose reservoir operation[J]. Water Resources Research, 2016, 52 (11): 8630-8649.

[262] Simonovic S P, Arunkumar R. Quantification of resilience to water scarcity, a dynamic measure in time and space[J]. Proceedings of the International Association of Hydrological Sciences, 2016, 373: 13-17.

[263] Winkler J, Dueñas-Osorio L, Stein R, et al. Performance assessment of topologically diverse power systems subjected to hurricane events[J]. Reliability Engineering & System Safety, 2010, 95 (4): 323-336.

[264] Liu Y, Singh C. A methodology for evaluation of hurricane impact on composite power system reliability[J]. IEEE Transactions on Power Systems, 2011, 26 (1): 145-152.

[265] Poljanšek K, Bono F, Gutiérrez E. Seismic risk assessment of interdependent critical infrastructure systems: the case of European gas and electricity networks[J]. Earthquake Engineering & Structural Dynamics, 2012, 41 (1): 61-79.

[266] Baroud H, Ramirez-Marquez J E, Barker K, et al. Stochastic measures of network resilience: applications to waterway commodity flows[J]. Risk Analysis, 2014, 34 (7): 1317-1335.

[267] Gill J C, Malamud B D. Reviewing and visualizing the interactions of natural hazards[J]. Reviews of Geophysics, 2014, 52 (4): 680-722.

[268] Reed D, Wang S Q, Kapur K, et al. Systems-based approach to interdependent electric power delivery and telecommunications infrastructure resilience subject to weather-related hazards[J]. Journal of Structural Engineering, 2015, 142 (8): C4015011.

[269] Panteli M, Trakas D N, Mancarella P, et al. Power systems resilience assessment: hardening and smart operational enhancement strategies[J]. Proceedings of the IEEE, 2017, 105: 1202-1213.

[270] LaRocca S, Johansson J, Hassel H, et al. Topological performance measures as surrogates for physical flow models for risk and vulnerability analysis for electric power systems[J]. Risk Analysis, 2015, 35 (4): 608-623.

[271] Hemandez-Fajardo I, Dueñas-Osorio L. Probabilistic study of cascading failures in complex interdependent lifeline systems[J]. Reliability Engineering & System Safety, 2013, 111: 260-272.

[272] Sultana S, Chen Z. Modeling flood induced interdependencies among hydroelectricity generating infrastructures[J]. Journal of Environmental Management, 2009, 90( 11 ): 3272-3282.

[273] Motter A E, Lai Y C. Cascade-based attacks on complex networks[J]. Physical Review E, 2002, 66: 065102.

[274] Dobson I, Carreras B A, Lynch V E, et al. Complex systems analysis of series of blackouts: cascading failure, critical points, and self-organization[J]. Chaos, 2007, 17 ( 2 ): 026103.

[275] Delamare S, Diallo A, Chaudet C. High-level modeling of critical infrastructures interdependencies[J]. International Journal of Critical Infrastructures, 2009, 5 ( 2 ): 100-119.

[276] Nateghi R, Guikema S D, Quiring S M. Comparison and validation of statistical methods for predicting power outage durations in the event of hurricanes[J]. Risk Analysis, 2011, 31 ( 12 ): 1897-1906.

[277] Matisziw T C, Murray A T, Grubesic T H. Strategic network restoration[J]. Networks and Spatial Economics, 2010, 10 ( 3 ): 345-361.

[278] Kroshl W M, Sarkani S, Mazzuchi T A. Efficient allocation of resources for defense of spatially distributed networks using agent-based simulation[J]. Risk Analysis, 2015, 35( 9 ): 1690-1705.

[279] Hausken K, He F. On the effectiveness of security countermeasures for critical infrastructures[J]. Risk Analysis, 2016, 36 ( 4 ): 711-726.

[280] Komendantova N, Mrzyglocki R, Mignan A, et al. Multi-hazard and multi-risk decision-support tools as a part of participatory risk governance: feedback from civil protection stakeholders[J]. International Journal of Disaster Risk Reduction, 2014, 8: 50-67.

[281] Simonovic S P. From risk management to quantitative flood disaster resilience: a paradigm shift[J]. International Journal of Safety and Security Engineering, 2016, 6 ( 2 ): 85-95.

[282] Nan C, Sansavini G. A quantitative method for assessing resilience of interdependent infrastructures[J]. Reliability Engineering & System Safety, 2017, 157: 35-53.

[283] Kong J J, Simonovic S P. Probabilistic multiple hazard resilience model of an interdependent infrastructure system[J]. Risk Analysis, 2019, 39 ( 8 ): 1843-1863.

[284] Goh K I, Kahng B, Kim D. Universal behavior of load distribution in scale-free networks[J]. Physical Review Letters, 2001, 87 ( 27 ): 278701.

[285] Tabandeh A, Jia G, Gardoni Paolo G. A review and assessment of importance sampling methods for reliability analysis [J]. Structural Safety, 2022, 97: 102216.

[286] Canadian Census Analyser. Canadian census data[EB/OL]. http://dc1.chass.utoronto.ca/census/index.html [2016- 12-18].

[287] Public Safety Canada. The Canadian disaster database[EB/OL]. https://www.publicsafety.gc.ca/cnt/rsrcs/cndn-dsstr-dtbs/index-en.aspx[2016-12-15].

[288] Mekis E, Donaldson N, Reid J, et al. An overview of surface-based precipitation observations at environment and climate change Canada[J]. Atmosphere-Ocean, 2018, 56（2）: 71-95.

[289] Nishimura H, Nagao F. Observation of damage due to hurricane Katrina in Louisiana and Mississippi[J]. Wind Engineers JAWE, 2006, 2006（107）: 145-154.

[290] Willoughby H E. Forecasting hurricane intensity and impacts[J]. Science, 2007, 315（5816）: 1232-1233.

[291] Flood plain management[EB/OL]. https://trca.ca/conservation/flood-risk-management/flood-plain-management/[2016-12-10].

[292] Faghih M, Mirzaei M, Adamowski J, et al. Uncertainty estimation in flood inundation mapping: an application of non-parametric bootstrapping[J]. River Research & Applications, 2017, 33（4）: 611-619.

[293] Federal Emergency Management Agency. Hazards U.S. multi-hazard（HAZUS-MH）assessment toolv1.3[EB/OL]. https://www.fema.gov/hazus-software [2016-12-15].

[294] Fris R. Undergrounding assessment phase 3 final report: exante cost and benefit modeling. Prepared for the Florida Electric Utilities and submitted to the Florida Public Service Commission[R]. Quanta Technology, 2008.

[295] Scawthorn C, Flores P, Blais N, et al. HAZUS-MH flood loss estimation methodology. Ⅱ. damage and loss assessment[J]. Natural Hazards Review, 2006, 7（2）: 72-81.

[296] Liu H B, Davidson R A, Apanasovich T V. Statistical forecasting of electric power restoration times in hurricanes and ice storms[J]. IEEE Transactions on Power Systems, 2007, 22（4）: 2270-2279.

[297] Zio E. Challenges in the vulnerability and risk analysis of critical infrastructures[J]. Reliability Engineering & System Safety, 2016, 152: 137-150.

[298] Berezin Y, Bashan A, Danziger M M, et al. Localized attacks on spatially embedded networks with dependencies[J]. Scientific Reports, 2015, 5: 8934.

[299] Panteli M, Mancarella P. Influence of extreme weather and climate change on the resilience of power systems: impacts and possible mitigation strategies[J]. Electric Power Systems Research, 2015, 127: 259-270.

[300] Afrin T, Yodo N. Resilience-based recovery assessments of networked infrastructure systems under localized attacks[J]. Infrastructures, 2019, 4（1）: 11.

[301] Cassottana B, Shen L J, Tang L C. Modeling the recovery process: a key dimension of resilience[J]. Reliability Engineering & System Safety, 2019, 190: 106528.

[302] Liu W, Song Z Y, Ouyang M, et al. Recovery-based seismic resilience enhancement strategies of water distribution networks[J]. Reliability Engineering & System Safety, 2020, 203: 107088.

[303] Ulusan A，Ergun O，Zhengbing H. Restoration of services in disrupted infrastructure systems：a network science approach[J]. PlOS ONE，2018，13（2）：e0192272.

[304] Sun W M，Zeng A. Target recovery in complex networks[J]. The European Physical Journal B，2017，90（1）：10-20.

[305] Fang Y P，Sansavini G. Emergence of antifragility by optimum postdisruption restoration planning of infrastructure networks[J]. Journal of Infrastructure Systems，2017，23（4）：04017024.1-04017024.13.

[306] Wang J, Zuo W D, Rhode-Barbarigos L, et al. Literature review on modeling and simulation of energy infrastructures from a resilience perspective[J]. Reliability Engineering & System Safety，2019，183：360-373.

[307] Fiksel J. Designing resilient，sustainable systems[J]. Environmental Science and Technology，2003，37（23）：5330-5339.

[308] Wang Y Z，Chen C，Wang J H，et al. Research on resilience of power systems under natural disasters-A review[J]. IEEE Transactions on Power Systems，2016，31（2）：1604-1613.

[309] Kong J J，Simonovic S P. Probabilistic multiple hazard resilience model of an interdependent infrastructure system[J]. Risk Analysis，2019，39（8）：1843-1863.

[310] Hosseini S, Barker K. Modeling infrastructure resilience using Bayesian networks：a case study of inland waterway ports[J]. Computers & Industrial Engineering，2016，93：252-266.

[311] Marseguerra M, Zio E. Optimizing maintenance and repair policies via a combination of genetic algorithms and Monte Carlo simulation[J]. Reliability Engineering & System Safety，2000，68（1）：69-83.

[312] Marseguerra M，Zio E，Podofillini L. Condition-based maintenance optimization by means of genetic algorithms and Monte Carlo simulation[J]. Reliability Engineering & System Safety，2002，77：151-165.

[313] Haubrich H J，Zimmer C，et al. Analysis of electricity network capacities and identification of congestion[R]. Institute of Power Systems and Power Economics，2001.

[314] 武力超，孙浦阳. 基础设施发展水平对中国城市化进程的影响[J]. 中国人口·资源与环境，2010，20（8）：121-125.

[315] 孙钰，王坤岩，姚晓东. 城市公共基础设施环境效益研究[J]. 中国人口·资源与环境，2015，25（4）：92-100.

[316] 陈泽昊，周铁军，刘建明. 京九铁路生态环境效益研究[J]. 铁道运输与经济，2010，32（5）：12-15.

[317] 赵小杰，郑华，赵同谦，等. 雅砻江下游梯级水电开发生态环境影响的经济损益评价[J]. 自然资源学报，2009，24（10）：1729-1739.

[318] Utne I B，Hokstad P，Vatn J. A method for risk modeling of interdependencies in critical infrastructures[J]. Reliability Engineering & System Safety，2011，96（6）：671-678.

[319] 索玮岚，陈锐. 城市典型生命线系统耦联多维测度方法研究[J]. 中国人口·资源与环境，2013，23（3）：140-145.

[320] 陶志梅，孙钰.城市公共基础设施系统供给水平评价[J]. 财经问题研究，2016，（10）：122-128.

[321] 韩传峰，刘亮，王忠礼. 基于物元分析法基础设施系统可持续性评价[J]. 中国人口·资源与环境，2009，19（2）：116-121.

[322] 程敏，陈辉. 城市基础设施可持续发展水平的组合评价[J].城市问题，2012，（2）：15-21.

[323] 孙钰，黄慧霞，姚鹏. 模糊环境下的城市公共基础设施投资评价研究[J]. 中国人口·资源与环境，2016，26（8）：142-147.

[324] 李晓园. 新型城镇化进程中城市基础设施投资效率分析与政策建议[J]. 宏观经济研究，2015，（10）：35-43.

[325] 金凤君. 基础设施与人类生存环境之关系研究[J]. 地理科学进展，2001，20（3）：276-285.

[326] 黄森. 环境约束、国内流通需求与中国交通基础设施[J]. 中国流通经济，2014，28（5）：27-34.

[327] 刘惠敏. 大型基础设施对地缘区人居环境的影响研究[J]. 中国人口·资源与环境，2011，21（11）：139-145.

[328] Gupta M R, Barman T R. Health, infrastructure, environment and endogenous growth[J]. Journal of Macroeconomics，2010，32：657-673.

[329] 贾仁安，丁荣华.系统动力学：反馈动态性复杂分析[M]. 北京：高等教育出版社，2002.

[330] 孙跃东，亢敏，周萍. 汽车工业发展与公路交通建设[J]. 上海理工大学学报（社会科学版），2005，（1）：58-62.

[331] 梅多斯D. 兰德斯J，梅多斯D. 增长的极限[M]. 李涛，王智勇译. 北京：机械工业出版社，2013.

[332] 张娟敏. 区域公路网合理规模预测方法研究[J]. 公路，2010（6）：159-163.

[333] 王小霞. 道路机动车尾气污染物排放量的预测与控制措施研究[D]. 长安大学博士学位论文，2012.

[334] 金凤君. 基础设施与区域经济发展环境[J]. 中国人口·资源与环境，2004，14（4）：70-74.

[335] 王鹏飞. 多元线性回归方法在中国用电量预测中的应用研究[J].东北电力技术，2005，（8）：16-18.

[336] 杨勇平，杨志平，徐钢，等. 中国火力发电能耗状况及展望[J].中国电机工程学报，2013，33（23）：1-11，15.

[337] 杨浩雄，李金丹，张浩，等. 基于系统动力学的城市交通拥堵治理问题研究[J]. 系统工程理论与实践，2014，34（8）：2135-2143.

# 附　　录

**附录1　所提出的韧性指标及所选模型的评价结果**

| | 建模方法 | I1 利益相关者 | I2 干预阶段 | I3 压力源 | 故障类型 | I4 关联关系 | I5 社会经济特征 |
|---|---|---|---|---|---|---|---|
| 1 | 优化调度模型 | 无 | 修复 | 一般故障 | 同源故障 | 否 | 是 |
| 2 | | 无 | 修复 | 极端天气事件 | 同源故障 | 否 | 否 |
| 3 | | 无 | 修复 | 风暴和网络物理攻击 | 同源故障 | 否 | 否 |
| 4 | | 基础设施系统规划者或运行者 | 设计 | 故意攻击 | 同源故障 | 是 | 是 |
| 5 | | 无 | 设计 | 极端天气事件 | 同源故障 | 否 | 是 |
| 6 | | 政府,基础设施系统运行者,消费者 | 适应 | 故意攻击 | 级联 | 否 | 是 |
| 7 | | 基础设施系统规划者 | 适应 | 故意攻击 | 级联 | 否 | 是 |
| 8 | | 无 | 运行 | 随机和故意攻击 | 级联 | 否 | 否 |
| 9 | | 基础设施系统规划者 | 设计 | 无 | 无 | 是 | 是 |
| 10 | 拓扑网络模型 | 无 | 运行 | 一般故障 | 升级 | 否 | 否 |
| 11 | | 无 | 适应 | 故意攻击 | 级联 | 否 | 是 |
| 12 | | 无 | 设计 | 故意攻击 | 同源故障 | 否 | 是 |
| 13 | | 决策者 | 修复 | 过载 | 级联 | 否 | 是 |
| 14 | | 决策者,研究机构和基础设施系统供应者 | 运行 | 一般故障 | 级联 | 否 | 是 |
| 15 | | 基础设施系统供应者和消费者 | 运行 | 一般故障 | 级联 | 否 | 否 |
| 16 | 基于代理的模型 | 决策者 | 运行 | 一般故障 | 级联 | 是 | 否 |
| 17 | | 基础设施系统供应者,规划者和紧急情况响应者 | 运行 | 无 | 无 | 是 | 否 |
| 18 | | 无 | 修复 | 一般故障 | 级联 | 是 | 否 |
| 19 | | 决策者和工程师 | 设计 | 无 | 无 | 是 | 是 |
| 20 | | 电力公用事业,系统运行者和决策者 | 适应 | 极端天气事件 | 同源故障 | 否 | 否 |
| 21 | 概率模型 | 无 | 修复 | 一般故障 | 级联 | 否 | 否 |

续表

| | 建模方法 | I1<br>利益相关者 | I2<br>干预阶段 | I3<br>压力源 | 故障类型 | I4<br>关联关系 | I5<br>社会经济特征 |
|---|---|---|---|---|---|---|---|
| 22 | 概率模型 | 基础设施系统提供者 | 修复 | 一般故障 | 无 | 是 | 是 |
| 23 | | 政府 | 修复 | 一般故障 | 无 | 是 | 是 |
| 24 | | 基础设施系统运行者 | 修复 | 极端天气事件 | 级联 | 否 | 否 |
| 25 | | 政府内部分析 | 运行 | 恐怖袭击或自然灾害 | 级联 | 是 | 是 |
| 26 | | 基础设施系统运行者和决策者 | 运行 | 一般故障 | 升级 | 是 | 否 |
| 27 | 其他建模方法 | 基础设施系统运行者,商业和政府决策者 | 运行 | 恐怖袭击 | 升级 | 是 | 是 |
| 28 | | 政府 | 运行 | 一般故障 | 升级 | 否 | 否 |
| 29 | | 无 | 运行 | 一般故障 | 升级 | 是 | 否 |
| 30 | | 政府内部分析 | 运行 | 经济动荡 | 同源故障 | 是 | 是 |

注: 无表示没有足够信息

**附录 2　其他指标及所选模型的评价结果**

| | 建模方法 | 数据需求 | 计算机制类型 | 输出形式 | 时间尺度 | 动态或静态 | 内生或外生损害/修复 |
|---|---|---|---|---|---|---|---|
| 1 | 优化调度模型 | 中 | 白箱 | 数据图表 | 几个小时的时间范围 | 动态 | 内生 |
| 2 | | 低 | 白箱 | 计划 | 无 | 动态 | 内生 |
| 3 | | 中 | 白箱 | 计划 | 无 | 动态 | 内生 |
| 4 | | 中 | 白箱 | 计划 | 无 | 静态 | 内生 |
| 5 | | 中 | 白箱 | 数据和计划 | 无 | 动态 | 内生 |
| 6 | | 低 | 白箱 | 数据和计划 | 无 | 静态 | 内生 |
| 7 | | 低 | 白箱 | 计划 | 无 | 静态 | 内生 |
| 8 | | 低 | 白箱 | 数据图表 | 无 | 动态 | 内生 |
| 9 | | 高 | 白箱 | 潜在成本和$CO_2$排放 | 无 | 动态 | 无 |
| 10 | 拓扑网络模型 | 低 | 白箱 | 数据图表 | 无 | 动态 | 内生 |
| 11 | | 低 | 白箱 | 数据图表 | 几个小时的时间范围 | 动态 | 内生 |
| 12 | | 中 | 白箱 | 计划 | 无 | 静态 | 内生 |
| 13 | | 中 | 白箱 | 度量标准 | 1周时间步 | 动态 | 无 |
| 14 | | 中 | 白箱 | 经济影响 | 1小时时间步 | 动态 | 外生 |
| 15 | | 低 | 白箱 | GIS | 无 | 动态 | 外生 |
| 16 | 基于代理的模型 | 高 | 白箱 | 3D 可视化模型 | 无 | 动态 | 内生 |
| 17 | | 高 | 白箱 | 图模型 | 无 | 动态 | 内生 |
| 18 | | 中 | 白箱 | 数据图表 | 1小时时间步 | 动态 | 外生 |
| 19 | | 高 | 白箱 | 地图 | 1年时间范围 | 动态 | 无 |
| 20 | | 低 | 灰箱 | 索引 | 10小时到50小时时间范围 | 动态 | 内生 |

续表

|  | 建模方法 | 数据需求 | 计算机制类型 | 输出形式 | 时间尺度 | 动态或静态 | 内生或外生损害/修复 |
|---|---|---|---|---|---|---|---|
| 21 | 概率模型 | 中 | 白箱 | 计划 | 1 小时时间步 | 动态 | 内生 |
| 22 |  | 低 | 白箱 | 图表 | 无 | 动态 | 内生 |
| 23 |  | 低 | 白箱 | 图 | 无 | 动态 | 内生 |
| 24 |  | 高 | 白箱和灰箱 | 数据图表 | 1 年 | 动态 | 内生 |
| 25 |  | 高 | 白箱 | 地图 | 无 | 动态 | 无 |
| 26 | 其他建模方法 | 高 | 黑箱 | GIS | 1 个月到 5 年时间范围 | 动态 | 内生 |
| 27 |  | 高 | 白箱 | GIS | 无 | 动态 | 无 |
| 28 |  | 高 | 白箱 | 图标 | 无 | 静态 | 无 |
| 29 |  | 中 | 白箱 | 数据图表 | 无 | 动态 | 外生 |
| 30 |  | 中 | 白箱 | 报告 | 1 周到 1 个月时间范围 | 动态 | 外生 |

注：无表示没有足够信息